Beck's

Bsl

BsR

Jenseits von Schönrederei oder Jammertiraden beschreiben Experten den Stand der Integration der beiden deutschen Staaten nach der Wende in den Bereichen Wirtschaft, Politik, Recht, Bildung, Soziales, Frauen und Jugend. Die Autoren zeigen die Defizite auf und weisen auf Möglichkeiten konkreter Verbesserungen hin. Eine Chronik der wichtigsten Ereignisse seit 1989 ergänzt das Buch, das für Politik, Lehre und Unterricht eine wichtige Informationshilfe darstellt.

Robert Hettlage ist Professor für Soziologie an der Universität Regensburg. Von ihm liegt vor: „Familienreport" (BsR 483). *Karl Lenz* ist Professor für Soziologie an der Universität Dresden. Weitere Informationen über die Herausgeber und Autoren/in siehe S. 274 ff.

Deutschland nach der Wende

Eine Zwischenbilanz

*Herausgegeben von
Robert Hettlage und Karl Lenz*

VERLAG C.H. BECK

Mit Schaubildern und Tabellen

Die Deutsche Bibliothek – CIP-Einheitsaufnahme

Deutschland nach der Wende : eine Bilanz / hrsg. von Robert
Hettlage/Karl Lenz. – Orig.-Ausg. – München : Beck, 1995
  (Beck'sche Reihe ; 1114)
  ISBN 3 406 39214 8
NE: Hettlage, Robert [Hrsg.]; GT

Originalausgabe
ISBN 3 406 39214 8

Umschlagentwurf: Uwe Göbel, München
© C. H. Beck'sche Verlagsbuchhandlung (Oscar Beck), München 1995
Satz und Druck: Presse-Druck- und Verlags-GmbH, Augsburg
Gedruckt auf säurefreiem,
aus chlorfrei gebleichtem Zellstoff hergestelltem Papier
Printed in Germany

Inhalt

Vorwort 9

Robert Hettlage/Karl Lenz: Einleitung: Zusammenwachsen – zusammen wachsen. Integrationsprobleme im vereinten Deutschland 11

    I. Transformation = Integration? 11
    II. Institutionelle Integration 14
    III. Kulturelle Integration 16

Robert Hettlage: Integrationsleistungen des Rechts im Prozeß der deutschen Einheit 22

    I. Das Recht als Integrationsrahmen 22
        1. Das Recht und gesellschaftliche Integration 23
        2. Das Recht und die Transformation von Institutionen 24
    II. Die Arbeit an den normativen Grundlagen des gemeinsamen Staatswesens 28
        1. Die Auseinandersetzungen um den Charakter der Rechtsordnung: Zwei Etappen der Verfassungsdiskussion 29
        2. Die Transformation der öffentlichen Verwaltung: Re-Föderalisierung und Privatisierung durch die Treuhand 35
    III. Recht, Integration und Normenkontrolle 50
        1. Das sozialistische Rechtswesen und die politische Strafjustiz 50
        2. Die „Abwicklung" des Justizapparats und die Entmachtung des Ministeriums für Staatssicherheit ... 54
    IV. Noch einmal – Die Aufarbeitung der Geschichte? ... 60
        1. Unterschiede und Gemeinsamkeiten deutscher „Neuanfänge" 60

    2. Vergangenheitsbewältigung und kulturelle Integration 63

Werner J. Patzelt: Deutsche Politik unter Reformdruck ... 68

    I. Ein neues Deutschland in neuer Umwelt 68
   II. Die Grundentscheidungen von 1990 und ihre Folgen 69
       1. Hoffnungen und Enttäuschungen 69
       2. Machtfragen: Wahlgeschehen und Parteienentwicklung 72
  III. Aufgaben politischer Strukturbildung nach der Wiedervereinigung 76
       1. Der Aufbau politischer Strukturen in den neuen Bundesländern 76
       2. Eine neue Verfassung für Deutschland? 78
  IV. Gesamtdeutscher Reformbedarf 80
       1. Funktionsprobleme des politischen Systems 80
       2. Bedarf an innenpolitischen Neuorientierungen ... 82
   V. Innerdeutsche Integrationsprobleme 85
  VI. Wertgrundlagen deutscher Politik im Wandel 89

Friedrich Fürstenberg: Deutschlands Wirtschaft nach der Wende 93

    I. Grundordnung und Zielsetzungen des Wirtschaftslebens im Wandel 94
   II. Strukturwandel der Wirtschaftsinstitutionen 99
       1. Die Unternehmenswirtschaft 99
       2. Der Arbeitsmarkt 103
       3. Die Haushaltseinkommen 105
       4. Die Wirtschaftsorganisationen 108
       5. Der Staatshaushalt 110
  III. Wirtschaftsmentalitäten im Wandel 113
  IV. Wirtschaftlicher Wandel und gesellschaftliche Modernisierung 115

Rainer Geißler: Neue Strukturen der sozialen Ungleichheit im vereinten Deutschland 119

I. Der Wandel sozialer Ungleichheit im Überblick: Kontinuität im Westen – Verwestlichung des Ostens – neue Ost-West-Kluft 119
II. Von der realsozialistischen zur sozialstaatlichen Ungleichheit 120
III. Die „alte" Kluft: krasse Ost-West-Ungleichheiten als Hinterlassenschaft der sozialistischen DDR 123
IV. Die „neue" Kluft: Abbau des Wohlstandsgefälles, aber ein neues Gefälle der Unsicherheit im vereinten Deutschland 126
   1. Die neue große Unsicherheit 126
   2. Verringerung des Wohlstandsgefälles 129
   3. Die subjektive Bilanz der Ostdeutschen: mehr Verbesserungen als Verschlechterungen 131
V. Neue Konfliktlinien 131
   1. Der neue Ost-West-Verteilungskonflikt: ein Interessengegensatz mit Elementen eines Klassenkonflikts 132
   2. Konfliktverschärfende Besonderheiten 135
   3. Konfliktdämpfende Besonderheiten 137
VI. Bilanz und Ausblick 139

Wolfgang Hörner: Bildungseinheit: Anpassung oder Reform? Die Integrationsfrage im Bildungswesen der neuen Bundesländer 142

I. Bildungseinheit als Problem 142
II. Die Ausgangslage 146
III. Die schulrechtlichen Vorgaben 147
   1. Das Problem der Schulzeitdauer 149
   2. Das Struktur- und Differenzierungsproblem 150
IV. Der curriculare Bereich 155
   1. Fallstudie I: Der Religionsunterricht 156
   2. Fallstudie II: Die polytechnische Bildung 159
V. Probleme der Berufsbildung 163
VI. Der Sonderfall Doppelqualifikation 166
VII. Fazit 169

Sarina Keiser: Die Familien in den neuen Bundesländern
zwischen Individualisierung und „Notgemeinschaft" 171
   I. Familiale Lebensformen in den neuen Bundes-
      ländern... 173
   II. Familie und Arbeitsmarkt......................... 177
   III. Kinderbetreuungsinstitutionen und Schule 183
   IV. Sozio-ökonomische Situation der Familien 186
   V. Familien unter Konsumzwang? 191

Karl Lenz: Die „zweite Generation" der DDR auf dem
Weg in eine andere Gesellschaft. Jugendliche nach der
Wende 194
   I. Schule und Beruf 196
      1. Zunehmende Verschulung und veränderter Schul-
         alltag 196
      2. Umbrüche im Berufseinstieg 199
   II. Familie, Freizeit und Peers 202
      1. Hoher Stellenwert der Familie 202
      2. Von der FDJ zur kommerziellen Freizeit 207
      3. Mehr Radio, mehr Fernsehen 209
      4. Verbindlichkeitsvorsprung im privaten Bereich ... 212
      5. Gestaltunterschiede in der Jugendphase 213
   III. Wende, Politik und Gewalt 214
      1. Wende und Einstellungen zur DDR 214
      2. Politisches Interesse und politische Einstellungen . 217
      3. Gewalt und Gewaltakzeptanz 219
   IV. Fazit 220

Chronik 222

Anmerkungen und Literaturhinweise 252

Die Autoren/in 274

Vorwort

1990 hatten nicht wenige die Meinung vertreten, Deutschland würde sich durch die Wiedervereinigung ein dauerhaftes West-Ost-Problem einhandeln, das mit dem Nord-Süd-Problem mancher europäischer Staaten vergleichbar sei. Fünf Jahre Arbeit an der Einheit Deutschlands sind sicher nicht genug, um auf diese „Wetten" eine definitive Antwort geben zu können. Das hohe Vereinigungstempo läßt aber immerhin abschätzen,

- welche Strategien in den verschiedensten gesellschaftlichen Teilbereichen eingeschlagen wurden;
- welchen Umfang und welche Komplexität soziale Integration umschließt;
- welche Erfolge die einzelnen Strategien bisher hatten und welche ungeahnten Hindernisse die deutsche Einheit nach sich zog;
- welche längerfristigen Integrationsprobleme, mit denen man anfänglich kaum gerechnet hatte, man nach fünf Jahren Vereinigungserfahrung in Rechnung stellen muß.

Um zum 3. Oktober 1995 diese Zwischenbilanz ziehen zu können, war den Autoren abverlangt worden, sich in äußerster Konzentration auf die „großen Linien" und deren Systematisierung zu beschränken. Wir danken ihnen und dem C.H. Beck Verlag herzlich dafür, daß sie sich darauf eingelassen haben.

Dieser Band hätte nicht rechtzeitig erscheinen können, wenn uns nicht ein bewährtes, eingespieltes Team zur Seite gestanden wäre: Susanne Wagner hat mit Energie und Feingefühl die Herausgeber zum Abschluß der Arbeiten gedrängt, die Manuskripte druckreif gemacht, Abstimmungsprobleme gelöst und eine Reihe von inhaltlich wichtigen Entscheidungen vorbereitet – von ihrem großen Engagement für das Zustandekommen der Chronik ganz zu schweigen.

Birgit Schubert hat mit bewährter Übersicht und Ruhe die organisatorischen Fäden zusammengehalten.

Beide zusammen haben – unterstützt durch Sabine Niedermeier und Christof Heigl – entscheidend mitgeholfen, die Texte in die richtige Form zu bringen. Ihnen allen sei dafür herzlich gedankt.

Regensburg/Dresden,
im Mai 1995 *Robert Hettlage/Karl Lenz*

Robert Hettlage/Karl Lenz

Einleitung: Zusammenwachsen – zusammen wachsen. Integrationsprobleme im vereinten Deutschland

Ist schon zusammengewachsen – um das bekannte, vielfach zitierte Wort des inzwischen verstorbenen Altbundeskanzlers Willy Brandt als Frage umzuformulieren –, was zusammengehört? Eine Frage, die sich angesichts der anstehenden Kette von Fünf-Jahres-Feiern zur deutschen Vereinigung geradezu aufdrängt. Im Herbst vergangenen Jahres jährte sich zum fünften Mal die „Sensation" vom 9. November 1989: die Grenzöffnung der DDR nach dem Westen. Am 18. März feierten wir das Fünf-Jahres-Jubiläum der ersten (und zugleich letzten) freien Wahl zur Volkskammer der DDR. Am 1. Juli 1995 hat man auf fünf Jahre Währungsunion zurückblicken können und am 3. Oktober dann auf fünf Jahre deutsche Vereinigung. Diese Jubiläen geben Anlaß, in einer ersten Bilanzierung nach dem Stand des Fortschreitens des Integrationsprozesses der beiden Teile Deutschlands zu fragen. Nachdem die Zeit des lauten Jubels und der Freudentränen längst verflogen ist und inzwischen reichhaltige Erfahrungen im vereinten Deutschland gesammelt werden konnten, sollen die Auswirkungen des bisherigen und weiterhin stattfindenden Transformationsprozesses auf verschiedene gesellschaftliche Lebensbereiche aufgezeigt werden.

I. Transformation = Integration?

Wir knüpfen mit diesem Unternehmen an das Buch „Die Bundesrepublik. Eine historische Bilanz" (Hettlage 1990) an. Diese Publikation war aus einer Vortragsreihe anläßlich des 40jährigen Bestehens der Bundesrepublik Deutschland entstanden, die im Sommer 1989 stattgefunden hatte. Damals ahnte noch niemand, welche Ereignisse von historischem Rang dieses Jahr noch bereithalten würde. Bei der Drucklegung des Buches (1990) war die Vereinigung dann zwar noch nicht vollzogen, aber die Weichen waren bereits gestellt. Mit Blick auf die Zukunft hat der Herausgeber im Schlußkapitel den Versuch unternommen, einige sich abzeichnende Problemfelder der anstehenden Vereinigung zu skizzieren. Vieles mußte zu diesem Zeitpunkt noch vorläufig sein, ein Aufzeigen möglicher Gefahren und Risiken oder auch Chancen, die sich ergeben könnten. Auch fünf Jahre später sind wir noch längst nicht am Endpunkt des damals begonnenen Transformationsprozesses angelangt. Dennoch kann nunmehr auf eine reichhaltige Erfahrung mit diesem Prozeß aufgebaut werden, die intensiv durch zahlreiche sozialwissenschaftliche Analysen begleitet wurde. Auf dieser Basis ist es möglich, Auskunft zu geben über den Stand des Zusammenwachsens.

In diesem Schlußbeitrag wurde „Integration" als ein „diffuses Konzept" bezeichnet, das es zu differenzieren gilt. Klar war immer, daß „Integration" etwas zu tun hätte (1) mit der Bindung von Individuen an bestimmte Gruppen, also auch mit internem Interessenausgleich, (2) mit der Gewährleistung kultureller Gemeinsamkeiten auf dem Wege der „Orientierungsgebung" und den darauf bezogenen Sozialisierungsvorgängen. Diese abstrakte Bestimmung läßt aber im dunkeln, wie vielfältig die Ansatzpunkte und wie komplex die Anwendungsfelder von Integrationspolitik eigentlich sind. Die deutsche Wiedervereinigung stellt ein in der Geschichte von Gesellschaften nur äußerst selten gegebenes Anschauungsbeispiel dar, um mehr über die Möglichkeiten und Schwierigkeiten von Integration im allgemeinen und von „Staatsintegration" im besonderen in Erfahrung zu bringen – eine Gelegenheit, die auch im Hinblick auf den europäischen Vereinigungsprozeß nicht ohne Bedeutung ist.

Der erreichte Stand des Zusammenwachsens beider deutscher Staaten ist überdies ein empirischer Beleg dafür, wie wichtig, ja unerläßlich es ist, verschiedene *Dimensionen* der *In-*

tegration zu unterscheiden. Zumindest sind die Vorgänge des Aufbaus (Strukturkomponente) und der kognitiven und emotionalen Verankerung von Institutionen (Kulturkomponente) daher auseinanderzuhalten.

Nach dem Beitritt der DDR hat sich die Integration auf der wirtschaftlichen und politischen Ebene, vor allem wenn man sich auf den institutionellen Aspekt bezieht, unter extremem Zeitdruck vollzogen und ist inzwischen weitgehend abgeschlossen. Die Regelungen der Planwirtschaft wurden durch marktwirtschaftliche Strukturen (privater Wettbewerb, freie Preisbildung, Privateigentum an Produktionsmitteln, Tarifautonomie usw.) abgelöst. *Fürstenberg* (in diesem Band) gibt aber zu bedenken, daß Marktwirtschaft nur eine formale Rahmenordnung ist, die durch das Fehlen einer modernisierungsgerechten Kompetenz, wie sie sich in einer Unternehmens-, Staats- und Alltagskultur ausdrückt, unterlaufen werden kann. Inzwischen hat auch die Treuhandanstalt den noch von der Volkskammer stammenden Auftrag der Entstaatlichung der „volkseigenen" Wirtschaft durch Privatisierung bereits abgeschlossen. Nach getaner Arbeit wurde die seinerzeit „größte Staatsholding der Welt" Ende des Jahres 1994 aufgelöst (vgl. Seibel 1994). Auch die tragenden Institutionen des politischen Systems wurden neu geschaffen und haben rasch ihre Arbeit aufgenommen: Parlamente, Regierungen, Verfassungen auf der Landesebene, kommunale Selbstverwaltungsorgane, Verwaltungsapparate auf den verschiedenen Ebenen, Parteien usw.

Vielfach wurde übersehen, daß beim „Großexperiment" der Wiedervereinigung zweier Staaten dem Recht, d. h. den rechtlichen Grundsatzentscheidungen und den rationalen Verfahrensordnungen, eine überaus wichtige Steuerungs- und Kommunikationsfunktion zukommt. *Hettlage* (in diesem Band) zeigt, daß Recht ein wesentliches Gefährt des Einigungsprozesses ist und damit eine der „möglichen Variationen von Politik" (Ryffel 1974: 151) darstellt. 40 Jahre Entwicklung hatten zu ganz gegensätzlichen Rechtsordnungen geführt, so daß die Integrationsbemühungen ausdrücklich auch hier ansetzen mußten. Die Integrationsprobleme weisen aber darüber hinaus. Auf diese

Problematik macht auch *Patzelt* (in diesem Band) aufmerksam. Zwar wurde beim Aufbau ganz neuer politischer Systeme und Vermittlungsstrukturen der politischen Willensbildung – unter den erschwerten Bedingungen des wirtschaftlichen Zusammenbruchs und weitgehender Verunsicherung der Bevölkerung – Beeindruckendes geleistet. Aber „im Grunde bis heute schwebt das neue System oberhalb der ostdeutschen Gesellschaft und ist mit ihr erst lose vertäut" (Patzelt S. 77).

II. Institutionelle Integration

Auf der Ebene der *institutionellen Integration* gibt es zwar auch eine Fülle von Folgeproblemen, wie z. B. die hohe Arbeitslosigkeit und die weitreichende Entwertung beruflicher Qualifikationen im Übergang zur Marktwirtschaft oder auch die Probleme der Partei bei der Rekrutierung von Mitgliedern und – damit unmittelbar in Verbindung stehend – beim Aufbau lokaler Parteiorganisationen. Dennoch hat auf der Ebene der Institutionen eine weitgehende Angleichung bereits stattgefunden. Diese Angleichung ist durch eine „*institutionelle Inkorporation* der DDR-Gesellschaft in das Institutionengefüge der BRD-Gesellschaft" (Mayer 1994: 309) zustande gekommen. Unbestreitbar hat dieser Weg den Vorteil, daß dadurch bereits in der Praxis bewährte, wenn auch nicht problemfreie Ordnungsmuster zum Einsatz kommen. Ebenso unausweichlich hat dieser Weg aber auch eine Kehrseite, die darin besteht, daß die Inkorporation immer auch als ein Dominiert-werden, als Kolonisation durch die „Besser-Wessis" zumindest erscheinen kann. Bleibt diese neue Ordnung länger als fremde, als aufgezwungen im Kollektivbewußtsein existent, dann eröffnen sich die Gefahren einer kulturellen Überlagerung. Gefühle der Deklassierung sind im Osten Deutschlands weit verbreitet (vgl. *Geißler* in diesem Band). Die zahlreichen Berichte und Klagen über die Arbeit der Treuhand, die man in Ostdeutschland hören kann, über das „Plattmachen" wirtschaftlich sanierbarer Betriebe im Interesse westlicher Unternehmen bergen das Potential in sich, nachhaltig zu einer Vertiefung der Ost-West-Kluft beizutragen.

Trotz aller Dominanz ist die Übertragung westdeutscher Institutionen in die neuen Bundesländer kein durchgehendes Muster. Durchbrochen wird es z. B. im *Bildungssystem*. Zwar hat die Schulpolitik in allen neuen Bundesländern eine Abkehr vom alten Schulsystem der DDR vollzogen. Diese Abkehr geht jedoch nicht generell mit einer Übernahme von West-Modellen einher. Nur Mecklenburg-Vorpommern hat das dreigliedrige Schulsystem aus dem Westen einfach übernommen. Alle anderen Bundesländer haben auf die Einführung der Hauptschule verzichtet und sich für die Zweigliedrigkeit des Schulsystems entschieden. Und es sollten auch vorhandene institutionelle Regelungen aus der DDR unvoreingenommen auf ihre Brauchbarkeit als Problemlösung im vereinigten Deutschland geprüft werden. Hierzu nochmals ein Beispiel aus dem Bildungssystem: Immer mehr Abiturienten und Abiturientinnen machen, bevor sie zu studieren beginnen, eine betriebliche Ausbildung. So wünschenswert diese Doppelqualifikation auch ist, eine Folge davon ist, daß der an sich schon späte Berufseintritt nach einem Studium noch mehr verzögert wird. Das DDR-Bildungssystem hatte mit dem Abitur mit Berufsausbildung einen Weg beschritten, der eine Doppelqualifikation mit einer nur geringen Altersverzögerung möglich gemacht hat. Erste Versuche, diese Regelung auch im vereinten Deutschland zu erproben, sind bereits im Gange (vgl. *Hörner* in diesem Band). Ebenso kann der hohe Ausstattungsgrad mit Kinderkrippen, Kindergärten und Schulhorten in der ehemaligen DDR als eine wünschenswerte Zielgröße für das vereinigte Deutschland gelten, die zu erreichen unerläßlich sein wird, wenn man mit der Vereinbarkeit von Familie und Beruf vorankommen will. Überdies macht uns das Beispiel der neuen Bundesländer darauf aufmerksam, daß „die Familie" keineswegs überholt ist, sondern daß die Menschen in großen Umbruchsituationen sehr stark auf die primäre „Versorgungs- und Notgemeinschaft" angewiesen sind (vgl. *Keiser* in diesem Band).

Das dominante Muster der institutionellen Inkorporation

wurde grundgelegt durch den Beitritt der DDR zur alten Bundesrepublik. Daß aber institutionelle Regelungen der alten DDR bislang nur wenig aufgegriffen wurden, dürfte aber noch einen anderen Grund haben. Es hat den Anschein, als würde der konstatierbare *Modernisierungsrückstand* der DDR-Gesellschaft vielfach über alle Lebensbereiche generalisiert, als ergäbe sich daraus unausweichlich, daß alle Strukturmerkmale dieser Gesellschaft defizitär, „marode" waren. Ohne die vorhandenen Schwächen in der Institutionenordnung der DDR (vgl. Lepsius 1994) leugnen zu wollen, schließt dies nicht kategorisch aus, daß in dieser Gesellschaft „moderne" institutionelle Regelungen existierten bzw. solche, die jenseits der ideologischen Ausrichtung durchaus als erprobte, sachgerechte Lösungen bestehender struktureller Probleme für ein vereintes Deutschland in Frage kommen (vgl. auch Hradil 1995). Daß die BRD von der DDR lernt, lernen kann oder könnte, läßt sich auch für die Vergangenheit beobachten. Obwohl die Abstammung nicht offengelegt wird, ist der Erziehungsurlaub unverkennbar trotz aller Unterschiede in der Ausgestaltung ein Abkömmling des Babyjahres der DDR. Anfangs stand zwar das Babyjahr in heftiger Kritik seitens der Politik und Wissenschaft, aber nach und nach wurde diese Maßnahme als eine sinnvolle Ergänzung der westdeutschen Familienpolitik erkannt. Ein unvoreingenommenes Prüfen von institutionellen Regelungen aus der DDR-Gesellschaft könnte nicht nur ein Beitrag für sachgerechte Problemlösungen sein, sondern könnte als Nebeneffekt gerade auch dazu beitragen, daß Gefühle des Dominiert-werdens abgebaut werden. Wenn Raum geschaffen wird, daß der schwächere Partner Eigenes einbringen kann, erhöhen sich nachhaltig die Chancen einer emotionalen Bindung an die nun gemeinsame Ordnung.

III. Kulturelle Integration

Bislang haben wir den Blick nur auf eine Form der Integration gelenkt, auf die institutionelle Integration. Eine institutionelle

Integration alleine reicht jedoch nicht aus. Sie bedarf der Ergänzung und der Stützung durch eine *kulturelle Integration*. Institutionen können nur funktionieren, wenn sie auf „passende" Handlungsmuster, Denkstile und Wert-Dispositionen gegründet sind. Mit dem Wegfall der Institutionen der DDR und ihrem Ersatz durch „Westimporte" haben sich die in langfristigen Sozialisationsprozessen erworbenen Orientierungen und Gewohnheiten auf seiten der Individuen keinesfalls aufgelöst, sondern wirken zählebig fort. Auf dieser Ebene zeigen sich unverkennbar die größten Defizite im Prozeß des Zusammenwachsens. Dies ist sicherlich zu einem Teil dem gewählten Weg der Vereinigung geschuldet. Die weltpolitische Gunst der Stunde nutzend, gedrängt aber auch durch eine in der ostdeutschen Bevölkerung übermächtig werdende Stimmung, wurde von der Politik der Weg der schnellen Einheit gewählt. Mit neuen Rechtsnormen allein ist es aber nicht getan, wenn nicht im Alltag auch ein entsprechendes Rechtsbewußtsein herrscht. Ohne „gelebtes Recht" und ohne Vertrauen in die (Rechts-)Institutionen z. B. steht jede gesellschaftliche Integration von Akteuren (soziale Integration) und Systemebenen (Systemintegration) auf tönernen Füßen (vgl. *Hettlage* in diesem Band). Durch den Import des westdeutschen Institutionengefüges wurden unverrückbare soziale Tatsachen geschaffen, ohne daß den Akteuren *Zeit* für die Vorbereitung und Eingewöhnung gelassen wurde. Anerkannt werden muß aber ebenso, daß individuelle Handlungsmuster, Wertorientierungen und Habitusformen kurzfristigen Anpassungsprozessen nicht zugänglich sind. Sie lassen sich nicht durch Verträge und Beschlüsse verordnen, sondern sie müssen wachsen, und das braucht unvermeidlich viel Zeit – mehr Zeit, als auch eine etappenweise voranschreitende Vereinigung hätte zur Verfügung stellen können.

Die Illusion eines raschen Zusammenwachsens konnte nur entstehen, weil man das Augenmerk lediglich auf die Erfordernisse der institutionellen Integration richtete, nicht dagegen auf die der kulturellen Integration. Eine kulturelle Integration kann sich nur in einem längeren Zeitraum herstellen. Viele lebensbiographisch sedimentierten Selbstverständlichkeiten und

Handlungsroutinen wurden durch die neuen Verhältnisse entwertet und müssen durch die Aneignung neuer Verhaltensstandards und Orientierungsmuster ersetzt werden. In einem gigantischen Umfang wird von allen Ostdeutschen, egal welcher Altersgruppe sie angehören, ein *Umlernen* in beruflichen wie auch privaten Alltagsroutinen verlangt.

Trotz aller Turbulenzen in den ostdeutschen Berufsbiographien findet sich in Ostdeutschland – notwendigerweise – ein hohes, vielfach unterschätztes Maß an *Kontinuität* in der *Stellenbesetzung*. Im Unterschied zu den osteuropäischen Nachbarstaaten konnte zwar im deutschen Fall neben dem übernommenen Institutionengefüge auch auf ein mit diesen Institutionen vertrautes Personal zurückgegriffen werden. Ein „Westimport" an Personen stößt jedoch schnell auf Grenzen und muß auf einige wenige Positionen beschränkt bleiben. Für die ganz überwiegende Mehrzahl der Positionen in den neugeschaffenen und umgestalteten Einrichtungen besteht die Notwendigkeit, diese mit ostdeutschen Arbeitskräften zu besetzen, die mit einer neuen bzw. veränderten Funktionslogik der Positionen erst vertraut werden müssen. Für den Aufbau der neuen *Verwaltungsstrukturen* in Ostdeutschland wurde zwar auf einige westdeutsche „Leihbeamte" zurückgegriffen, von denen einige auch dauerhaft geblieben sind, aber das Gros der Stellen wurde mit Arbeitskräften besetzt, die auch in der DDR in der Verwaltung tätig waren. Oder nehmen wir die große Berufsgruppe der Lehrer und Lehrerinnen, die personell fast vollständig stabil geblieben ist. Es wurden zwar Direktoren und Schulaufsichtspersonal ausgewechselt, und es gab eine große, vor allem bedarfsbedingte Entlassungswelle. Aber wer heute in den ostdeutschen Schulen unterrichtet, hat dies in aller Regel auch vor der Wende bereits getan. Bei einer beruflichen Kontinuität sind die Lehrkräfte gezwungen, sich auf ein verändertes Bildungssystem, auf veränderte Lehrinhalte (man denke nur an einen Geschichtslehrer) und auch veränderte pädagogische Konzepte umzustellen.

Daneben existieren auch die Bereiche, die weitgehend auf eine *Neurekrutierung* von *Personal* angewiesen sind. Weitgehend ausgetauscht wurde die *politische Elite*, teilweise ersetzt wurde die juristische Elite. Auch die neu sich bildende politische Elite kommt ebenfalls nur zu einem kleinen Teil aus dem Westen, überwiegend rekrutierte sie sich aus der ostdeutschen Bevölkerung. Diese berufliche Diskontinuität machte ein doppeltes Umlernen notwendig: zum einen mußte die neue politische Elite erst mit den übernommenen politischen Strukturen vertraut werden, zum anderen waren die Akteure – aus anderen Berufsfeldern (z. B. Pfarrer) kommend – vor die Aufgabe gestellt, sich überhaupt erst die Rolle des Politikers anzueignen. Dasselbe gilt für die neuen Selbständigen, die überproportional aus der alten politischen Elite stammen.

Der Transformationsprozeß macht in den Berufsfeldern wie auch in allen anderen Lebensbereichen die Aneignung neuer Handlungsmuster, Wertorientierungen und Habitusformen erforderlich. Zumindest für eine längere Zeitdauer ist dabei mit der *Persistenz alter Muster* zu rechnen. Das Festhalten am Gewohnten kann auf der einen Seite durchaus als ein Bewahren einer kulturellen Eigenständigkeit aufgefaßt werden, als eine durchaus verständliche Reaktion angesichts der Flut an Neuem, für die in einer pluralen Gesellschaft auch Platz ist und sein muß. Auf der anderen Seite bringt dieses Festhalten an dem, wie man es schon immer gemacht hat, auch die Gefahr mit sich, daß dadurch das Funktionieren der neugeschaffenen sozialen Strukturen nachhaltig beeinträchtigt und dies zu einem Entwicklungshemmnis wird.

Das Beispiel der *ostdeutschen Jugendlichen* zeigt, daß die Aneignung der neuen Verhaltensstandards und Orientierungsmuster selbst für diese junge Generation nicht leichtfällt und ein schwieriges und langwieriges Unternehmen ist (vgl. *Lenz* in diesem Band). Die ostdeutschen Jugendlichen, die zweite Generation der DDR – da es sich um die erste Jugendgeneration handelt, deren Eltern auch bereits in der DDR-Gesellschaft aufgewachsen sind –, sind gleichsam der Testfall für das Zusammenwachsen. „Sie sind unterwegs, aber noch längst nicht angekommen." Wertorientierungen lassen sich nicht durch „Schocktherapie" auswechseln. Für das „Ankommen" der Jugendlichen müssen sich die Lebensperspektiven grundlegend verbessern. Außerdem ist es „unerläßlich, daß Raum gelassen wird für das Einbringen der eigenen, ‚anderen' Erfahrungen in das neue Gemeinwesen" (Lenz S. 221). Trotz aller aktuellen Schwierigkeiten hat diese junge Generation aber gegenüber den älteren Altersgruppen den großen Vorteil, daß sie noch vor dem Berufseintritt oder gerade am Berufsanfang mit der Umstrukturierung der Arbeitswelt konfrontiert wird und die Optionserweiterungen in jungen Jahren in Anspruch nehmen kann. Es zeigt sich, daß die „Wende" sehr unterschiedliche Auswirkungen auf die Generationen hat. Die „Generation des späten Mittelalters", diejenigen, die zur Wendezeit 45 bis 55 Jahre waren, gehören zu den relativen Verlierern der Vereinigung (vgl. den Beitrag von Geißler), da sie auf dem privatwirtschaftlich reorganisierten Arbeitsmarkt die geringsten Chancen haben.

In welchem *Zeitmaß* ist mit der kulturellen Integration zu rechnen? Wird sie von der jetzigen Jugendgeneration bereits vollzogen oder dauert sie noch länger? Einiges spricht dafür, daß erst das Aufwachsen in den neuen sozialen Strukturen dies leisten kann. Für die kulturelle Integration sind eine *gemeinsame Geschichte* und eine gemeinsame Verarbeitung von Geschichte (vgl. *Hettlage* in diesem Band) erforderlich. Bislang überwiegt die getrennte Vergangenheit für die große Mehrheit die wenigen gemeinsamen Jahre um ein Vielfaches. Es ist wohl keine Übertreibung, vorauszusagen, daß uns die davon angestoßenen Probleme noch weit in das erste Drittel des nächsten Jahrhunderts begleiten werden. Es ist zu vermuten, daß für das Fortschreiten der kulturellen Integration den materiellen Lebensbedingungen eine besondere Relevanz zukommen dürfte. Bislang hat sich in einer kurzen Zeit bereits eine deutliche Wohlstandssteigerung vollzogen (vgl. *Geißler* in diesem Band). Allerdings wird dies überraschend wenig anerkannt; die Aufmerksamkeit liegt viel mehr auf den noch bestehenden Defiziten, weit weniger auf dem bereits Erreichten. Diese Zustimmungslücke zeigt, wie stark die verschiedenen Facetten der Integrationspolitik miteinander verquickt sind. Wer kann mit anderen zusammenwachsen, wenn er nicht an und mit ihnen wachsen will?

Die folgenden Beiträge richten den Blick sowohl auf die institutionelle wie auch die kulturelle Integration und zeigen für sieben ausgewählte, „strategische" Problemfelder (Recht, Politik, Wirtschaft, Sozialstruktur, Bildung, Familie und Jugend) die seit der Wende stattgefundenen Veränderungen und die neuen Problemlagen auf.

Robert Hettlage

Integrationsleistungen des Rechts im Prozeß der deutschen Einheit

I. Das Recht als Integrationsrahmen

Bei der Analyse grundlegender gesellschaftlicher Transformationsprozesse wird das Recht häufig stark vernachlässigt. Dem öffentlichen Bewußtsein scheint entgangen zu sein, daß schon die deutsche (Wieder-)Vereinigung von 1989 nicht unwesentlich ein Rechtsvorgang war. Die politischen und sozio-ökonomischen Entwicklungen, die zur Öffnung der Mauer (9. 11. 1989) geführt hatten, sind ohne rechtlich relevante Entscheidungen auf internationaler Ebene gar nicht denkbar; zu eng waren beide deutsche Staaten in jeweils unterschiedliche internationale Einflußsphären und Verträge eingebunden. Erst als durch den „2+4-Vertrag" mit den ehemaligen Siegermächten von 1945 die „Ampeln auf Grün" gestellt worden waren, konnte man auf dem Weg der Re-Integration zweier getrennter Staaten wirklich vorankommen. Ohne die Verträge über die Rechts-, Wirtschafts- und Sozialgemeinschaft und ohne den „Einigungsvertrag" wären die erste gemeinsame freie Wahl und die deutsche Wiedervereinigung (3. 10. 1990) undenkbar geblieben.

Erst über diese Vertragswerke konnte dann die „wirkliche Einheit" mit großer politischer Energie und einem überaus beachtlichen Aufwand an Mitteln, Improvisationsgabe und Know-how in Angriff genommen werden. Die vielen gesellschaftlichen Akteure – Parteien, Verbände, Unternehmen, Organisationen und Einzelpersonen – konnten nur in dem Maße tätig werden, als sie sich auf einen gemeinsamen rechtlichen Rahmen berufen konnten.

1. Das Recht und gesellschaftliche Integration

Viele Rechtssoziologen sehen, in der Nachfolge von R. Smend, die Hauptfunktion des Rechts in der Integration einer Gesellschaft (vgl. Smend 1968). Normalerweise wird diese Aussage auf die innere Ordnung eines Staatswesens, seine Rationalität, Stabilität und Kommunikationsfunktion bezogen (Kißler 1984: 95).

Die gleiche Überlegung läßt sich aber auch – wie in unserem Fall – für den (Wieder-)Zusammenschluß zweier Staaten anstellen. Auch hier beschreibt das Recht verbindliche Werte als Mittel der Integration der Gesellschaftsmitglieder zu einem national geordneten Sozial- und Kulturverband. Der beabsichtigte und zu erwartende gesellschaftliche Wandel war von so großer Tragweite und Komplexität, daß er nicht naturwüchsig, sondern nur politisch kontrolliert vor sich gehen konnte. Die anfänglich anvisierte „Vertragsgemeinschaft" und die später durchgesetzte Übernahme des (westdeutschen) Grundgesetzes machten sofort klar, daß dem Recht Schlüsselfunktionen bei der Errichtung und Durchsetzung neuer gemeinsamer Lebensverhältnisse zufallen sollten (und mußten).

Die langjährige Einbindung der DDR in ein gänzlich anderes Staatsverständnis hatte zwangsläufig – für zentrale Gruppen zumindest – zu unterschiedlichen Deutungen und Interessenlagen und für die meisten zu – im Vergleich zur alten Bundesrepublik – anders gearteten Verteilungen von Lebenschancen geführt. Also mußten die gesellschaftlichen Verhältnisse nach der Vereinigung neu und sinnhaft geordnet, Unsicherheiten schnell beseitigt und zugleich Akzeptanz und Frieden gesichert werden. Insbesondere ging es darum:

1. Dem Verlust allgemein verbindlicher Handlungsmuster im „Osten" Deutschlands vorzubeugen: So waren divergierende Interessen(gruppen) und Ansprüche in das gemeinsame Staatsgebilde einzubinden, normative Orientierungen zu verankern und Konfliktregelungsverfahren aufzubauen (plural differenzierter Interessenstaat).

2. Zugleich war der Spielraum der Autonomie (für einen be-

stimmten Landesteil) neu zu definieren und die Sphären des Staates und der Privatheit gegeneinander einzugrenzen (regelgebundener, begründungspflichtiger Rechtsstaat).

3. Darüber hinaus mußten für die Menschen in den späteren neuen Bundesländern die Leistungsgarantien bzw. das Interventionsgebaren des Staates neu bestimmt werden (Sozialstaat, Wirtschaftsrecht etc.).

4. Schließlich ging es darum, im Sinne einer Friedensordnung nicht nur die Konfliktmodi zu regeln, sondern vor allem klarzumachen, mit welchen Sanktionen bei Normübertretungen (z.B. Strafrecht, Verfahrensrechte etc.) zu rechnen ist.

Man sieht unmittelbar, welche komplexen *Lernvorgänge* für einen Teil der Bevölkerung in Gang gesetzt werden mußten, die zwangsläufig zu großen Verunsicherungen, Kompetenzgefällen und Inkompetenzerfahrungen führten. Das gilt insbesondere im Hinblick auf die Transformation der vertrauten Institutionen.

2. Das Recht und die Transformation von Institutionen

Normalerweise ordnet man dem Recht die Aufgabe zu, das bei der Verflechtung von verschiedenartigsten Handlungsentwürfen entstandene Ergebnis auf Dauer zu stellen und damit Erwartbarkeit zu erhöhen, Komplexität zu reduzieren und Planbarkeit zu ermöglichen. D.h., daß diese Institutionalisierungsaufgabe als etwas verstanden wird, das post festum erfolgt. Recht wäre in diesem Sinne *Registrierapparatur*.

Der Prozeß der deutschen Wiedervereinigung lenkt die Aufmerksamkeit aber auch auf eine weithin unterbewertete, vielleicht auch ungewöhnliche Funktion des Rechts als aktives *Steuerungsinstrument*. Nachdem der Grundkonsens einmal gefunden und rechtlich gefaßt worden war, wurde ein Großteil des gesellschaftlichen Transformationsvorgangs im Osten Deutschlands durch fortlaufende Rechtsetzungsinitiative und daraus resultierende Rechtsfolgen angestoßen (vgl. Schäfers 1995: 46).

Es wird meist übersehen, daß in den Verhandlungen zum Einigungsvertrag die Grundsatzentscheidung gefällt wurde, das Recht der alten Bundesrepublik bewußt als Träger des sozialen Wandels einzusetzen.

Das betrifft zunächst einmal die staatliche Herrschaftsorganisation selbst, dann aber auch die von diesem Staatsverständnis beeinflußten Spielräume der „gesellschaftlichen Organisationen", d. h. der politischen Institutionen, der Verknüpfung von Staatsverständnis und Wirtschaftsordnung, die Rolle der Wissenschaft etc. (Darüber berichten eigene Beiträge in diesem Band.) Was die staatlichen Institutionen i. e. S. betrifft, ist zwischen der Transformation der Verwaltung und derjenigen des Justizapparates zu unterscheiden:

a) Verwaltungsreform und Integration

Schon die Verwaltungsintegration ist ein gewaltiges Stück Arbeit, das in der Anfangsphase der Vereinigung beträchtlich unterschätzt wurde. Die Schwierigkeit liegt darin, das *rechtsstaatlich-legalistische* Selbstverständnis der Verwaltung, eine Verbindung von beruflich-neutraler Amtsführung mittels abstrakter, berechenbarer Regeln, Arbeitszerlegung und Fachkenntnis („Aktenkundigkeit", Verfahrenssteuerung), also das ehemalige typische „preußische" Beamtenethos wieder zu verankern. Das ist von einem Tag auf den anderen gar nicht zu erreichen, da die Verwaltung der DDR dem Grundsatz der „Parteilichkeit" zu gehorchen hatte. B. Balla hatte dies in seinem Buch „Kaderverwaltung" (1972) schon vor Jahren klargemacht. „Kader" sind „zum Kern der Partei gehörende, auf frei bestimmte Gebiete des revolutionären Kampfes spezialisierte Mitglieder, die Aufträge der Partei im Bereich von Massenorganisationen durchzuführen hatten" (155). Sie stellen, nicht im Hinblick auf ihr Spezialistentum, aber im Hinblick auf ihre eindeutige politische Qualifikation, einen gegensätzlichen Typus zum rational-legalen Administrator dar, der der neutralen Amtsführung ohne Ansehen der Person nicht verpflichtet ist.

Hier eine „unité de doctrine" in Deutschland herzustellen, gilt für G. Lembruch als „Nadelöhr des institutionellen Umbaus" (1991: 593). Sei es, daß die ehemaligen Kader das neue Bewußtsein nicht entwickeln, Seilschaften bilden, in die innere Emigration gehen; sei es, daß neue „westliche" Verwaltungsstäbe als „fremde Richter" erfahren und daher von der Bevölkerung nicht akzeptiert werden. Dieser „bürokratische Rückhalt" war immer schon ein stabilisierendes Element der Staatsordnungen. Das wird sich auch in Zukunft so erweisen.

Auf der anderen Seite betrifft der Institutionen-Umbau auch die Abkehr von der zentralistischen DDR-Verwaltung und die Hinwendung zur Tradition des Bundesstaates. Auch hier ist der Traditionsbruch zwischen beiden deutschen Staaten erheblich gewesen. Die alte DDR kannte keine Bundesländer, sondern nur (Klein-)Bezirke, die der direktiven Steuerung durch die politische Zentrale unterstellt waren. Diese Verwaltungsstrukturen wurden nach der „Wende" aufgelöst und durch eine Föderalisierung ersetzt.

Die Konsequenzen sind gravierend und die Ergebnisse unsicher. Denn die neuen Länder (NBL) besitzen nun keinen „bürokratischen Rückhalt" mehr, kämpfen also im System des Finanzföderalismus mit „ungleichen Spießen". Sie sind nicht nur kleinräumiger und ärmer, sondern auch in den Verfahrensregelungen weniger kundig. Schon im Westen bestand die Schwierigkeit, Sozialstaatspostulate (gleiche soziale Leistung an jedem Ort) mit dem Selbstverwaltungsrecht der Gemeinde in Einklang zu bringen und örtliche Unterschiede in bezug auf soziale Lebenschancen zu unterbinden. Diese Disparitätsproblematik kann sich künftig als verlängerte Ost-West-Spannung erhalten.

b) Justizreform und Integration

Das zweite große Problem des Institutionentransfers ist der Umbau des Rechtswesens, insbesondere des Justizapparates der DDR. Das Rechtssystem war nicht eigenständige Institution, sondern ein politisch-„parteiliches" Instrument der Einheitspartei SED. Gemäß dem Prinzip der „sozialistischen Gesetzlichkeit" hatten sich ihre Organe deshalb politisch zu verantworten, ob sie in ihren Entscheidungen immer dem Aufbau, dem Sieg und der Festigung der proletarischen Klassenherrschaft dienten (Institut für Theorie des Staates und des Rechts der Akademie der Wissenschaften der DDR 1975: 594 ff.). Die Machthaber der DDR ließen keinen Zweifel daran aufkommen, daß sie den bürgerlichen Rechtsstaat, die Gewaltenteilung, die richterliche Unabhängigkeit zerschlagen wollten. Nach 1989/1990 stellte sich deshalb das Problem, das Ruder schnell und umfassend wieder herumzuwerfen, die Politik-Justiz-Netzwerke zu zerschlagen und eine unabhängig handlungsfähige Rechtspflege einzurichten. Zwar hatte die letzte Regierung der DDR 1990 schon erste Weichenstellungen in dieser Hinsicht eingeleitet, dennoch konnte der gewollt politischen Justiz nur durch einen grundlegenden Schnitt, d.h. durch einen *Wechsel des Rechts* und einen *Elitewechsel*, Einhalt geboten werden. Dies wurde durch den Einigungsvertrag in Gang gesetzt.

Die später festzustellende Verunsicherung der Polizei (etwa im Zusammenhang mit den rechtsradikalen Ausschreitungen in Rostock) macht deutlich, daß der Institutionentransfer nur ein erster Schritt zur Integration sein kann. Das Grundproblem ist vielmehr das der „kulturellen Heterogenität" infolge unterschiedlicher Sozialisationseffekte verschiedener Gesellschaftsverfassungen. Deswegen kann der Vereinigungsprozeß nur gelebte Wirklichkeit werden, wenn der Arbeit an affektiven Bindungen eine Integration der Werte und kulturellen Symbole zur Seite steht. Dies ist aber aufs engste mit dem institutionellen Umbau verknüpft (vgl. Lembruch 1991: 592). Das Rechtswesen ist ein Lehrbeispiel dafür. Rechtsunkenntnis und Rechtsfremdheit sind für den Bestand und die Festigkeit einer demokratischen und rechtsstaatlichen Ordnung immer eine große Gefahr. Insofern hat R. von Iherings Satz weiterhin höchste Aktualität: „Für einen Staat, der geachtet dastehen will nach außen, fest und unerschüttert im Inneren, gibt es kein kostbareres Gut, das er zu hüten und zu pflegen hat, als das nationale Rechtsgefühl. Diese Sorge ist eine der höchsten und wichtigsten Aufgaben der politischen Pädagogik" (1872: 252).

Nach diesen Vorbemerkungen soll im folgenden der rechtliche Integrationsprozeß unter dem Gesichtspunkt verfolgt werden, wie die institutionellen Bedingungen für die Überwindung der Rechtsfremdheit in den vergangenen fünf Jahren erarbeitet wurden. Daher geht es zunächst (Teil II) darum, nachzuvollziehen, wie die normativen Grundlagen des Rechtssystems im vereinigten Deutschland gelegt wurden. In zweiter Linie (Teil III) steht zur Debatte, welche Vorkehrungen man traf, um „Abweichungen" zu begegnen. Darin sind auch Aspekte der Rechtspädagogik eingeschlossen, wie sich am Problem der Vergangenheitsbewältigung dokumentieren läßt. Zum Schluß (Teil IV) kommen deshalb einige Besonderheiten und ungelöste Probleme der Rechtsvereinigung zur Sprache.

II. Die Arbeit an den normativen Grundlagen des gemeinsamen Staatswesens

Daß die deutsche Einheit in absehbarer Zeit Wirklichkeit werden könnte, war von niemandem vorausgesehen worden. Mit dem Zusammenbruch des SED-Regimes im Spätherbst 1989 setzten in beiden deutschen Staaten plötzlich intensive Bemühungen ein, um die normativen Grundlagen zu klären, auf denen eine enge Kooperation aufbauen könnte. Die Bundesregierung verband ihr Hilfsangebot sofort mit der Forderung nach einem „grundlegenden Wandel des politischen und wirtschaftlichen Systems". Die DDR-Regierung zeigte sich zu schrittweisen Reformen bereit, versuchte aber in der Anfangsphase noch wesentliche Aspekte des sozialistischen Gesellschaftsbildes zu retten. Allerdings scheiterte der Versuch des vormaligen „Runden Tisches", eine neue Verfassung für einen reformsozialistischen, zweiten deutschen Staat zu formulieren, ziemlich rasch. Je schneller die Entwicklung in der ersten Hälfte des Jahres 1990 auf eine Einheit beider Staaten hinauslief, desto stärker kam auch die Debatte um eine Verfassung für ganz Deutschland und um den Grad der rechtspolitischen Umgestaltung der DDR in Gang.

1. Die Auseinandersetzungen um den Charakter der Rechtsordnung: Zwei Etappen der Verfassungsdiskussion

Bevor man darangehen konnte, die Lebensverhältnisse in beiden, noch getrennten Staatsgebilden zu vereinheitlichen, waren Grundsatzentscheidungen über den Charakter des möglichen, neuen „gemeinsamen Hauses" zu treffen. So setzte schon im Frühjahr 1990 eine heftige Diskussion darüber ein, ob das Grundgesetz der Bundesrepublik Deutschland von 1949 zu übernehmen sei, oder ob es dem Ereignis des Zusammenschlusses zweier Staaten angemessener sei, den Weg über eine neue Verfassung zu gehen, in der auch die Interessen der ehemaligen DDR-Bürger berücksichtigt werden könnten. Daß dabei auch einige Grundlagen des bisherigen Staatsverständnisses der alten Bundesrepublik auf den Prüfstand gestellt werden sollten, machte das „Kuratorium für einen demokratisch verfaßten Bund Deutscher Länder" in seinem Verfassungsentwurf vom Frühjahr 1991 deutlich (Guggenberger u.a. 1991).

Die „Rechts-links"-Dimension des sich anbahnenden Interessenkonflikts kann zwar nicht bestritten werden, dennoch liegen die Verhältnisse etwas komplizierter.

Mit der deutschen Vereinigung wurden nämlich zwei diametral entgegengesetzte Staatskonzeptionen zusammengeführt, zwischen denen es eigentlich keine Brücke geben konnte. Der „real existierende Sozialismus" ging vom staatlichen Wissens- und Steuerungsvorrang aus und mußte daher die Freiheitsansprüche der Bürger als nachrangig behandeln (Hartwich 1990: 161). Das „westliche" Staatsdenken hingegen nahm seinen Ausgang immer von unveräußerlichen, vorstaatlichen Menschenrechten und versuchte deswegen, die personalen Autonomieansprüche (liberales Prinzip) mit Interessenrepräsentation (demokratisches Prinzip) und generalisierter Willensbildung (freie Wahlen) zu verbinden (Hartwich 1990: 158f.). In dieser

Hinsicht war die Verfassungsfrage – wenigstens von seiten der Bundesregierung, der Mehrheit der Westdeutschen und, seit den gesamtdeutschen Wahlen vom 3. 10. 1990 klar ersichtlich, auch bei den Ostdeutschen – keineswegs offen.

Auf dem Umweg, *wie* denn die deutsche Einheit verfassungsrechtlich korrekt herzustellen sei, kam dennoch 1990 kurzzeitig eine beinahe versteckte Grundsatzdebatte zustande, denn die Einheit Deutschlands konnte grundsätzlich auf zwei Wegen erfolgen: nach Artikel 23 oder nach Artikel 146 GG.

a) Die erste Etappe: Die Verfassungsentscheidung für die Beibehaltung des Grundgesetzes

Bis zum Fall der Mauer waren sich im Westen beinahe alle einig, daß die Einheit, käme sie denn, nur über Art. 146 zu verwirklichen sei. Dort hieß es: „Dieses Grundgesetz verliert seine Gültigkeit an dem Tage, an dem eine Verfassung in Kraft tritt, die von dem deutschen Volke in freier Entscheidung beschlossen worden ist."

Aus diesem Artikel 146 leiteten die Befürworter auch des Jahres 1990 ab, daß die nationale Einheit nur mit Hilfe einer verfassungsgebenden Versammlung erlangt werden könne, über die sich die Gesellschaft insgesamt *neu konstituiere* und mit der das Provisorium des Grundgesetzes an sein Ende gelange. Schon die Volkskammer hatte am 1. 12. 1989 versucht, mit Verfassungsänderungen Ballast abzuwerfen (d.h. auf die „Führung der Arbeiterklasse und ihrer marxistisch-leninistischen Partei" zu verzichten) , um andere Elemente des Sozialismus zu retten. Am 7. 12. 1989 beschloß der „Runde Tisch" in seiner ersten Sitzung, eine Arbeitsgruppe zur Verfassungsreform einzusetzen, deren Entwurf im Frühjahr 1990 breite Resonanz fand. Gedacht war „an ein Angebot für eine zukünftige gesamtdeutsche Verfassung oder auch ein verbessertes und modernisiertes Grundgesetz" (Glaeßner 1991: 141). Die frei gewählte Volkskammer der DDR stand im Frühjahr 1990 vor der Frage, ob sie diesen Entwurf übernehmen sollte, konnte sich in der Folge aber nicht darauf einigen.

Zu einem neuen Verfassungsentwurf kam es nicht mehr. Er wurde vom Tempo der Entwicklung überholt. Um die Währungs-, Wirtschafts- und Sozialunion mit der „BRD" vom 1. 7. 1990 zu ermöglichen, hob die Volkskammer am 17. 6. 1990 alle Artikel über „sozialistische Gesetzlichkeit", „demokratischen Zentralismus" und die Institutionen des Sozialismus auf und legte fest, daß die DDR Hoheitsrechte auf Einrichtungen der Bundesrepublik übertragen konnte. Dieser erste Staatsvertrag brachte in der Folgewirkung für die DDR die Verpflichtung, Institutionen nach dem Vorbild der Bundesrepublik zu schaffen (Tarifautonomie, Streikrecht, Mitbestimmung, Koalitionsfreiheit etc.). Damit war der Weg für den Einigungsvertrag (31. 8. 1990) frei, der eine gänzlich andere „Neuordnung" Gesamtdeutschlands vorsah und ab 3. 10. 1990 wirksam wurde.

Art. 23 Satz 2 GG hob nämlich nicht auf die Neukonstituierung und Neudefinition des geeinten Deutschlands ab, sondern auf den *Beitritt der DDR* zum Staatsverband der Bundesrepublik. Dieses Verfahren war anfänglich für den Beitritt des Saarlandes eingerichtet worden (Gesetz vom 23. 12. 1956), aber die Entstehungsgeschichte des Artikels zeigt auch, daß damals bei der Formulierung, das GG „in anderen Teilen Deutschlands… nach deren Beitritt in Kraft zu setzen", ausdrücklich auch an den Beitritt der ost- oder besser: mitteldeutschen Länder gedacht war (v. Mangoldt 1957: 653), eine Auffassung, die später vom Bundesverfassungsgericht in seinem Grundvertragsurteil (18. 9. 1990) bestätigt wurde. Diese völkerrechtliche Eingliederung der DDR („Staatsintegration": Blumenwitz 1991: 6) bei Wahrung der Identität der Bundesrepublik hatte unter den gegebenen Umständen des hohen Vereinigungsdrucks den Vorteil, keines Plebiszits der Bevölkerung zu bedürfen, sondern nur eines formellen Aufnahmeantrags und einer Zustimmung mit ⅔ Mehrheit durch den Bundestag.

Dieses Verhandlungsvorteils wurde man sich 1990 anläßlich der konkreten Vereinigungschancen so richtig bewußt. Eine Volksbefragung war zwar nicht ausgeschlossen, aber auch nicht zwingend. Im Zuge der sich überstürzenden Ereignisse und der sich konkretisierenden Verhandlungen zwischen beiden Staaten

entschloß sich die Bundesregierung zur grundlegenden Weichenstellung nur über den Beitritt nach Art. 23 GG, also nur über die Anpassungsmodi der „künftigen Mieter eines bestehenden gemeinsamen Hauses" (Abromeit 1992: 84) zu sprechen. Dabei kam ihr zugute,
– daß die Wirtschaft in der DDR, spätestens seit der Währungsunion (1. 7. 1990), zusammenbrach und die Erwartung der Ostdeutschen an die Vereinheitlichung der Lebensverhältnisse sehr hoch war bzw. das Volk die Einigung unbedingt wollte („Wir sind ein Volk");
– daß das politische und wirtschaftliche System der Bundesrepublik demgegenüber gefestigt war, der Bundeskanzler seine Richtlinienkompetenz voll ausnützte und die Verhandlungen unter dem Eindruck der Übersiedlerflut und der anstehenden Wahlen unter Zeitdruck setzte. (Zwischen dem 10-Punkte-Plan H. Kohls vom 28. 11. 1989 zum „schnellstmöglichen Zeitpunkt" und dem Angebot zur Währungsunion [7. 2. 1990] waren nur 70 Tage vergangen. Letztere trat weniger als fünf Monate später in Kraft, und der Einigungsvertrag wurde schon zwei Monate darauf unterzeichnet [31. 8. 1990]. Kohls erster Einigungsplan lag also nur genau neun Monate zurück.)
– Hinzu kam, daß die Bundesländer im Osten Deutschlands zur Zeit der Verhandlungen noch nicht wieder gegründet waren, so daß zur Interessenwahrung der DDR nur die Unterhändler übrigblieben, die aber der komplexen Rechtsmaterie weitgehend unkundig waren und daher der westdeutschen Bürokratie wenig entgegensetzen konnten.
– Bedeutsam war überdies, daß die große Koalition in der DDR zusammenbrach. Die Parteien der DDR befanden sich im Sommer 1990 mitten in der Neu- oder Umgründung. Dabei wurden sie von den westdeutschen Bundesparteien weitgehend „patroniert", so daß sich die verhandlungsführende Ost-Regierung de Maizière (CDU) unter die Federführung der West-CDU begab. Abromeit glaubt, darin eine historische Parallele zur Gründung des Kaiserreichs und zu Bismarcks Verhalten gegenüber den deutschen Kleinstaaten erkennen zu können (1992: 89).

Mit dem Einigungsvertrag jedenfalls war die Entscheidung gefallen, den Geltungsbereich des Grundgesetzes nach Art. 23 auszudehnen. Zum 3. 10. 1990 wurde „die DDR" als Ergebnis der 36. Grundgesetzänderung seit 1949 Teil der Bundesrepublik. Dennoch blieb die Kontroverse nicht ohne Folgen. Zunächst war zwar die Diskussion um eine neue Verfassung abgeblockt. Da sich aber schon bald in der Diskussion herausgestellt hatte,
– daß beide Alternativen nicht völlig gegensätzlich und unversöhnlich waren,
– daß man vermeiden mußte, den neuen Bürgern in Mitteldeutschland das Gefühl zu geben, überrumpelt („abgewickelt") worden zu sein,
– daß die „2+4"-Verträge verlangten, den territorialen Status des geeinten Deutschland im innerdeutschen Recht abzusichern,
so fand man im Einigungsvertrag den Kompromiß, Artikel 23 und 146 zu verbinden, d.h. Artikel 146 neu zu fassen und eine sog. „beitrittsbedingte Änderung" des GG ins Auge zu fassen. Die Formulierung lautete: „Dieses GG, das nach der Vollendung der Einheit und Freiheit Deutschlands für das gesamte deutsche Volk gilt, verliert seine Gültigkeit an dem Tage, ab dem eine neue Verfassung in Kraft tritt, die von dem deutschen Volke in freier Entscheidung beschlossen worden ist."

b) Die zweite Etappe: Die Gemeinsame Verfassungskommission und die Änderung des Grundgesetzes

Mehr als eine „Binsenweisheit" (Blumenwitz 1991: 11), daß alte Verfassungen nach dem Erlaß von neuen außer Kraft treten, war damit nicht ausgedrückt; allerdings war darin doch das Zugeständnis enthalten, den Anstoß zur Verfassungsreform ernst zu nehmen. Art. 5 des Einigungsvertrags untermauerte dies durch die Empfehlung, innerhalb von zwei Jahren die vereinigungsbedingten Verfassungsprobleme (z.B. die neue Stimmengewichtung im Bundesrat, die Regelung der Verbindlichkeiten der DDR etc). anzugehen. Kein Wunder, daß die Debatte um den Umfang der Verfassungsrevision im Frühjahr 1991 erneut in Gang kam. Als anpassungsbedürftig galten dabei Fragen der Kompetenzverteilung zwischen Bund und Ländern, der Vertiefung der europäischen Integration, der inhaltlichen Festlegung von Staatszielen (Ökologie, Arbeitsleben, Geschlechterverhältnis) und des Umfangs der Revision. Da die Meinungsgegensätze erheblich waren, verschob sich die Debatte zunächst auf die Verfahrensebene als Teil der Machtpolitik (Busch 1993: 8): Die Länder verlangten eine angemessene Beteiligung am Verfahren; der Bund versuchte, Aufwand und Änderung möglichst gering zu halten. Die Opposition widersetzte sich der Auffassung der Regierung, das GG habe sich rundweg bewährt, und versuchte, einen Volksentscheid über tiefgreifende Verfassungsänderungen zu erzwingen. Ende 1991 (28./29. 11.) konnten sich Regierung und Bundesrat auf einen *neuen Kompromiß* einigen, indem sie eine „Gemeinsame Verfassungskommission" aus 64 Mitgliedern (je zur Hälfte durch beide Gremien besetzt) einsetzten – ein Novum in der deutschen Verfassungsgeschichte der Nachkriegszeit.

Dieser „parlamentarische Rat" konnte in knapp zwei Jahren seine Beratungen abschließen und legte am 28. 10. 1993 seinen einstimmig beschlossenen Abschlußbericht vor. Dem waren 26 Sitzungen und neun Anhörungen vorausgegangen, auf denen 80 Änderungsanträge des GG verhandelt wurden. (Insgesamt waren von den verschiedensten Gruppierungen rd. 800 000 Eingaben gemacht worden!) Ein Konsens über einen möglichst breiten Verfassungsdiskurs, über die Aufnahme sozialer Staatsziele und über plebiszitäre Regelungen konnte nicht erzielt werden. Vielmehr war die vorausgegangene Entscheidung für das GG als verbindliche Entscheidung für eine gesamtdeutsche Verfassung wegleitend geblieben. Immerhin waren aber rd. die Hälfte der Artikel des GG überprüft worden, bevor als konkrete Reformvorschläge GG-Änderungen vorgeschlagen werden konnten über:

(1) die *neuen Staatsziele* der europäischen Einigung, des Umweltschutzes, der Gleichstellung der Geschlechter und den Schutz ethnischer Minderheiten sowie

(2) die *Stärkung der Kompetenzen* der Bundesländer bei der Gesetzgebung, die erleichterte Neugliederung der Länder und die Stärkung der kommunalen Selbstverwaltung.

Diese 37. Verfassungsänderung wurde von den parlamentarischen Gremien am 20. 6. bzw. 23. 9. 1994 gutgeheißen. Damit konnte ein heftiger, überwiegend auf die politischen Instanzen begrenzter, von der deutschen Wiedervereinigung ausgelöster Verfassungsstreit nach fast fünf Jahren beendet werden. Auch wenn er durch die Alltagssorgen der deutsch-deutschen Integration überdeckt wurde und nicht die gleiche Öffentlichkeitswirksamkeit besaß, war er dennoch der tiefgreifendste nach 1956 („Wehrverfassung") und 1968 („Notstandsgesetzgebung"). Warum verfassungsrechtlich nicht stärker „aufgeräumt" wurde, ist darauf zurückzuführen, daß jahrzehntelang durch das Bundesverfassungsgericht permanente „Verfassungsrevision durch Verfassungsjurisdiktion" betrieben worden war . Das hatte das GG „beruhigt" und vom Provisorium schrittweise zur Vollverfassung ausgebaut (Leisner 1991: 30).

2. Die Transformation der öffentlichen Verwaltung: Re-Föderalisierung und Privatisierung durch die Treuhand

Wie erinnerlich, hatte die vorletzte DDR-Regierung unter H. Modrow schon am 18. 12. 1989 eine Regierungskommission zur Vorbereitung einer Verwaltungsreform eingesetzt, um den im Herbst 1989 erhobenen Forderungen nach demokratischer Selbstbestimmung und nach Abkehr vom zentralistischen Einheitsstaat Rechnung zu tragen. Seit der Volkskammerwahl vom 18. 3. 1990 wurde es jedoch immer deutlicher, daß es die DDR bald nicht mehr geben werde. L. de Maizière bestätigte dies in seiner Regierungserklärung vom 19. 4. 1990. Die Verwaltungsreform hatte nunmehr den Sinn, die deutsche Einheit durch „kompatible Länderstrukturen" zu ermöglichen. In der Zeit unmittelbar vor dem Beitritt zur Bundesrepublik beschloß die Volkskammer der DDR eine Reihe von verfassungsändernden Einzelgesetzen, so das 9. Änderungsgesetz vom 17. 6. 1990, das gegenteilige Verfassungsgrundsätze für ungültig erklärte und die DDR als „freiheitlichen, demokratischen, föderativen, sozial und ökologisch orientierten Rechtsstaat" bezeichnete (Art. 1. Abs. 1) . Dadurch konnte die Verwaltungsreform mit dem radikalen Umbruch im Verfassungstypus Schritt halten. Beide Bereiche hängen eng zusammen. Neben Wirtschaft und Politik ist die öffentliche Verwaltung sogar ein exemplarischer Fall, um die Komplexität und Reichweite des gesellschaftlichen Umbaus in Erfahrung zu bringen, umfaßt er doch die Föderativstruktur ebenso wie die kommunale Selbstverwaltung, die Privatisierungspolitik ebenso wie die Überprüfung des Justizapparates.

a) Die Re-Föderalisierung der neuen Länder

Lenins Organisationsprinzip des „demokratischen Zentralismus", die Grundlage der sozialistischen Staaten, war darauf angelegt, die Einheit von Planung, Entscheidung und Ausführung sicherzustellen. Da der Einheitspartei auch verfassungsrechtlich die Führungsrolle zukam, bestand das „Restproblem" darin, die „Transmission" des Parteiwillens auf allen Ebenen der Staatsverwaltung zu sichern.

In der administrativen Praxis mußte das zu einer strikten „Vertikalisierung" des Staatsaufbaus führen, in der kein Platz für Föderalismus und Lokalautonomie war. Länder, Kreise und Gemeinden wurden wie Organe des Zentralstaats behandelt. Die Partei war der Rechtsnorm jederzeit übergeordnet, so daß Gewaltenteilung, gesetzliche Verfahrensregeln, Gesetzesvorbehalte, die Gültigkeit des Verwaltungsrechts für jedermann etc. systemfremd, unbekannt oder jedenfalls wirkungslos blieben. So kann es nicht erstaunen, daß die DDR mit dem Föderativsystem nichts anfangen konnte: Zwar sah es 1945 noch anders aus, als die sowjetische Besatzungsmacht die historischen Länder neu zu gründen begann, aber schon Mitte 1952 schienen die politischen Verhältnisse so gefestigt, daß der anfängliche „Alibi-Föderalismus" (Laufer/Münch 1992: 217) gänzlich beseitigt werden konnte. Die Länder, ihre Verfassungen und Organe wurden abgeschafft und in 15 Bezirke (mit weisungsgebundenen Regierungen) aufgelöst. Die 2. DDR-Verfassung (6. 4. 1968) verstand sich denn auch im Vollsinn als „sozialistisch" und bekannte sich uneingeschränkt zum demokratischen Zentralismus mit Parteiprimat (Art. 1), zur Zentralplanung (Art. 9, 3) und zu zentralen Gesetzgebungsorganen (Art. 48, 2). Erst kurz nach dem Fall der Mauer setzten wieder Föderalisierungsbemühungen ein, die Mitte 1990 immer stärker die Ausrichtung bekamen, mit dem Föderativsystem der Bundesrepublik vereinbar sein zu müssen.

Die schließliche Gründung der neuen Länder (22. 7. 1990), ihre Aufnahme in die Bundesrepublik und die Erweiterung des Bundesrats von 11 auf 16 Ländervertretungen erwiesen sich als Bewährungsprobe des deutschen Föderalismus schlechthin. Die rechtlichen, administrativen und personellen Probleme waren in ihrer Komplexität kaum geahnt worden:

(1) Zunächst war es vordringlich, „die DDR" zu integrieren, indem die Gesetzgebungskompetenz der neuen Länder verankert, ihre Identität gestärkt und damit – als paradoxe Handlungsfolge – die Heterogenität des Gesamtgebildes vergrößert wurde. Fehlende Rechtseinheitlichkeit, gravierende regionale Disparitäten, Besoldungs- und Ansehensunterschiede zwischen West und Ost ließen einen tiefen inneren Graben, beinahe ein „Mezzogiorno-Problem", sichtbar werden. Er wurde noch dadurch verstärkt, daß „im Osten" jegliche Spuren des Föderalismus gelöscht worden waren, also ein Erfahrungsdefizit herrschte, das eine Übernahme der Entscheidungsregeln aus dem Westen erzwang.

(2) Weiterhin ging es darum, eine Koalition Ost gegen West, arm gegen reich zu verhindern. Einerseits mußte das Stimmengewicht der Neuen den Größenordnungen entsprechen, andererseits durfte die Neuordnung die bisher eingespielten Besitzstände und Solidaritäten nicht gefährden. Um Blockbildungen zu verhindern, wurden 68 Stimmen auf die 16 Länder so verteilt, daß bei einer Stimmenmehrheit (35 Stimmen) die sieben wohlhabenden Länder der alten Bundesrepublik (Bayern, Baden-Württemberg, Niedersachsen, Nordrhein-Westfalen, Hamburg, Hessen, Rheinland-Pfalz) von einer Koalition der

neuen Länder mit den weniger wohlhabenden „Alt-Ländern" (Schleswig-Holstein, Bremen, Saarland) nicht überstimmt werden konnten. (Erstere erhielten insgesamt 35 Stimmen, der Block der letzten neun Länder vereinigte auf sich ein Gewicht von 33 Stimmen.) Ausgleichend wirkte zudem, daß durch Koalitionen innerhalb der Länderregierungen, die nicht dem Muster der Regierungsparteien entsprachen, parteipolitische Blockbildungen erschwert wurden und eine stärkere Kompromißhaltung der Regierung erzwangen.

(3) Schließlich erwies sich ein fester „Wille zur Einheit" als unerläßlich, da seit 1990 der Rechtssetzungsprozeß des Bundes überwiegend auf die neuen Bundesländer ausgerichtet war, die alten Länder davon aber finanziell z. T. erheblich betroffen waren. Darüber hinaus mußten die „fünf Neuen" (inkl. Ostberlin eigentlich sechs) in die EG-Regelungen einbezogen werden. Als ehemaliges „Drittland DDR" waren sie nun Teil des Gemeinschaftsterritoriums geworden und mußten – lt. EG-Beschluß – nach einer sehr kurzen Übergangszeit (zum 1. 1. 1993) das Gemeinschaftsrecht (Gründungsverträge und Folgerecht) automatisch anwenden.

Mit aller Kraft und erhöhtem Tempo mußte also in rd. zwei Jahren ein gigantisches Gesetzgebungswerk auf den Weg gebracht werden, das die Mithilfe und „Treuepflicht" der alten Bundesländer auf die Probe stellte und das Rechtssystem (mit Umwelt-, Investitions-, Arbeitsförderungs-, Vermögenszuordnungs-, Kreditaufnahme-, Registerverfahrensbeschleunigungs-, Hemmnisbeseitigungs- und vielen anderen Gesetzen) an den Rand der Belastungsgrenze brachte. Die Regelwerke stützten sich dabei, wo immer möglich, auf das Modell des „Institutionentransfers" (Czada 1994a: 252) und auf ein eingespieltes, „westliches" Politiknetzwerk (gesamtdeutsche Ministerpräsidenten-Konferenz seit 20. 2. 1990, Ressortministerkonferenzen der Länder, Planungsausschüsse für Gemeinschaftsaufgaben ‚Hochschulen, Agrarstruktur, Regionalentwicklung') und vor allem auf die innovativen Koordinationsgremien (Kanzlergespräche, Kontaktgruppe des Bundeskanzleramts – ‚Ludewig-Runde'), die sich als die wichtigsten Entscheidungszentren des

Föderalismus erwiesen (Laufer/Münch 1992: 229). In der von Unsicherheiten übervollen Umbruchsituation hatten alle Beteiligten ein hohes Interesse daran, die neuartige Situation in den Griff zu bekommen. Daher erhielten alle formellen Kontaktgespräche und auch die informellen Koordinationsgremien eine hohe, kompromißorientierte Verbindlichkeit. „Es war der gewaltige Problemdruck und ein trotz allgegenwärtiger Verteilungskonflikte stark ausgeprägtes Interesse aller am Erfolg des marktwirtschaftlichen Umbaus der neuen Bundesländer, von dem ganz wesentliche Bindekräfte ausgingen" (Czada 1994b: 160).

Die *Hilfen* für den Aufbau der neuen Länder waren während der vergangenen fünf Jahre beträchtlich, und zwar auf zwei Ebenen:

(1) In personeller und administrativer Hinsicht:

Über die verschiedensten Netzwerke gelang es, die z.T. erheblichen Lücken in relativ kurzer Zeit zu schließen. Dabei spielten die Partnerschaften zwischen Alt- und Neu-Ländern (Bayern/Thüringen, Baden-Württemberg/Sachsen, Niedersachsen/Sachsen-Anhalt, Schleswig-Holstein/Mecklenburg-Vorpommern, Nordrhein-Westfalen bzw. die Vereinigung Berlin-Brandenburgs oder Städtepartnerschaften) für die innere Verwaltung und die Finanz- und Kulturverwaltung eine beträchtliche Rolle. Fachleute in den Planungsausschüssen führten in die Probleme der Zielprojektionen und Rahmenplanung ein; Finanzexperten halfen mit, die kommunalen Abgabengesetze zu formulieren und den Finanzausgleich zu regeln; Verfassungsrechtler kümmerten sich um die Erarbeitung der Länderverfassungen, Kreis- und Haushaltsordnungen; Richter, Staatsanwälte und Steuerexperten unterstützten bei der Rechtspflege und Bundeswehrexperten bei der Integration der ehemaligen Nationalen Volksarmee (NVA) der DDR.

Besondere Beachtung verdient der *Transfer von Verwaltungspersonal* aus Westdeutschland in die Verwaltungen des Ostens. Hier ging es nicht mehr nur um punktuellen Erfahrungsaustausch und Konsultationen, sondern um den Aufbau der öffentlichen Verwaltung überhaupt mittels kontinuierlicher

Personalhilfe auf den verschiedensten Ebenen. Diese Aktivitäten werden von einer Bund-Länder-Clearingstelle in Bonn koordiniert (Reusch 1991).

Obgleich es noch keine zusammenfassende Übersicht gibt, kann man schätzungsweise davon ausgehen, daß der Personaltransfer auf seinem Höhepunkt 20 000 Personen (König 1993: 147) – hauptsächlich aus dem höheren Dienst – in den Bereichen Justiz, Inneres, öffentliche Sicherheit, Finanzen und Wirtschaft umfaßte. Der Transfer auf der mittleren und unteren Laufbahnebene blieb weniger bedeutend. Beispielsweise kamen 1991 im Justizministerium Brandenburgs über 70%, im Innen-, Finanz- und Wirtschaftsministerium über 60% der Beamten aus dem Westen. 1992 stammten mehr als ¾ der Verwaltungselite der Staatskanzleien der fünf neuen Länder (ohne Berlin) aus anderen Bundesländern. Alle fünf Staatskanzleien wurden von „Wessis" geleitet. Daran ist das Ausmaß der Unterstützung, aber auch deren latent spannungsgeladene, gesellschaftliche Überlagerungsproblematik ablesbar.

(2) In finanzieller Hinsicht:

Ähnliches gilt für den Finanzaspekt der Vereinigung. Mit dem Beitritt der neuen Länder (NBL) galt auch die schon unter den alten Ländern seit 40 Jahren erprobte Finanzverfassung der Bundesrepublik, insbesondere die Finanzbeziehung zwischen Bund und Ländern und unter diesen (Art. 104–115). Zu einer Neuordnung konnten die alten Länder aber auch in der Großen Verfassungskommission nicht bewegt werden. Einerseits hatten sich „die Neuen" also an die bisherige *Verteilung der Erträge* zu halten:

– Die Erträge aus Vermögen, Erbschaft, Verkehr und Alkohol gehen an die Länder, die Grund- und Gewerbesteuer an die Gemeinden.

– Für die Gemeinschaftssteuern (Lohn-, Einkommens-, Mehrwert- und Körperschaftssteuer) wurde zur Milderung der Finanzkraftunterschiede eine Übergangsregelung bei der Bemessungsgrundlage (bis 1996) zugestanden.

Andererseits zwang die katastrophale Finanzlage der öffentlichen Finanzen der NBL (Gesamtdefizit 1991: 50 Mrd. DM) die

alten Länder dazu, *finanziellen Umschichtungen* großen Ausmaßes zuzustimmen:
– So wurden „die Neuen" – schon rückwirkend auf den 1.1.1991 – voll in die Verteilung der Umsatzsteuer einbezogen, was den West-Ländern Mindereinnahmen von 17 Mrd. DM bescherte.
– Zudem wurde ein Fonds „Deutsche Einheit" (16. 5. 1990) errichtet, der bis 1995 die Defizite der Länderhaushalte zu ⅔ auffangen sollte. Sein Volumen von 115 Mrd. DM mußte weitgehend über Kredite finanziert (95 Mrd. DM), der Rest durch Einsparungen beim Bundeshaushalt (20 Mrd. DM) erbracht werden.
– Durch drastische Einsparungen und Umschichtungen zu Lasten der alten Bundesländer und eine Mehrwertsteuererhöhung finanzierte der Bund schließlich die Gemeinschaftsaufgaben im Osten (Hochschulbau, regionale Wirtschaftsförderung, z.B. Werftindustrie und Umweltschutz) und die besonderen Geldleistungen aus Art. 104a, Abs. 3 GG (wie Wohn- und Kindergeld, Straßenbau, Strukturhilfen für Schulen, Krankenhäuser und Altenheime).
Zu Beginn des Einigungsprozesses war man noch davon ausgegangen, daß durch eine gänzlich neue Gliederung des DDR-Territoriums politisch gewichtige und wirtschaftlich leistungsfähige Einheiten geschaffen werden könnten (Vier-, Drei- oder Zwei-Länder-Lösungen). Mit der von der Volkskammer favorisierten Lösung, an die Tradition der erst 1952 aufgelösten Länder anzuknüpfen, war diese Debatte rasch in sich zusammengebrochen. Die geballte Konzentration aller Kräfte zur schnellen Stärkung der Eigenkompetenz der NBL dürfte bis auf weiteres identitätsbildend wirken (ein Sonderfall ist der schon geplante Zusammenschluß der Länder Berlin und Brandenburg). Dennoch könnte die prekäre Finanzlage der mitteldeutschen Länder bald wieder eine Neugliederungsdiskussion in Gang bringen.

b) Der Aufbau der Kreis- und Kommunalverwaltung

Auch auf Kreis- und Gemeindeebene hatte der „demokratische Zentralismus" während rd. 40 Jahren keine Selbstverwaltung erlaubt. Sie war sogar seit 1952 aus der offiziellen Sprachregelung der DDR verbannt. Seit 1957 galten die örtlichen Vertreter von Bezirken und Gemeinden als „unterste Organe der Staatsmacht" und waren nur für den Vollzug der Entscheidungen verantwortlich. Selbständiges Handeln auf rechtlicher Grundlage war daher unbekannt (zumal auch Verwaltungsrecht als Lehrdisziplin seit 1958 verboten war!). Als sich Ende 1989 die Staatsverwaltung der DDR aufzulösen begann und die Anweisung durch die SED aufgehört hatte, war eine fast totale Lähmung – auch auf kommunaler Ebene – die Folge. Die Aufgaben und Lenkungsbefugnisse blieben undurchsichtig. Erst mit der Verabschiedung der Gemeindeverfassung durch die Volkskammer (17. 5. 1990) konnte dem bedrohlichen Zustand ein Ende bereitet werden: In einem äußerst kurzen Zeitraum von nur 2 ½ Monaten (März bis Mai 1990) wurde ein Gesetzeswerk erstellt, das für den gesamtgesellschaftlichen Transformationsprozeß von größter Bedeutung war.

Das ganze System der örtlichen Staatsorgane wurde aufgehoben und die Gemeinden und Kreise wurden in ihre originären Rechte eingesetzt, Gemeinden waren als Gebietskörperschaften und Bürgergemeinschaften wieder die Grundlagen des Staates. Sie hatten ihre eigenen Aufgabenbereiche (Bauleitplanung, öffentlicher Personennahverkehr, öffentliche Reinlichkeit, Energieversorgung, Entwicklung des kulturellen Lebens), Satzungsrecht, Recht auf Abschluß von Kommunalverträgen zurückgewonnen. Zwar wurde dabei das Rechtssystem der alten Bundesrepublik übernommen, aber so mit dem Bedürfnis der Bürger nach Partizipation, Identifikation und Vertrautheit verbunden (Bernet 1993: 28), daß dieses Gesetzeswerk nicht nur den friedlichen Übergang ermöglichte, sondern auch nach dem Einigungsvertrag in Kraft blieb. Allerdings waren die Herausforderungen gewaltig:

(1) Die Kreis- und Gemeindereform

Bei den *Kreisen* war man sich bald einig geworden, daß die Größenordnungen im Osten (meist unter 100 000 Einwohnern) den Verwaltungsanforderungen nicht entsprachen und auf das Westniveau (100 000 bis 150 000) aufgestockt werden sollten. Obwohl in vielen Einzelfällen heftigst umstritten, gelang es doch bis Mitte 1994 in den fünf NBL, eine Kreisreform abzuschließen, deren Ergebnis eine Verkleinerung von 191 auf 87 Kreise war.

Die *Gemeindereform* erwies sich als ungleich schwieriger. Auch hier waren die Größenordnungen im Osten (47 % der Gemeinden haben weniger als 500 Einwohner, 73 % unter 1000 Einwohner) ganz andere als im Westen (Vergleichswerte 20 % bzw. 36 %). Diesen „genossenschaftlichen" Staatsaufbau „von unten" (Schmidt-Eichstaedt 1993: 13) wollte man jedoch nicht durch eine erneute Verlagerung der Kompetenzen auf andere, alltagsfernere und dadurch „herrschaftlich" von oben nach unten konstruierte Verwaltungszentren gefährden. Deswegen konnte bis heute an den überkommenen Gemeindestrukturen aus Gründen der Partizipation („Keimzellen der Demokratie"), der Sozialisation und Effizienz (gegenstandsbezogene Lösungen) nicht gerüttelt werden. Allerdings bot das Gemeinderecht auch die Möglichkeit des freiwilligen Gemeindezusammenschlusses und der Verwaltungsverbände („Ämter"). Beide Wege wurden in den NBL beschritten. Der Prozeß ist in vollem Gange.

(2) Die personelle Erneuerung

Bei den ersten freien Kommunalwahlen der DDR (6. 5. 1990) wurden nur selten diejenigen gewählt, die das Amt bisher über die Parteischiene ausgeübt hatten. In die kommunalen Führungspositionen rückten diejenigen ein, die entweder den Blockparteien oder Bürgerbewegungen angehörten oder aus verwaltungsfernen Berufen stammten (Kirchen, Verbände, Unternehmen, freie Berufe). Hier war es also zu einer Erneuerung gekommen (vgl. Berking/Neckel 1991: 283 ff.), weniger hingegen auf der Ebene der Amtsleiter und der Sachbearbeiter. Auf westliches Verwaltungspersonal wurde nur wenig zurückgegriffen. Die meisten (60%) stammten aus der DDR-Staatsverwaltung, 40% waren „Seiteneinsteiger" aus den NBL. Von den Spannungen zwischen den alten Kadern und der neuen Beamtengeneration einmal abgesehen, erwies sich als Hauptproblem die *mangelnde Rechtskunde*. Kaum war das neue „westdeutsche" Kommunalverfassungsrecht bekanntgemacht worden, mußte es in einem andauernden Lernprozeß in engmaschiges, „handhabbares Landesrecht" und vor allem in Verwaltungshandeln umgesetzt werden. „Während beim Verwaltungsvollzug in der DDR die Weisungen (,Telefongesetzgebung') übergeordneter Partei- und Staatsorgane Vorrang vor rechtlichen Regelungen hatten, gilt in der Bundesrepublik die Herrschaft des Rechts. Diese wird u.a. durchgesetzt mit Hilfe der staatlichen Kommunalaufsicht und einer fast lückenlosen Verwaltungsgerichtsbarkeit" (Schneider 1993: 21). Beide Institutionen sind z. Z. wegen des Mangels an rechtskundigem Personal in den NBL nicht voll durchgesetzt, und auch die Bürger sind lt. Umfrageergebnissen mit dem Verwaltungshandeln häufig (43%) nicht einverstanden. Schließlich muß der „Kader"-Typus in der Verwaltungspraxis erst durch den klassischen Beamten-Typus („aktenkundige" Professionalität, „entpersönlichte" Regelbeachtung, Kompetenzzuweisung) langsam ersetzt werden (König 1993: 144).

(3) Kompetenzlücke und Aufgabenstau

Die unterbrochene Beamtentradition und die Verunsicherung in Rechtsfragen machten sich besonders bemerkbar, weil mit dem neuen Gemeinderecht auch die Aufgaben gewachsen sind. Die Beamten „vor Ort" haben sich nun um Aufgaben der Infrastruktur, Umwelt, Kultur, um Wohnungsbau und Arbeitsmarkt zu kümmern. Sie haben Investitionsentscheidungen zu treffen, Wirtschaftsförderung zu betreiben, ja das Verhältnis von Kommunen zur Wirtschaft neu zu organisieren. Dabei bleibt ihnen weder eine genügende Lehrzeit noch das Mittel der zeitlichen Erstreckung von Aufgabenschwerpunkten. Immerhin hatten die Kommunen in der alten Bundesrepublik in den 50er und 60er Jahren vornehmlich die Infrastruktur zu ordnen und sich erst in den 70er und 80er Jahren der Stadtplanung und Umweltpolitik zuwenden können. Im deutschen Osten der 90er Jahre muß alles zugleich bearbeitet werden. Ein paar Zahlen mögen die *Schwierigkeiten* illustrieren:

– Durch den Einigungsvertrag sind 2,7 Mio. Wohnungen in den Besitz der Kommunen übergegangen. Diese sind jedoch mit 52 Mrd. DM Altschulden belastet.

– Die Ämter für offene Vermögensfragen in den Städten und Kreisen müssen z. Z. über 2 Mio. Vorgänge bearbeiten, ohne immer auf rechtlich geschultes Personal zurückgreifen zu können.

– In Eberswalde beispielsweise lagen der zuständigen Amtsstelle für Bauleitplanung 1992 über 1000 unerledigte Bauleitpläne vor (Beyer 1992: 21), da überwiegend die Eigentumsfrage noch ungeklärt war.

– Im kulturellen Bereich sind die Aufgaben stark angewachsen (Schulträgerschaft, Schulbauten, Erhalt eines engmaschigen Theaternetzes), ohne daß ausreichende Finanzen zur Verfügung stehen. Schon für die Verwaltungsausgaben sind mehr als die Hälfte der Gemeinden auf Staatshilfe angewiesen (Schneider 1993: 23). Da mit der wegbrechenden Industrie auch die Gewerbesteuer zu gering ausfällt, versuchen die Gemeinden den Weg, Geldmittel über Rücküberweisung von Eigentum zu erlangen, das sie dann privatisieren, oder private Betreibergesellschaften für öffentliche Aufgaben anzuwerben.

c) Die Privatisierungserfahrungen und die Treuhandanstalt

Als ein weiteres großes Rechtsproblem der Vereinigung erwies sich der schwierige Prozeß des Übergangs von der an das verstaatlichte Eigentum gekoppelten Planwirtschaft zur privaten Marktwirtschaft. Mit dem Beschluß der Volkskammer vom 1. 3. 1990 über die Gründung der Treuhandanstalt zur Verwaltung des Volksvermögens (Kombinate, Unternehmen, Land) hatte die DDR-Regierung schon kurz nach der Grenzöffnung den Weg zur späteren Transformation vorgezeichnet. Damit war die weltgrößte Holding geschaffen worden, die für 4,1 Mio. Beschäftigte, (ursprünglich) 8500 Staatsbetriebe und einen Landbesitz von rd. 60% des DDR-Territoriums verantwortlich war. Im Zuge der fortschreitenden Vereinigungspolitik wurde am 17. 6. 1990 („Treuhandgesetz") beschlossen, das treuhänderisch zusammengefaßte Staatseigentum in Kapitalgesellschaften umzuwandeln und damit eine Schlüsselrolle im gesellschaftlichen Umbau zu übernehmen. Es war nur folgerichtig, daß die Treuhandanstalt (THA) im Einigungsvertrag beibehalten und der Bundesregierung unterstellt wurde. Ihre Aufgaben waren infolge der gigantischen und vielgestaltigen Vermögensmasse ganz unterschiedlicher Art. Sie lassen sich auf zwei Schwerpunkte reduzieren:

(1) Primär ging es darum, die Privatisierung der ostdeutschen Wirtschaft in relativ kurzer Zeit durchzusetzen. Dabei sollte eine möglichst große Zahl von wettbewerbsfähigen Unternehmen entstehen und strukturpolitisch so an die Markterfordernisse angepaßt werden, daß nach Möglichkeit wenig Arbeitsplätze entfielen. Nicht lebensfähige Betriebe waren aufzulösen.

(2) Da die Einheitspartei und die Massenorganisationen der DDR ein erhebliches Vermögen besaßen und Aufgaben an sich gezogen hatten, die nach westlichem Verständnis kommunaler Natur waren, mußte den Gemeinden, Städten und Kreisen Vermögen (z.B. an Kindergärten, Sportzentren, kulturellen Einrichtungen) übertragen werden.

Es war vorauszusehen, daß ein solch umfassender Eingriff in die Rechtsverhältnisse und die bisherige Wirtschaftsstruktur nicht ohne erhebliche Spannungen vor sich gehen konnte. Für die einen konnte die Schocktherapie nicht schnell und weit genug gehen – und sie war im Ergebnis weltweit die schnellste je unternommene Privatisierung einer Volkswirtschaft –, für die anderen, die das „andere Deutschland" erhalten wollten, war die THA der „Totengräber" der DDR und das Negativsymbol einer rücksichtslosen „Anschluß"-Politik von sich überlegen fühlenden „Besser-Wessis". Trotz symbolischer Betriebsbesetzungen seitens der von „Abwicklung" Betroffenen, trotz mancher Streiks und Demonstrationen in vom „Kahlschlag" bedrohten Industriezentren verlief der Privatisierungsprozeß dennoch in gesetzlichen Bahnen und war – gemessen an der Tragweite der Veränderungen – erstaunlich friedlich. Immerhin ist zu bedenken, daß in nur 4½ Jahren bis zur vertraglichen Selbstauflösung der THA (31. 12. 1994) 95 % des industriell-gewerblichen Vermögens, namentlich der ehemals volkseigenen Betriebe, privatwirtschaftlich restrukturiert worden war und nur noch 1–2 % der Erwerbstätigen in Ostdeutschland in den verbleibenden 650 THA-Unternehmen tätig sind (159 000). Besonders schnell vollzog sich die sog. „kleine Privatisierung" im Handels- und Dienstleistungssektor, d.h. von rd. 550 Buchläden, 17 000 Apotheken, 600 Kinos und 25 000 Handelsorganisationen. Sie war schon 1992 vollständig abgeschlossen.

Der Grundsatz der schnellen Privatisierung führte dazu, daß in gut vier Jahren 14 000 Unternehmen und Unternehmensteile privatisiert und 4300 den Alteigentümern zurückgegeben wurden. Die *Restitutionsansprüche* letzterer wirkten so lange als Sanierungsbremse, bis das Gesetz zum Abbau von Investitionshemmnissen festlegte, daß Investoren mit dem besseren Anlage- und Beschäftigungskonzept den Zuschlag bekommen sollten. Insgesamt wurden bis Mitte 1994 mit den neuen Eigentümern Investitionszusagen von rd. 200 Mrd. DM und Beschäftigungszusagen für 1,5 Mio. Arbeitsplätze vereinbart. (Diese Zusagen wurden großenteils mit Vertragsstrafen abgesichert und erzwangen ein eigenes Vertragsmanagement, das die Einhaltung der Abmachungen kontrollierte.) Intensiv wurde weltweit in Ausschreibungsbüros (durch die THA-Abteilung „Inventors Services") um ausländische Interessenten geworben. An sie konnten 840 Unternehmen oder Abteilungen verkauft werden. Dabei wurden Zusagen über 150 000 Arbeitsplätze und 20 Mrd. DM Investitionen ausgehandelt. Die Aufspaltung des Unternehmensbestands erleichterte die Bildung von *Klein- und Mittelbetrieben* bzw. die Übernahme der Firmen(teile) durch Mitarbeiter und Führungskräfte (Management-Buyout). Von 51 000 so geförderten Mittelständlern sind 41 000 Ostdeutsche (Breuel 1994: 16). Insofern ist die Kritik des „Ausverkaufs" zu relativieren. Für größere Einheiten hingegen ist wegen der anderen Kapital- und Erfahrungsvoraussetzungen zwangsläufig eine „Verwestlichung" eingetreten. Genaue Angaben darüber gibt es aber noch nicht. Stark im Blickpunkt der Öffentlichkeit stand die *Liquidierung* von 3400 Unternehmen (334 000 Arbeitsplätzen). Besonders kritisiert wurde, daß im Industriebereich über 70 % der Arbeitsplätze verlorengingen und die verbleibenden THA-Betriebe meist defizitär sind, die verschiedenen finanziellen Unterstützungen seitens der Treuhand (Kredite, Bürgschaften, Auftragsmarketing, Qualifizierungsprogramme) also in diesem Sektor nicht die erhoffte Wirkung zeigten. Doch ist auch zu bedenken, daß das Ausmaß der Lasten erst nach der Währungsumstellung der Ostmark, dem dadurch verursachten Aufwertungs- und Wettbewerbsschock, der Westpräferenz von Investoren und Konsumenten, dem Zusammenbruch der Märkte in den Oststaaten und der raschen Angleichung von Löhnen und Gehältern an Westniveau sichtbar wurde und nun schon vermindert werden konnte. Verschiedene Schätzungen gingen immerhin von einem Freisetzungspotential von nicht weniger als 4 Mio. Beschäftigten und einem Sanierungsaufwand von 1000 Mrd. DM aus. Insofern ist der unterstellte „Kahlschlag" doch wesentlich vorsichtiger zu bewerten. Im übrigen hat der politische Druck seitens der Regierung, der Länder und der Gewerkschaften dafür gesorgt, daß industrielle Kerne erhalten blieben, Beschäftigungsgesellschaften gegründet und für rd. 1 Mio. Arbeitnehmer Sozialpläne ausgearbeitet wurden (7 Mrd. DM).

Daß das Privatisierungsprogramm ohne grundlegenden und gezielten Strukturwandel – und damit auch ohne Freisetzungen und Produktionsrückgang – hätte erfolgen können, hatte eigentlich von Anfang an niemand unterstellt (vgl. Priewe 1994: 30). Daß auch Fehler gemacht wurden (Fehlinvestitionen, nicht eingehaltene Zusagen), steht außer Frage. Aber man darf nicht übersehen, daß die THA institutionell und personell in höchster Eile erst einmal aufgebaut werden mußte, zugleich jedoch von Anfang an ohne Einarbeitungszeit funktionsfähig zu sein hatte. Von Juni 1990 bis Ende 1993 war der Mitarbeiterstab in 15 neu entstandenen Niederlassungen mehr als verzehnfacht worden (von 400 auf 4600 Beschäftigte). Überdies war in diesem Feld einer volkswirtschaftlichen Sanierung meist *gesetzliches Neuland* zu beschreiten. Es fehlte das administrative, wirtschaftliche und gesetzliche „Rezeptwissen" und z.T. sogar die Situationskenntnis „vor Ort". Die extrem hohe Zahl der Fälle, die Vervielfachung der Akteure und der hohe Zeit- und Problemdruck begünstigten eine Informalisierung der Entscheidung und die Suche nach möglichst einfachen Routinen, Situationsanalogien und vor allem: schneller und verläßlicher Verfahrensabsprachen. Die unterschiedlichen Regelwerke der Vereinigung und des Umbaus, die betroffenen Instanzen (Betriebsräte, Aufsichtsräte, Koordinationsgremien), Interessen und Sektoren bedingten, daß an vielen Orten gleichzeitig Rechtsbeziehungen aufgebaut werden mußten, die – schon wegen der Fülle des Steuerungsbedarfs – manchmal kaum kompatibel waren („Parallelisierung der Normentwicklung"). Gleichwohl fällt auf, daß in der Mehrzahl gemeinsame Lösungen gefunden werden konnten. Czada (1994: 259) glaubt, rückblickend *vier Phasen der Treuhandgesetzgebung* feststellen zu können:

(1) die Herstellung der Einheit durch Gesetz (1990/91): Treuhandvertrag, Einigungsvertrag, Grundsätze der Zusammenarbeit von Bund, Ländern und THA (März 1991);

(2) der Aufbau von Vereinigungsnetzwerken (1991/92): THA-Wirtschaftskabinette, Ludewig-Runde, Rahmenvereinbarung zwischen THA und Gewerkschaften über Beschäftigungsgesellschaften (Juni 1992);

(3) die informellen Problemlösungen in den Netzwerken (1992/94): Investitionsvorranggesetz, aktive Beschäftigungspolitik, Arbeitsförderung Ost, Solidarpaktgespräche, Einkaufsoffensive Ost, Regionalgespräche;

(4) die Formalisierung und „Normalisierung" verbleibender Aufgaben nach Auslaufen der THA (ab 1. 1. 1995): Rückführung von Nebenhaushalten, Einbeziehung der NBL in den Fi-

nanzausgleich, Umwandlung der THA in Nachfolgegesellschaften, Bewältigung der „Erblasten" (270 Mrd. DM Schulden) im jährlichen Schuldendienst (17 Mrd. DM), Übertragung von Grund und Boden, die erst jetzt beginnt. Somit folgert Czada (1994 a: 267): „Das politische System bewegte sich wie ein gut gefedertes Auto über eine extreme Holperstrecke durch eine Landschaft, die aus dem Fond betrachtet gar nicht so wüst aussah. Nur in Bodennähe – in den Aktionen vor Ort – offenbarte sich der wahre Zustand der Wegstrecke. Für die Stabilität des Systems war das gute Fahrwerk wichtigstes Systemteil."

III. Recht, Integration und Normenkontrolle

Bisher ging es darum, aufzuzeigen, welche Rolle das Recht in seiner Norm*setzungs*funktion für die deutsche Einheit in den vergangenen fünf Jahren gespielt hat. Als weitere Aufgabe des Rechts muß auch die Norm*durchsetzung* betrachtet werden. Vor allem soll deutlich werden, in welcher Weise gegen politisch-rechtliche Abweichungen vorgegangen und welche Sanktionen eingesetzt wurden. Weniger technisch gesprochen, handelt es sich um die Problematik, wie der neue deutsche Staat die diktatorische Vergangenheit aufarbeitete: ob Täter bestraft, Kompromittierte aus ihren Ämtern entfernt, Mitläufer zur Besinnung gebracht wurden. Dabei kann es hier nur um einige Aspekte gehen, die den Justizapparat selbst betreffen.

1. Das sozialistische Rechtswesen und die politische Strafjustiz

Wie eingangs schon klar wurde, war der DDR-Staat kein bürgerlicher Rechtsstaat, wollte es auch nicht sein. Vielmehr galten die politischen Organisationsprinzipien der zentralen, einheitlichen und „parteilichen" Steuerung für die ganze Verwaltung, also auch für die Justiz.

a) Die Organisation der sozialistischen Rechtspflege

Obwohl es eine zeitweise intensive DDR-Forschung gab, blieb fälschlicherweise das Rechtssystem und dessen spezifischer Unrechtscharakter meist außer Betracht. Dabei handelt es sich hier um ein Lehrbeispiel, wie Rechtspflege *nicht* betrieben werden darf. Ausgehend von einer a priori gesetzten, vermeintlichen Pflicht des Staates zur proletarischen Revolution und zur Entlarvung des Klassenfeinds konnte die „Rechtspflege" der DDR niemals unparteiisch, unpolitisch und unabhängig sein. Sie war vielmehr an die Beschlüsse der Partei gebunden und von dieser organisatorisch abhängig. Die Institutionen des Rechts standen seit 1949 unter der Leitung und Kontrolle der Volkskammer, die ihrerseits Instrument der SED war. Daran wird überdeutlich, daß Politik den Primat vor dem Recht innehatte und die dem Rechtsstaat innewohnende Devise der strikten Gewaltenteilung als „wesensfremd" verstanden und bewußt ausgemerzt wurde. Das zeigt sich an verschiedenen institutionellen Vorkehrungen:

(1) Oberstes Gericht und Generalstaatsanwalt der DDR waren der Volkskammer nicht nur unterstellt, die Leitungspositionen wurden auch von ihr besetzt. Entsprechend dem Prinzip des demokratischen Zentralismus leiteten diese die gesamte Rechtsprechung nach einheitlichen Prinzipien zur *„politisch richtigen Anwendung der Rechtsnormen"*. Überhaupt besaß die Staatsanwaltschaft eine herausragende Stellung als Organ der Staatsmacht (auch in Zivil-, Familien- und Arbeitsrechtsverfahren).

(2) Alle anderen Rechtspflegeorgane (von der Untersuchung bis zum Strafvollzug) waren den Organen des Ministerrats (speziell den Ministerien des Inneren und für Staatssicherheit) unterstellt. Parteiorganisationen sorgten für die Umsetzung der Parteibeschlüsse im Justizapparat.

(3) Dem Justizministerium oblag die Organisation der Ausbildung und die Verwirklichung der Kaderpolitik, d.h. die Auswahl der vom Klassenstandpunkt aus politisch zuverlässigen (künftigen) Amtsinhaber, die Bedarfsplanung („Kaderreser-

voir") und die Ausbildung nach den „10 Geboten der sozialistischen Moral" (Prinzipienfestigkeit, Unversöhnlichkeit etc.). Das Ergebnis war, daß die Gerichte fast nur von SED-Mitgliedern besetzt waren, die ihre Zuverlässigkeit durch politische Betätigung unter Beweis gestellt hatten. Wenig verwunderlich also, daß die Juristenausbildung mit derjenigen der Bundesrepublik inhaltlich und arbeitstechnisch unvergleichbar war.

b) Die politische Strafjustiz

Nach sozialistischer Strafrechtslehre waren zwei Arten von Kriminalität zu unterscheiden und zu verfolgen, diejenige der Konterrevolutionen, also der angeblich durch „das" Kapital angestifteten Umtriebe (Klassenfeinde, Agenten, Hetzer, Saboteure, Republikflüchtlinge), und die spontan-anarchistischen Relikte der Ausbeutergesellschaften. Durch manipulative Gesetzesinterpretation, Schuldfiktionen, Mißachtung der subjektiven Einstellung (Vorsatz, Fahrlässigkeit), Entwertung von Fakten, Etikettierungen, Scheinbegründungen und Verweigerung verfassungsmäßiger Rechte (Meinungsfreiheit, Freizügigkeit) erwies sich die Rechtspflege der DDR als politisch gehorsame und opportunistische, den überzeitlichen Rechtsnormen aber grundlegend zuwiderlaufende Herstellung von „gesetzlichem Unrecht" (Wassermann 1992: 256). Mißachtungen der Strafprozeßordnung, Drohungen und Nötigungen sowie erpresserische Verlängerungen der Untersuchungshaft – oft über drei Jahre hinweg (Fricke 1994: 29) – waren an der Tagesordnung. Eine gerichtliche Nachprüfung von Verwaltungsentscheidungen z. B. wurde erst im Gefolge der KSZE-Konferenz per Gesetz vom 1. 7. 1989 zugelassen!

Die Verteidigung hatte gegen politische Ankläger, deren vorgefertigte „Drehbücher", verbale Aggression und Begründungswillkür keine wirkliche Chance. Anklageschriften und Urteilsbegründungen wurden nicht ausgehändigt. Kein Wunder, daß es in der DDR nur rd. 600 Rechtsanwälte gab! (In Nordrhein-Westfalen praktizieren allein 13 000; vgl. Wassermann 1992: 253.) Von der in der Regel ungesetzmäßigen Über-

wachung von Telefon und Post abgesehen, waren kennzeichnend für diese „Rechtspraxis" u. a.:
- die „antifaschistischen" Schauprozesse von 1949 (Waldheimer Prozesse, Prozesse gegen DDR-Funktionäre);
- die Geheimprozesse gegen Regierungsmitglieder (Dertinger, Brandt, Hamann) und durch Menschenraub aus dem Westen in die eigene Gewalt gebrachte Regimekritiker. 1982–1985 fanden auf Druck des Ministeriums für Staatssicherheit 90% der Prozesse unter Ausschluß der Öffentlichkeit statt;
- die großen „Säuberungen" von parteiinternen Kritikern (Harich, Steinberger, Hartwig, Janka, Just u. a.);
- die Prozesse gegen die „Rädelsführer" des Aufstands vom 17. Juni 1953 (z. B. Fechner);
- die harten Verurteilungen von Fluchtversuchen als staatsgefährdende „Gewaltakte", von Fluchthilfe als Verbrechen gegen die „Menschlichkeit" (Seidel);
- die hohen Strafen gegen die sich auf die garantierte Religionsfreiheit berufenden Zeugen Jehovas wegen „Boykotthetze";
- die Ausweisung des Liedermachers Biermann, der Spionagevorwurf gegen Bahro, dessen Interviewmaterial im nachhinein als geheim erklärt wurde;
- die entgegen den Bestimmungen des DDR-Strafvollzugs politisch verfügte, lebenslange Isolationshaft von RA Neumann im MfS-Gefängnis.
Bis 1990 waren der Zentralen Erfassungsstelle für in der DDR begangene Gewaltakte in Salzgitter 30752 Verurteilungen aus politischen Gründen bekannt. Durch die Aktenbestände des Ministeriums für Staatssicherheit kann man nun darangehen, den tatsächlichen Umfang der Gewaltjustiz zu erforschen. Immerhin wird bei den neu geschaffenen Rehabilitierungssenaten der Bezirksgerichte mit über *100000 Anträgen von Justizopfern* gerechnet. Die Zahl dürfte noch höher sein, wenn man die Verstorbenen und die an Rehabilitierung Uninteressierten miteinbezieht (Wassermann 1992: 256).

2. Die „Abwicklung" des Justizapparats und die Entmachtung des Ministeriums für Staatssicherheit

Es konnte von Anfang an kein Zweifel darüber bestehen, daß das Rechtssystem der DDR keine Grundlage für den deutschen Einigungsprozeß abgeben konnte. Schon zur Zeit der Übergangsregierungen von 1990 entspann sich – aus dem Interesse heraus, das Staatsgebilde DDR zu retten – eine ungewohnte Aktivität, um die ärgsten Rechtsdeformationen des Systems zu beseitigen und die richterliche Unabhängigkeit nach dem Muster Westdeutschlands herzustellen.

a) Übergangsregelungen und der partielle Wechsel in der juristischen Elite

(1) Erste Überprüfungen von Gerichtsverfahren und Ermittlungen wegen Amtsmißbrauchs waren schon 1990 in der Volkskammer angemahnt worden. Am 15. 1. 1990 wurde sogar Anklage gegen die Führungselite (Honecker, Mielke, Mittag, Herrmannn) wegen Veruntreuung, Vertrauensmißbrauchs und Hochverrats erhoben, das Verfahren wegen Hochverrats aber im März wieder eingestellt. Nach der Volkskammerwahl (18. 3. 1990) schieden auf „Empfehlung" des Justizministers etwa 100 der am meisten belasteten Richter und Staatsanwälte freiwillig aus. 13 der 15 Bezirksgerichtsdirektoren quittierten den Dienst. Die wichtigsten Gesetze über die Gerichtsverfassung, die Staatsanwaltschaft, die Richter, Notare und Rechtsanwälte wurden der neuen Situation angepaßt. Praktisch wirksam wurden sie durch den Einigungsvertrag aber nicht mehr, da nun das Gerichtsverfassungsgesetz der Bundesrepublik und die entsprechende Gerichtsorganisation übernommen wurden. Aus verwaltungstechnischen Gründen galten jedoch Übergangsregeln:
– Das Anwalts- und Notarrecht konnte bis zur gesamtdeutschen Neuregelung weiterbestehen. Zugelassene Rechtsanwälte wurden ihren westlichen Kollegen gleichgestellt. Eine *politische* Überprüfung war im Einigungsvertrag nicht vorgesehen. Der

Nachteil, daß sich damit ehemaligen Richtern und Staatsanwälten ein fachliches Betätigungsfeld eröffnete, wurde in Kauf genommen.
– Die Kreis- und Bezirksgerichte blieben zunächst erhalten. Ihnen wurden die „neuen" Aufgaben der Verwaltungs-, Arbeits- und Sozialgerichtsbarkeit übertragen. Finanzgerichte wurden bei den Landesregierungen angesiedelt. Als Revisionsgerichte dienen die obersten Bundesgerichte.
– Die juristische Ausbildung war neu nach westlichem Muster zu ordnen. Der bisherige Studienabschluß („Diplomjurist") wurde dem 1. Juristischen Staatsexamen gleichgestellt, für das 2. Examen ein Vorbereitungsdienst eingerichtet.
– An der fachlichen Befähigung ehemaliger Berufsrichter zur Ausübung ihres Amtes hat der Einigungsvertrag – trotz starker Bedenken seitens der westlichen Verhandlungsführer – keine Einschränkungen vorgenommen. Hingegen wurde die Überprüfung der *persönlichen* Eignung den neuen Ländern übertragen.
– Für die Verjährung von in der DDR begangenen Straftaten konnten präzise Regelungen nicht vereinbart werden. Das leistete der Befürchtung Vorschub, sich im Bemühen um einen friedlichen Übergang nur halbherzig einer Aufarbeitung der Vergangenheit zu stellen und diese auf dem Rücken der 100 000 Opfer austragen zu wollen.
(2) Der Option, im Rechtssystem „tabula rasa" zu machen und Richter oder Staatsanwälte des alten Regimes pauschal nicht mehr zu ihren Ämter zuzulassen, ist jedenfalls – wie 1945 schon – nicht entsprochen worden, obwohl eine neue deutsche Justizelite aus dem Westen diesmal zur Verfügung gestanden hätte. Vielmehr – und auch mit einigen guten Gründen – entschied man sich für die *Einzelfallprüfung* in spezifischen Richter-Wahlausschüssen, durch die die NBL in die Verantwortung für die eigene Rechtspflege gedrängt wurden.

Die ursprüngliche Frist von einem knappen Jahr, in der die Arbeit der Ausschüsse hätte beendigt sein sollen, ließ sich nicht einhalten, da sich – wie in Italiens Anti-Mafia-Kommission – bald herausstellte, daß viele Belastete zu Ausschußmitgliedern bestellt worden waren und folglich zunächst erst einmal die „Kontrolleure kontrolliert" werden mußten. Die eigentliche Arbeit erwies sich dann als sehr aufwendig und unbefriedigend, da die Regierung Modrow den Kadern noch im Februar 1990 erlaubt hatte, die eigenen Personalakten zu „frisieren" bzw. von belastenden Vorgängen zu reinigen. Vielfach mußten die Akten mittels Fragebogenaktionen notdürftig rekonstruiert werden. Überdies fielen die Prüfkriterien je nach Bundesland anders aus: teils waren sie nur pauschal, teils wurde nach sehr detaillierten Kriterien des vorauseilenden Gehorsams, der übermäßigen Urteilshärte, der staatstragenden Aktivitäten etc. entschieden. Sachsen, das ohne festes Kriterienraster arbeitete, konnte seine Arbeit am ehesten abschließen: von 527 Bewerbern wurden rd. ⅔ (345) für geeignet gehalten. Das mag angesichts der Schätzung von 90 % Ablehnungen erstaunen, ist aber z.T. darauf zurückzuführen, daß es sich meist um sehr junge Kandidaten handelte, denen man die Zukunftschancen nicht verbauen wollte. Andernteils verläßt man sich offenbar darauf, daß Restbestände der alten Elite in eine größere Zahl von Amtsträgern aus den alten Bundesländern eingebunden und von diesen fachlich und persönlich „resozialisiert" werden können, bedarf doch der schnelle Aufbau einer differenzierten Gerichtsbarkeit in den NBL einer Personalstärke, die aus dem alten Reservoir in keiner Weise bereitzustellen ist.

b) Die Entmachtung des Ministeriums für Staatssicherheit (MfS)

Ein besonderes Instrument der Herrschaftssicherung der SED war das MfS („Stasi") mit seinen 22 Hauptabteilungen, 15 Bezirksverwaltungen, besonderen Objektdienststellen (Universitäten, Kombinate, Zoll, Kriminalpolizei und Verkehrswesen), 108 000 hauptamtlichen Mitarbeitern und schätzungsweise mehreren hunderttausend Spitzeln („informellen Mitarbeitern") zur flächendeckenden Überwachung der DDR-Bevölkerung im Post- und Telefonverkehr sowie im betrieblichen und außerbetrieblichen Alltag („Jeder ist ein potentielles Sicherheitsrisiko"). So wurden z.B. im Bezirk Dresden von täglich ca. 100 000 Postsendungen 5000 kontrolliert. Im Laufe der Jahre wurden auf diese Weise Dossiers von 6 Mio. DDR-Bürgern und 2 Mio. Bundesbürgern angelegt, die zu einem etwa 100 km langen Aktenbestand in der Zentrale (ohne die Bestände in den 15 Außenarchiven) führten. Dieser konnte bis heute selbstverständlich noch nicht gesichtet, sondern nur gesichert werden (vgl. Fricke 1992: 8 ff.). Die Auflösung dieser außerordentlichen Überwachungsapparatur war angesichts der vielfältigen Verstrickungen in Sabotage- und Terrorakte, Drohungen und Demoralisierungen, Rechtsbeugungen, Inhaftierungen, Bestechungen und undurchsichtigen Finanzoperationen (Außenhandelsstaatssekretär Schalk-Golodkowski war MfS-Oberst!) und angesichts der großen Enthüllungsgefahren keine leichte Angelegenheit. Zwar überraschte zunächst Modrows Absicht, das MfS abzuschaffen, doch konnte sein Entscheid, ein Amt für Nationale Sicherheit mit weitgehend demselben Personalbestand zu schaffen (AfNS, „Nasi"), die Bevölkerung nicht überzeugen, zumal dieses Anfang Dezember 1989 sofort daranging, Akten zu vernichten. Bürgerkomitees drangen in die Außenstellen des AfNS ein, um die Zerstörung von Beweismitteln zu verhindern. Der „Runde Tisch" zwang Modrow am 7. 12. 1989, Maßnahmen zur Auflösung des AfNS zu ergreifen. Neue Enthüllungen führten dann am 15. 1. 1990 – wohl provoziert von Stasi-Mitarbeitern selbst – zur Stürmung eines Gebäudes der Stasi-Zentrale in Berlin und zur Verbrennung (unwichtiger) Akten. Erst durch die neue Regierung de Maizière konnte der Auflösungsprozeß des MfS am 16. 5. 1990 effizient weitergeführt und durch den parlamentarischen Sonderausschuß (7. 6. 1990) unter dem Vorsitz von Joachim Gauck zügig abgeschlossen werden. In der Zwischenzeit waren aber alle magnetischen Datenträger – einschließlich der Liste der informellen Mitarbeiter – gelöscht und damit die Personenüberprüfung erheblich erschwert worden (vgl. Mitter 1992: 375).

Immer wieder wurde daraufhin der Vorschlag gemacht (z. B. von F. Schorlemmer Ende 1991), um des inneren Friedens willen die Akten zu schließen. Dem wurde mit Recht entgegengehalten, daß viele Täter noch nicht enttarnt werden konnten, das ganze Ausmaß der Unterdrückungsapparatur erst bekanntgemacht und vor allem die Verquickung von Strafjustiz und Staatssicherheit (mit Protokollen, Haftbeschlüssen, Anklageschriften etc.) noch durchforstet werden müßte, um einer späteren DDR-Nostalgie als „Stasi-Lüge" entgegenwirken zu können. Um dies zu erreichen, mußte über die Sicherung und Nutzung der ehemaligen Stasi-Akten – nach vorherigen Protesten, Hungerstreik und Besetzung der MfS-Zentrale (4. 9. 1990) durch Bürgerrechtler – nachverhandelt werden. So kam am 20. 12. 1991 das sog. „Stasi-Unterlagengesetz" zustande, das durch eine Bundesbehörde („Gauck-Behörde") die juristische und politische Aufarbeitung der Stasi-Akten gewährleistet und jedem Bürger seit dem 2. 1. 1992 Zugang zu seinem über ihn angelegten Dossier erlaubt.

Die Folgen dieser Entscheidung lassen sich noch nicht absehen. Mitte 1992 lagen der Behörde schon 1,2 Mio. Anträge auf Akteneinsicht vor. Die Geschichte des Einigungsprozesses der letzten Jahre ist deshalb auch von Enthüllungen geprägt. Die berühmtesten sind:
– die jüngst (April 1995) aus den Akten des MfS durch die Gauck-Behörde bekanntgemachte Absicht der DDR-Führung, im Fall konfliktueller Zuspitzungen im Inneren rd. 12 000 mutmaßliche Oppositionelle in KZ-ähnlichen Internierungslagern festzusetzen;
– die Aufforderung an 15 Abgeordnete der Volkskammer, ihr Mandat wegen informeller Mitarbeiterschaft im MfS zurückzugeben (28. 9. 1990);
– die Rücktritte von I. Böhme (SPD-Vorsitzender) und L. de Maizière (damals stellvertretender CDU-Vorsitzender) von ihren Parteifunktionen – wegen des Verdachts auf IM-Tätigkeit;
– die Enquete-Kommission gegen den brandenburgischen Ministerpräsidenten M. Stolpe (IM „Sekretär"), dem seine kirchlichen Kontakte zur Politik erfolglos zur Last gelegt wurden;
– die Enthüllungen 1991/92 im Bundestag (PDS-Abgeordnete) und in den fünf Landtagen der neuen Länder;
– die immer wieder neuen Versuche, den ehemaligen Vorsitzen-

den der PDS, Gregor Gysi, wegen seiner Stasi-Kontakte zu belangen;
– die Prozesse gegen die Exzeß-Täter.
Von der Bevölkerung wenig verstanden, aus dem Verbot rückwirkender Strafgesetze aber unabweisbar, ist die juristische Aufarbeitung an den Nachweis individueller Schuld – unter Anwendung des zur Tatzeit geltenden Rechts – gebunden. Dies führt häufig zu dem Eindruck, daß die Großen freikommen, während „die Kleinen gehängt" werden. Die Schwierigkeiten sind unverkennbar, zumal die Anklageerhebung wegen der z. T. noch undurchsichtigen Aktenlage viel Zeit beansprucht und der Nachweis individueller Schuld sich als schwierig erweist oder andere Entlastungsgründe geltend gemacht werden können. Das gilt für die Stasi-Aktivitäten insgesamt, aber auch für die Fälle von – dem „Volksempfinden" nach „offensichtlicher" – Regierungskriminalität. Zwar hat der Bundesgerichtshof in seinem Revisionsurteil festgehalten, daß die Mitglieder des Nationalen Verteidigungsrats der DDR die eigentlichen „Tatherren" der Schießbefehle waren, aber Mord aus „niedrigen Beweggründen" ließ sich bisher in keinem Fall nachweisen. Ideologische Verblendung allein zählt eben nicht zu den Mordmotiven.
– Überdies konnte Honecker sich dem Prozeß durch sein Krebsleiden entziehen (12. 1. 1993) und nach Chile ausreisen, wo er später starb.
– Mielke, der Chef des MfS, war wegen seines hohen Alters teilweise prozeßunfähig. Er konnte „nur" wegen der Beteiligung an einem Doppelmord an Polizisten aus dem Jahr 1931 zu sechs Jahren Haft verurteilt werden (26. 10. 1993).
– Wolf, der Spionage-Chef, wurde wegen Landesverrat und Bestechung zu sechs Jahren Haft verurteilt (6. 12. 1993).
– Laut Urteil des Bundesverfassungsgerichts vom 23. 5. 1995 dürfen DDR-Bürger, die vor der Wiedervereinigung gegen die Bundesrepublik spioniert haben, nur noch eingeschränkt strafrechtlich verfolgt werden. Nicht bestraft werden solche, die „ausschließlich vom Boden der DDR aus" gegen die Bundesrepublik spioniert haben. Damit ist eine mögliche Revision im

Fall Markus Wolf gegeben. Kritiker sprechen von einer „heimlichen Amnestie" (vgl. NJW 1995: 1811 ff).
– Im ersten sog. „Mauerschützenprozeß" gegen ehemalige DDR-Soldaten kam es zu drei Verurteilungen (eine Freiheitsstrafe von 3½ Jahren) wegen bedingt vorsätzlichen Totschlags (20. 1. 1992).
– Modrow u. a. werden am 28. 5. 1993 wegen nur geringer Schuld an der Wahlfälschung vom Mai 1989 verwarnt.
Andere Prozesse gegen hohe Parteifunktionäre sind erst in Vorbereitung, einen generellen Selbstreinigungsprozeß werden sie voraussichtlich aber auch nicht einleiten können.

IV. Noch einmal – Die Aufarbeitung der Geschichte?

Gerade wegen der verhältnismäßig geringen Möglichkeiten einer juristischen Bewältigung der Vergangenheit (es gibt keinen „Anti-Diktatur"-Paragraphen) stellen sich manche die Frage, ob die Verhältnisse von 1989 nicht denen von 1945 in fataler Weise ähneln. Auch damals war den Alliierten und der neu entstehenden Bundesrepublik von vielen (und besonders in der Sowjetischen Besatzungszone) der Vorwurf gemacht worden, daß auf dem Gebiet der juristischen Aufarbeitung der Geschichte eine reale „Bewältigung" nicht unternommen worden, die Staatsgründung also mit einem Makel behaftet gewesen sei. Ist die deutsche Einheit von 1990 in diesem Sinne die Wiederholung einer „alten Geschichte"?

1. Unterschiede und Gemeinsamkeiten deutscher „Neuanfänge"

Sieht man einmal davon ab, daß Deutschland auch nach 1918 eine Umbruchsituation zu bewältigen hatte, und konzentriert sich nur auf die „Neuanfänge" von 1945/49 und 1989/90, scheint es auf den ersten Blick, als seien die Ausgangslagen jeweils gänzlich unterschiedlich:

(1) Mit dem Ende des 2. Weltkriegs brach eine, von Deutschland in die Welt gebrachte, extrem rassistische und nationalistische Idee und Politik zusammen, die in der Bevölkerung erheblichen Rückhalt hatte. Deswegen war den Westdeutschen ein politisches Umerziehungsprogramm verschrieben worden. Die DDR hingegen war ein unerwartetes Produkt der Machtverteilung unter den Siegermächten. Die Ostdeutschen hatten sozusagen das historische Pech, geographisch falsch gelegen zu sein. Die DDR wurde als Satellit der damaligen Supermacht UdSSR überlassen und hielt sich auch nur so lange, bis die kommunistische Ideologie weltweit in die Krise geriet und die Herrschaft der Sowjetunion über Mittel- und Osteuropa zusammenbrach.

(2) Über die Zustimmung der DDR-Bevölkerung zu diesem System herrschen unterschiedliche Auffassungen. Ostdeutschland konnte seinen politischen Willen nie frei äußern. Einzelne mutige Systemgegner gab es immer (auch nach 1933). Aber die DDR kannte auch die Volkserhebung vom 17. Juni 1953 und die Massenfluchten, die schließlich zum Mauerbau 1961 geführt hatten. Immer wenn sich Gelegenheit dazu bot, wurde – aus welchen Motiven auch immer – die Flucht ergriffen, so auch im Sommer und Herbst 1989. Schließlich führten die internen, massenhaften Proteste gegen die Manipulationen durch die Partei („Wir sind das Volk") und gegen das System („Wir sind ein Volk") zum unblutigen Sturz des Regimes („sanfte Revolution"). Eine anti-rassistische, anti-nationalistische Umerziehung war von der bisher herrschenden Ideologie her, eine anti-kommunistische Re-Edukation von den politischen Ereignissen aus, und weil sich ein „Weltgericht" einer einhelligen Weltöffentlichkeit hierzu nicht findet, gegenstandslos geworden.

(3) Da die Siegermächte 1945 die politische Lenkung beider deutscher Staaten übernommen hatten und sie in wichtigen Belangen der nationalen Souveränität erst 1990 wieder abtraten, fühlten sie sich auch für den Erfolg der politisch-pädagogischen Vergangenheitsbewältigung (Entnazifizierung, antifaschistische Säuberung) – bei unterschiedlicher Reichweite der

Zielsetzungen in den jeweils eigenen Herrschaftsbereichen – wenigstens mitverantwortlich. 1990 wurde das Gesellschaftssystem der Bundesrepublik durch Volksentscheid auf die ehemalige DDR übertragen. Zugleich stand eine deutsche „Importelite" (Pampel 1995: 34) aus dem Westen des Landes zur Verfügung, die als „Sieger" die nötigen Systemkorrekturen vornahm und zugleich die entscheidenden administrativen Lenkungspositionen einnahm. Diese „innerdeutsche Säuberung" hat aber keine Kriegsschuld, keinen Völkermord und keine staatlich verordnete, hochorganisierte Rassenvernichtung zu bewältigen.

(4) Dennoch glichen sich Nationalsozialismus und Kommunismus – unbeschadet der Diskussion um die Verwendbarkeit des Begriffes „totalitär"– in der Absolutheit des Wissensanspruchs und der daraus folgenden Entscheidungsmonopolisierung. Beide hatten aller Sprachregelung („Volksgemeinschaft", „Volksdemokratie") zum Trotz mit Pluralismus und Demokratie nichts zu tun, sondern waren diktatorische, menschenverachtende Herrschaftssysteme, die das Recht pervertierten („Nicht-Rechtsstaaten": Pampel 1995: 34) und die Menschen terrorisierten. Deswegen sind auch die Ähnlichkeiten in der Aufarbeitung der Vergangenheit frappierend:
– Die Unrechtssysteme waren und sind mit Mitteln des Rechtsstaats und unter Berufung auf die universelle Geltung von Menschenrechten zu bewältigen. Eine untragbar gewordene Partei- und Verwaltungshierarchie mußte durch eine unbelastete Wissens- und Machtelite ersetzt werden, ohne daß diese in allen Bereichen in wirklich befriedigender Weise gelingen konnte.
– Die Angeschuldigten berufen sich damals und heute auf Gesetz und Befehlsnotstand, die Opfer darauf, daß finanzielle Wiedergutmachung verlorene Lebenszeit nicht wiedergutmachen kann. Die Allgemeinheit erklärt ihr Mitläufertum aus ihrem Unwissen, ihrer apolitischen Haltung, ihrer Jugend oder ihrem Idealismus: Eine an sich gute Idee sei nur schlecht verwirklicht worden. 1948 befürworteten in dieser Hinsicht 57% den Nationalsozialismus, 1990 60% der Ostdeutschen den Sozialismus (Noelle-Neumann 1992). Beide „Neuanfänge" glei-

chen sich darin, daß sich Politikskepsis mit der Notwendigkeit eines ökonomischen Wiederaufbaus und dem Zwang verbindet, Entlastete, Mitläufer, Minderbelastete und auch Belastete nolens volens zu integrieren, um so die neue Gesellschaft politisch zu festigen.

2. Vergangenheitsbewältigung und kulturelle Integration

Vergangenheitsbewältigung hatten beide deutsche Staaten – in freilich unterschiedlicher Weise – betrieben. Die *DDR* setzte auf die sog. „strukturelle" Bewältigung durch Systemumbau. Dadurch gelang es ihr schon frühzeitig, deklaratorisch festzulegen, daß die Reste des Faschismus in diesem neuen Staat ausgelöscht seien. Sie ersparte sich damit nicht nur ein wirkliches Nachfragen nach der Mitschuld der eigenen Bevölkerung an der nationalsozialistischen Geschichte, sie lehnte auch bis 1989 jede politische und finanzielle Haftung dafür ab. Eine über die verbale Verordnung von Antifaschismus hinausreichende Lösung wurde damit nicht erreicht, vielmehr der Verdrängung des Vergangenen und der Mythisierung der eigenen Fortschrittlichkeit Vorschub geleistet.

Die *westdeutsche Form* der Vergangenheitsbewältigung war weitgehend durch die Amerikaner geprägt, die 1945 alle aus dem öffentlichen Dienst entließen, die vor 1937 der NSDAP und vor 1933 der SA beigetreten waren, sowie alle Funktionäre der Partei und ihrer Zweigorganisationen. Das war ca. ein Drittel. In manchen Städten und Landkreisen war fast der ganze mittlere und höhere Dienst entlassen worden. Aus Sorge um die Aufrechterhaltung der Verwaltung wurde ein neues Verfahren eingeleitet, das von der Pauschalverurteilung Abstand nahm und mit Hilfe eines riesigen justizähnlichen Apparats (22 000 Personen) eine individuelle Überprüfung der damaligen erwachsenen Bevölkerung versuchte. Die Spruchkammern bearbeiteten fast 1 Mio. Fälle, von denen 1650 als Hauptbelastete, 22 122 als belastet und 591 000 als minderbelastet eingestuft wurden (Blänsdorf 1987: 7). Als die UdSSR 1948 die Entnazifizierung für ihre Zone abbrach und die Ost-West-Spannungen zunahmen, verschob sich das Interesse der Westalliierten auf die rasche politische Absicherung der Demokratie und den ökonomischen Wiederaufbau Westdeutschlands. Sie beendeten ihrerseits die Aktion und übertrugen den Abschluß der Entnazifizierung im Herbst 1948 den deutschen Ländern. Um die hohen Belastungen (private „Abrechnungen", Arbeitsrechtsprozesse, Druck der Bevölkerung auf die Entnazifizierungsbeamten, Angst vor Rechtsparteien) zu verringern, beschloß die erste Bundesregierung die Wiedereinstellung der entlassenen Beamten mit Ausnahme der durch Spruchkammern als untragbar Eingestuften (11. 5. 1951). Dieser sechsjährige Kontinuitätsbruch im höheren und mittleren Dienst hatte – als unbeabsichtigter Nebeneffekt – immerhin Einstiegsmöglichkeiten für neue und gänzlich unbelastete Beamte eröffnet. Adenauers Politik der Nicht-Ausgrenzung zugunsten der mittelfristigen Stabilität der neuen Ordnung hat heftige Kritik hervorgerufen. Steinbach fragt nach den Alternativen: „Hätte man, wie in Italien, zigtausend Nationalsozialisten erschlagen sollen? Hätte man, wie die Franzosen, die Kollaborateure auf die Straße zerren und mißhandeln sollen? Hätte man, wie die sowjetischen Besatzungsgerichte, eine unkontrollierte und vielfach tödliche Zwangsarbeit verhängen sollen? Wäre es eine Lösung gewesen, à la Khomeini, 8 Millionen NSDAP-Mitglieder auf Lebenszeit für rechtlos zu erklären oder à la Vietcong für einige Jahre in KZ-ähnlichen Umerziehungslagern zu Anhängern der ‚demokratischen' Ordnung zu machen?" (Steinbach 1984: 28).

Jedenfalls war die Kombination von laufender, politischer Nachforschung gegen Verdächtige, von juristischer Ahndung von Verbrechen in Verbindung mit der Integration einer ganzen Generation von vielleicht nicht kriminell, aber doch politisch und moralisch schuldig Gewordenen und einer mediengestützten Bemühung um politische Aufklärung kein Fehlschlag. Die Ernsthaftigkeit der Verjährungsdebatten hätte überdies gezeigt, daß die Schuldanerkenntnis im großen und ganzen zum westdeutschen Selbstverständnis geworden war (ebenso Blänsdorf 1987: 18).

Das besagt natürlich keineswegs, daß man den auch heute beobachtbaren Zug zur Historisierung – und damit Abspaltung der Schande und Verstrickung – nicht wachsam beobachten dürfe. Die deutsche Vereinigung ist ein geschichtlich einmaliger Vorgang. Ein „EntSEDisierungsverfahren" nach Art der Entnazifizierung hat es aus guten Gründen nicht gegeben. Die 540 200 Beschäftigten im öffentlichen Dienst zentraler und nachgeordneter Einrichtungen der DDR-Regierung (Juni 1990) wurden nicht nach dem Muster amerikanischen „Großreinemachens" entlassen. Dasselbe gilt für die rd. 1,5 Mio. Arbeitnehmer, die in den Kreisen und Gemeinden zum öffentlichen Dienst gehörten. Für alle, die nicht direkt auf Bund, Länder und Gemeinden überführt wurden, galt als Interimslösung die sog. „Warteschleife", d.h. die Notwendigkeit, das Arbeitsverhältnis bei 70 % des Monatsverdienstes ruhen zu lassen, bis klargestellt werden konnte, ob eine Wiederverwendung aus ökonomischen oder rechtlichen Gründen überhaupt in Frage kam. Dennoch darf man auch hier nicht den Fehler begehen, vorschnell endlich „Schluß mit der Geschichte" machen zu wollen. Auch wenn die Aktenvernichtung vermutlich nicht bei den „kleinen Fischen" angefangen hat, also die „Köpfe" ihre Machtchancen zu ihrem Vorteil sicherlich genutzt haben, kann der Rechtsstaat nicht darauf verzichten, die Vergangenheit rechtsstaatlich aufzuarbeiten und kriminelles Verhalten nach individuell vorwerfbaren gesetzlich bestimmten Verfahren zu ahnden. Das gilt auch für sog. „Schreibtischtäter" unter den rd. 2 Mio. Verwaltungsangestellten der DDR, die gegen die Rechtsstaatlichkeit und gegen die Menschenrechte verstoßen haben.

Kollektivverbrechen sind dem geltenden Strafrecht wesensfremd. Es gibt auch keinen Straftatbestand der „moralischen Schuld". Dennoch muß man sich allgemein mit dem soziologischen Gedanken auseinandersetzen, daß Herrschaft immer eine soziale Beziehung ist, die Machthaber und Machtunterworfene miteinander verkettet. Auch letztere halten – und sei es durch „Legitimitätsglauben" – das „System" in Gang. Die Art der Beteiligung oder „Unterwerfung" ist sicher höchst unterschiedlich. Sie befreit aber nicht von der Überlegung, daß mitschuldig

(wenn auch nicht als kriminelle Täter) gleichfalls diejenigen sind, die
- dem Regime jahrelang als inoffizielle Mitarbeiter dienten, dann aber aus opportunistischen oder anderen Gründen die Wende schafften,
- die keine Mitarbeiter mit Verpflichtungserklärung waren, sich aber gegen Vergünstigungen kooperationswillig zeigten,
- die aus Geltungs- und Anbiederungsbedürfnis oder sonstigem „rationalem Kalkül" ihr Mitteilungsbedürfnis nicht in Zaum halten konnten,
- die langsam ihre Kompromisse mit dem System schlossen, aber „kritisch solidarisch" blieben.

Der Stab soll nicht über sie gebrochen werden, aber der Versuch, Kategorien von Schuldigen zu bilden, ist damals – wie heute – nicht dagegen gefeit, das eigene Gewissen durch Verweise auf Irrtum, Verblendung oder Mißverständnisse zu beruhigen und sich gerade dadurch der, für die kulturelle Integration notwendigen Trauerarbeit zu entziehen. Vielleicht ist das Wichtigste dabei die so gewonnene Erkenntnis, wie wenig man seiner eigenen Charakterstärke, seinem Mut, seiner Gradlinigkeit und seiner moralischen Integrität sicher sein kann (H. Arendt). Es leuchtet ein, daß hier das Recht überfordert ist. Fragen der politischen Kultur und moralischen Erziehung reichen weiter als die rechtliche Bewältigung. Leider können wir augenblicklich im deutschen Einigungsprozeß wieder die Widerstände spüren, diese Ebene der Vergangenheitsbewältigung zu beschreiben. Wieder sind wir in Gefahr,

(1) terroristische Phänomene der deutschen Geschichte kollektiv zu „beschweigen" (Lübbe 1983: 334), um so einen Weg zur Integration eines Bevölkerungsteils in die Bürgerschaft der Bundesrepublik zu eröffnen;

(2) wesentliche Teile der kollektiven, nüchternen Selbstprüfung durch Frageverbote, Tabuisierung und Selektivität aus dem Alltag auszublenden;

(3) die Integrationsleistung nicht auch als kulturelle, sondern hauptsächlich als wirtschaftlich-rechtliche zu verstehen und alle Energien nur in den „Arbeitseifer und Leistungsfanatis-

mus" für den zweiten Wiederaufbau zu stecken (Greiffenhagen 1981: 49ff.).

Damals wie heute gilt, daß sich Vergangenheit nie wirklich „bewältigen" läßt und daß „ihre Aufarbeitung ein infiniter Prozeß in der jeweiligen Neugestaltung der Generationenverhältnisse ist" (Dudek 1991: 53). Deutschland kann „sein" gewalttätiges Jahrhundert nicht zu Ende bringen, wenn es nicht auch die Geschichte der DDR in diese Aufarbeitung miteinbezieht. Der Nachholbedarf ist offensichtlich, schon um endlich erfassen zu lernen, wie *konkret Menschlichkeit* sein muß, um nicht in Unmenschlichkeit umzuschlagen. Das sollten wir aus den letzten 50 Jahren mit ins nächste Jahrtausend nehmen. Anders kann auch das unerläßliche Vertrauen in die Exekutiv-, Legislativ- und Judikativinstitutionen selbst im „Osten" nicht gewonnen, im „Westen" nicht stabilisiert werden. Daß der Zusammenhang nicht nur eine „technische", rein organisatorische, sondern auch eine „moralische" Seite enthält, ist dabei deutlich. Gesellschaften – und ihr Kern: die Institutionen – stellen moralische, an obersten Zielen, Ideen, Werten ausgerichtete Unternehmen ja expressis verbis dar" (Lipp 1994: 30). Daß die Situation unbedingt dadurch erleichtert wird, daß ein „großer Bruder" die „kleinen Verwandten" ins Schlepptau nimmt, ist bis heute noch nicht ausgemacht. Auch insofern greifen die Aspekte der politischen, wirtschaftlichen, rechtlichen und kulturellen Integration ineinander.

Werner J. Patzelt

Deutsche Politik unter Reformdruck

I. Ein neues Deutschland in neuer Umwelt

Die im Sommer 1989 mit der Öffnung der ungarischen Grenze einsetzende Ereigniskette führte schon im Oktober 1990 zur Wiederherstellung der staatlichen Einheit Deutschlands. Dieser Prozeß war eingebettet in den Versuch einer Reform der Sowjetunion, der seinerseits den Zerfall des sowjetischen Imperiums nach sich zog und den seit 1917 Europa prägenden Ost-West-Konflikt beendete. Insgesamt stellten die politischen Ereignisse der letzten fünf Jahre die Weichen für neue Entwicklungen europäischer und weltweiter Dimension, riefen einen komplexen Transformationsprozeß in Europa hervor und zeitigten für die deutsche Politik Einschnitte, die an Bedeutung denen von 1871 oder 1945 gleichkommen.

Man muß weder der Lehre vom Primat der Außenpolitik anhängen noch allein von der Außenpolitik das Schicksal einer Nation geprägt sehen, um zu erkennen, daß sich durch diese Änderung der internationalen Umwelt das Bezugsfeld unserer Sicherheits-, Außen-, Außenwirtschafts- und Innenpolitik grundlegend gewandelt hat. Erstens haben das Ende des Ost-West-Konflikts und der damit verschränkte Zusammenbruch des Sowjetimperiums ganz neue Rahmenbedingungen der Weltpolitik und des europäischen Integrationsprozesses gesetzt, was die Rolle Deutschlands in EU, NATO und UNO stark verändert. Zweitens hat die Aufhebung der politischen Spaltung Europas, deren Teil die deutsche Zweistaatlichkeit war, unser Land wieder in die geopolitische Lage eines Staates in der europäischen Mitte gebracht. Wir sind von einer Vielzahl ganz unterschiedliche Interessen verfolgender Nachbarn umgeben, denen gerecht zu werden für eine regionale Großmacht wie das vereinte Deutschland eine zugleich nötige und äußerst schwer zu erfüllende Aufgabe ist. Drittens werden die im Windschatten des Eisernen Vorhangs noch wenig schmerzenden Defekte der (west)deutschen Wirtschafts-, Gesellschafts- und Mentalitätsstruktur nun offenkundig. Der Wandel von Deutschlands Umwelt verlangt also unserem Land, und zwar weit über die Folgeprobleme der Wiedervereinigung hinaus, tiefgreifende Reformen ab. Fünf Jahre nach dem europäischen Umbruch und der Wende in der DDR ist aber allenfalls Konsens über die *Notwendigkeit* solcher Reformen, keineswegs aber schon über ihre *Inhalte* entstanden.

II. Die Grundentscheidungen von 1990 und ihre Folgen

1. Hoffnungen und Enttäuschungen

Vor allem die Antworten der verschiedenen politischen Lager auf die seit Ende 1989 anstehende Grundfrage, wie man es mit der in die Reichweite praktischer Politik gerückten Wiedervereinigung halte, entschieden politische Schicksale für die folgenden Jahre.[1] In der DDR war es rasch die Mehrheit der Bevölkerung, die von der demokratischen Forderung „*Wir* sind das Volk!" nach deren absehbarer Erfüllung zum nationalen Anliegen „Wir sind *ein* Volk!" weiterging. Selbstverständlich war es die Hoffnung auf eine rasche Verbesserung der im Realsozialismus weit hinter westlichen Standards zurückgebliebenen wirtschaftlichen Lage, die hier als Katalysator wirkte. Die freien Volkskammerwahlen im März 1990 statteten den Wunsch nach einer Fusion mit dem westdeutschen Teilstaat dann mit Macht aus. Freilich handelte es sich für die DDR-Regierung im wesentlichen nur darum, mit dem sowohl von der eigenen Bevölkerung als auch von der westdeutschen Regierung immer weiter beschleunigten Gang der Ereignisse Schritt zu halten. Politische Kräfte, die sich nicht zu einer raschen Vereinigung mit der Bundesrepublik Deutschland verstehen wollten oder gar eine reformierte sozialistische DDR anstrebten, waren nicht mehrheitsfähig und damals schon ins politische Abseits geraten.

Im westlichen Teilstaat Deutschlands gab es zwar von Verfassungs wegen keinen Zweifel am seit Ende 1989 praktisch anzustrebenden politischen Ziel. Doch von einem Großteil der westdeutschen Bevölkerung wurde die von Bundeskanzler Kohl seit seinen „Zehn Punkten" vom 28. 11. 1989 konturierte Wiedervereinigungspolitik eher als unausweichliche Alternative eines ansonsten nicht anzuhaltenden Zustroms von DDR-Bürgern angesehen[2] denn als Erfüllung eines nationalen Traums. Keineswegs vollzog sich seitens der Westdeutschen die Einigung im „nationalen Überschwang", sondern eher nach dem Kosten-Nutzen-Kalkül einer „freundlichen Firmenübernahme". Die anschließende Enttäuschung über die Kluft zwischen Erwartung und Entwicklung war um so größer, als den historischen und emotionalen Eigenwert der Wiedervereinigung als relevanten Faktor anzusetzen durch die – ohnehin unbegründeten – Warnungen des Jahres 1990 vor „nationalem Überschwang" in vielen Massenmedien regelrecht verpönt wurde. Statt dessen prägt bis heute den öffentlichen Meinungsstreit die seit 1990 geführte Diskussion um die „Kosten der Einheit" und um die Verteilung ihrer Lasten. Die Entstehung dieser Debatte ist im wesentlichen vor dem Hintergrund der damals anstehenden Bundestagswahl zu begreifen. Ein großer Teil der westdeutschen Sozialdemokratie, personifiziert im Kanzlerkandidaten Lafontaine, wollte den ohnehin ungeliebten Einigungsprozeß möglichst langsam vonstatten gehen sehen, wünschte in seinem Verlauf manche vermeintliche Errungenschaft der DDR dem politischen System der Bundesrepublik Deutschland zu inkorporieren, hatte verständlicherweise kein Interesse daran, mit einem durch seinen Beitrag zur vollzogenen Wiedervereinigung gestärkten Bundeskanzler zu konkurrieren und spielte die Vorstellung einer „langsamen, organischen, leichter finanzierbaren Vereinigung" gegen den kritisierten Versuch einer „raschen, aber teuren Vereinigung" aus. Der Bundeskanzler wiederum hielt es aus außen- wie innenpolitischen Gründen für vorteilhaft, möglichst rasch vollendete Tatsachen zu schaffen, erachtete die Wiedervereinigung als unabhängig von ihren unabsehbaren finanziellen Belastungen auf jeden Fall wünschenswert und sah es als allzu riskant an, die innenpolitische Zustimmung zur raschen Vereinigungspolitik durch den Verweis auf die möglichen Folgekosten zu gefährden.

In der Folge erwies sich die wirtschaftliche Lage der DDR bzw. der neuen Bundesländer als viel schlechter, als man es im Westen hatte glauben wollen. Die politisch kaum anders als 1:1 auszugestaltende Währungsumstellung vom 1. 7. 1990 wirkte wie die Aufwertung einer maroden Währung um gut 400 % und machte DDR-Produkte in Osteuropa weitgehend unverkäuflich. Außerdem beraubte der zum Vereinigungsprozeß parallele Einsturz aller realsozialistischen Staats- und Wirtschaftsordnungen die neuen Bundesländer ihrer traditionellen Auslandsmärkte, während ihr Binnenmarkt von Westprodukten erobert wurde. So geriet der rasche Vereinigungsprozeß in der Tat zum Zusammenbruch von Wirtschaft und Arbeitsmarkt in den neuen Bundesländern. Dies zog auf viele Jahre extrem hohe Transferleistungen aus den alten Bundesländern nach sich, was dort erhebliche Einsparungen, vor der Wahl ausgeschlossene Steuererhöhungen und eine gewaltige Zunahme der Staatsverschuldung nötig machte.

Dem entsprechend sanken in Deutschland die Freude und Zuversicht nach der Wiedervereinigung rasch. Der Höhepunkt zumal des ostdeutschen Pessimismus war 1993 erreicht. Im Folgejahr kam es freilich zu einem klaren Stimmungswechsel. Der seither nicht mehr zu übersehende Wirtschaftsaufschwung in den neuen Bundesländern und dessen – verzögert einsetzende – Widerspiegelung in den Massenmedien machten mittlerweile die Erwartung plausibel, daß die so gewagte Politik eines raschen Anschlusses der DDR an das wirtschaftliche und politische System der Bundesrepublik Deutschland in den neuen Bundesländern eben doch keinen „Mezzogiorno", sondern blühende Landschaften schaffen werde. Insgesamt aber prägte seit 1991 vor allem die Debatte um die beim Vereinigungsprozeß unterlaufenen Fehler die öffentliche Erörterung des Strukturwandels in den neuen Bundesländern.

2. Machtfragen: Wahlgeschehen und Parteienentwicklung

Alles in allem zeigten die Volkskammerwahl vom März 1990 ebenso wie die Landtags- und Bundestagswahlen jenes Jahres, daß es die Grundhaltung der Parteien zum Ziel der deutschen Wiedervereinigung und ihre vermutete Effizienz beim Durchmessen des dabei zurückzulegenden Weges war, was die Mehrheit des Volkes honorierte (vgl. Tabelle 1).

Tabelle 1: Wichtige Wahlergebnisse 1990 und 1994 (in Prozent)

Partei*)	Volks-kammer 1990	Bundestag 1990			Bundestag 1994		
		Ost	West	Gesamt	Ost	West	Gesamt
CDU/CSU	40,8	41,8	44,3	43,8	38,5	42,1	41,5
SPD	21,9	24,3	35,7	33,5	31,5	37,5	36,4
FDP	5,3	12,9	10,6	11,0	3,5	7,7	6,9
B90/Grüne	4,9	6,0	4,7	3,8	4,3	7,9	7,3
PDS	16,4	11,1	0,3	2,4	19,8	1,0	4,4
Reps, DVU, DSU	6,3	2,3	2,3	2,1	1,3	2,0	1,9
Sonstige	4,4	1,6	2,1	3,4	1,1	1,8	1,6
Wahlbeteiligung	93,4	74,5	78,6	77,8	72,6	80,5	79,0

*) bzw. analoge Listen bei der Volkskammerwahl vom März 1990

Die SPD – zwar konsequent, doch unglücklich agierend – erlitt 1990 empfindliche Niederlagen. Die politische Macht im Bund und in den meisten neuen Bundesländern fiel darum an Union und FDP. So geschah es freilich auch mit der Verantwortung für die beim Aufbau der neuen Bundesländer unterlaufenden Fehler und mit der demoskopisch gemessenen Enttäuschung über deren Folgen. Die Wahlen von 1994 stellten dafür, trotz des inzwischen eingetretenen Aufschwungs, die Quittung aus. Bundespolitisch behauptete sich die Koalition aus Union und FDP nur knapp, während in Sachsen-Anhalt die von der CDU geführte Landesregierung einem von der PDS an der Macht gehaltenen Minderheitsbündnis von SPD und B90/GRÜNEN weichen mußte und in Thüringen ebenso wie in Mecklenburg-Vorpommern sich die CDU auf Große Koalitionen mit der SPD einzulassen hatte. Daß in Sachsen die CDU und in Brandenburg die SPD zur unangefochtenen Hegemonialpartei anwuchs, geht wesentlich auf die Attraktivität ihrer Spitzenpolitiker Biedenkopf und Stolpe zurück. Ihnen stehen in den konkurrierenden Parteien nicht nur keine überzeugenden Rivalen gegenüber, sondern beide sind, wenn auch in ganz verschiedener Weise, Identifikationsfiguren eines sich bildenden Selbstbewußtseins der ostdeutschen Bundesländer.

Ein wichtiges Ergebnis des Superwahljahrs 1994 ist ferner die gefestigte Rolle der PDS in Ostdeutschland. Durch intensive Bürgerbetreuung und geschicktes Medienmanagement hat sie es geschafft, in den neuen Bundesländern zum Anwalt der Zukurzgekommenen, Sprachrohr des Protests sowie „natürlichen Verbündeten" der SPD zu werden und zur dritten politischen Kraft aufzusteigen. Die große Überalterung der PDS und die internen Spannungen zwischen alten SED-Mitgliedern und Neuerern machen eine weitere Erfolgsgeschichte allerdings unwahrscheinlich, zumal wenn sich der wirtschaftliche Aufschwung fortsetzt und die ostdeutsche SPD glücklich taktiert. Die FDP wurde in Ostdeutschland 1994 nachgerade dezimiert, und auch B90/GRÜNE erlitten, zum Teil den Wiedereinzug in die Landesparlamente kostende, Verluste.

Alles in allem erzeugten weder das Wahlgeschehen noch die innerparteiliche Entwicklung in Ostdeutschland einfach eine Kopie des westdeutschen Parteiensystems. Unter denselben Parteinamen verbergen sich in Ost- und Westdeutschland vielmehr recht unterschiedlich zusammengesetzte Mitgliedschaften. Beispielsweise ist die CDU in den neuen Bundesländern, zumal in Sachsen, viel stärker eine Partei der Arbeiter als die SPD. Und außerdem sind in Ostdeutschland die Mitgliederzahlen – mit Ausnahme der knapp 100 000 Personen umfassenden PDS (einschließlich Berlin: gut 120 000) – im Vergleich zu westdeutschen Verhältnissen recht gering: die CDU kommt, nach starken Verlusten, in den neuen Bundesländern (ohne Berlin) auf etwa 75 000 Mitglieder, die SPD bei schwacher Aufwärtstendenz auf knapp 28 000, die FDP angesichts einer Austrittswelle auf höchstens 25 000, und B90/GRÜNE stagnieren bei gut 3000.

Während sich die ostdeutschen Parteien um die Stabilisierung und Integration ihrer Mitgliedschaft bemühen, befinden sich die westdeutschen Parteien in schwierigen Neuorientierungsprozessen. Diese sind ebenso durch die Wahlentscheidungen von 1990 und 1994 bedingt wie durch die vom Ende des Kalten Krieges gestellten neuen Aufgaben. Am deutlichsten sind sie bei der SPD zu erkennen, doch auch bei den GRÜNEN, wo überall um die Revision einer Vielzahl von über lange Jahre identitätsstiftenden Positionen gerungen wird. Die CDU, einst auf der Suche nach struktureller Mehrheit durch Einbruch in den sozialdemokratisch besetzten Teil der politischen Mitte, verlor zunächst ihre Bindekraft am rechten Rand des politischen Spektrums und schuf sich dann durch ihre Kurskorrektur Probleme an beiden Flanken. Die CSU konnte zwar durch die Aufrechterhaltung ihrer Dominanz in Bayern bundesweite Relevanz wahren, verdankt aber im größer gewordenen Deutschland ihre bundespolitische Rolle noch mehr als früher einer außergewöhnlichen Hegemonialstellung in Bayern. Insgesamt hat die Union es geschafft, den Aufstieg der Republikaner zu einem Machtfaktor rechts von ihr zu verhindern, während die SPD nun sowohl mit B90/GRÜNEN als auch mit der PDS um Wählerstimmen zu konkurrieren hat. Die FDP vermochte den seit gut zwanzig Jahren in ihr geführten Konflikt zwischen Sozial- und Wirtschaftsliberalismus nicht beizulegen und versucht verzweifelt, im auch von SPD und B90/GRÜNEN mitbesetzten Raum der linken politischen Mitte ihren Platz zu behalten. Die (West-)GRÜNEN waren seit der letzten Bundestagswahl zwar der Last bundespolitischer Präsenz ledig, weswegen viele Materien als parteiinterne Profilierungsthemen entfielen und die Partei auf Landesebene realistische Wenden vollziehen konnte. In gewisser Weise wurde sie zur Partei eines postmaterialistisch orientierten Bildungsbürgertums, die eines Tages auch für ein Bündnis mit der Union in Frage kommen mag.

Letztlich alle in Westdeutschland etablierten Parteien haben sich, von üppiger Finanzierung und langjähriger Machtausübung verwöhnt, außerdem Funktionsprobleme zugezogen (vgl. Arnim 1993 und Rüttgers 1993). Programmatische Selbstbezogenheit, regionale Klüngelbildung und organisatorische Verbonzung sind durchaus treffende Topoi einer hierauf abzielenden Kritik. Im übrigen schrumpfte bei allen westdeutschen Altparteien der Anteil der Stammwählerschaft durch Auflösung ihrer Milieubindung (vgl. Alemann 1990). Hinzu kommt die demokratietheoretisch ja nicht abzulehnende Zunahme taktisch-strategischen Wahlverhaltens. Außerdem findet die Bekundung von Politikverdrossenheit ihren folgenreichen Ausdruck im Protestwahlverhalten und in Gestalt demonstrativer Wahlabstinenz, wobei Mobilisierungsdefizite der potentiell eigenen Wählerschaft in Ostdeutschland die PDS begünstigen. Fragmentierte Parlamente mit schwieriger Regierungsbildung und äußerst kompromißbedürftiger Politik bei fühlbarem Alternativenmangel dürften darum in der Zukunft nicht auszuschließen sein. Dies mag zum Test der in Bund und Ländern etablierten parlamentarischen Regierungssysteme geraten.

III. Aufgaben politischer Strukturbildung nach der Wiedervereinigung

1. Der Aufbau politischer Strukturen in den neuen Bundesländern

Es waren die zu Beginn des Jahres 1990 am irrealsten anmutenden Zielsetzungen, welche die deutsche Politik dann erfolgreich verwirklichte. Nicht nur kam es statt zu „konföderativen Strukturen" der beiden deutschen Staaten zur völligen Wiedervereinigung. Diese erfolgte auch nicht in Form einer neuen Verfassungsgebung für den Gesamtstaat, sondern ganz einfach durch den Beitritt der DDR zum Geltungsbereich des Grundgesetzes und durch eine letztlich vollständige Übernahme westdeutschen Rechts und grundlegender westdeutscher Strukturen. Auf die gewaltigen Aufgaben des in den neuen Bundesländern damit einhergehenden Verwaltungsumbaus bzw. -neuaufbaus kann hier ebenso wie auf die riesigen wirtschafts-, sozial-, bildungs- und umweltpolitischen Umstrukturierungsaufgaben oder auf die völlige Umgestaltung des Mediensystems bloß verwiesen werden.

Fünf Jahre nach dem Beginn dieses Transformationsprozesses ist jedenfalls festzustellen, daß – bei allen Fehlern im Detail – Großes geleistet und einer guten Entwicklung ein solides Fundament gelegt wurde. Kein anderes Urteil läßt sich auch über den Neuaufbau der speziell politischen Strukturen fällen. Denn ganz ohne Zweifel gelang es, in den Ruinen der zusammengebrochenen DDR-Diktatur funktionierende Institutionen einer Demokratie zu errichten.[3] In den ostdeutschen Bundesländern wurden dabei völlig neue politische Systeme gegründet: Parlamente wurden gewählt und handlungsfähig gemacht, Regierungen ins Amt gebracht, Verwaltungsapparate aufgebaut, die neuen Länder mit Verfassungen und einer Vielzahl nötiger Gesetze ausgestattet.[4] Zugleich galt es, die Vermittlungsstrukturen der politischen Willensbildung – Parteien, Interessengruppen, Mediensystem, vorpolitischer Raum – umzugestalten oder neu zu errichten. Und dies alles war zu leisten in einer Zeit wirtschaftlichen Zusammenbruchs, umfassenden Systemwandels und weitestgehender Verunsicherung der Bevölkerung. Freilich boten die westlichen Partnerländer vielfältige und unverzichtbare administrative Hilfestellung. Ohne die gewaltigen Finanzleistungen des Bundes sowie viele im Osten tätige Westdeutsche hätte ein so rasch erfolgreicher Neubeginn wohl auch nicht gelingen können. Nach fünf Jahren sind zwar auch Fehlgriffe zu diagnostizieren, etwa bei der Vergabe politischer und administrativer Führungsämter, bei der Setzung politischer Handlungsschwerpunkte, bei Sachentscheidungen und bei Verwaltungsmaßnahmen. Alles in allem ist die Bilanz aber beeindruckend.

Gerecht beurteilt man das Geleistete ohnehin nur dann, wenn man den weitgehenden Austausch der administrativen und politischen Eliten bedenkt, der dem Zusammenbruch der DDR folgte. Gut ausgebildete SED-Mitglieder gingen rasch administrativer Führungsfunktionen verlustig, so daß Personen aus dem zweiten Glied, oft auch aus ganz anderen Tätigkeitsbereichen, in Spitzenstellungen der Verwaltung einrückten. Sie mußten nicht nur mit neuen Aufgaben zurechtkommen, sondern gleichzeitig auch gewaltige Probleme mit einem noch unzureichend leistungsfähigen Verwaltungsapparat anpacken. Unter den Hilfestellung leistenden Westdeutschen fanden sich außerdem nicht nur Spitzenkräfte, was immer wieder das Zusammenwirken von Ost- und Westdeutschen störte. Im Bereich der Politik konnten auf halbwegs erfahrenes Personal im wesentlichen nur CDU, FDP und PDS zurückgreifen, während bei den neuen Parteien SPD und B90 speziell politische Kompetenz erst in der Praxis selbst erworben werden konnte. Wie verschleißend dies alles war, zeigt das unerfreuliche politische Schicksal vieler führender Politiker der ersten Stunde.

Alles in allem wuchs in Ostdeutschland die neue politische Ordnung von oben nach unten, von den staatlichen Institutionen zur Gesellschaft, vom Zentrum zur Peripherie. Im Grunde bis heute schwebt das neue System oberhalb der ostdeutschen Gesellschaft und ist mit ihr erst lose vertäut. Den politischen

Parteien fehlt – mit Ausnahme der PDS – nicht nur eine ausreichende Mitgliederzahl, sondern auch eine verläßliche Wählerschaft (vgl. Gluchowski/Zelle 1993: 144–150); es gibt erst Grundzüge eines funktionstüchtigen vorpolitischen Raums, aus dessen Netzwerk an Vereinen, Bürgerinitiativen und Verbänden sich politisches Führungspersonal auf kommunaler und Landesebene rekrutieren könnte; politische Betätigung wird vielfach abgelehnt, Politikverdrossenheit oft wie ein Feldzeichen in alltägliche Diskussionen getragen; und insgesamt fehlt es der neuen Demokratie an *aktiven* Demokraten. Freilich beginnt das gesellschaftliche Leben in den Gemeinden inzwischen aufzublühen. Bleiben die neuen Bundesländer im nächsten Jahrfünft von schwerwiegenden politischen Erschütterungen verschont und setzt sich der begonnene wirtschaftliche Aufschwung fort, so dürfte die dann zu ziehende Bilanz von gefestigten politischen Strukturen und von einem ausreichenden Grad an selbstverständlicher politischer Partizipation berichten können. Von den derzeit noch bestehenden Verankerungsproblemen der neuen politischen Strukturen sollte man sich ohnehin um so weniger entmutigen lassen, als auch in Westdeutschland Almond und Verba noch 1963 deutliche Defizite im Vergleich zu etablierten Demokratien diagnostizierten (Almond/Verba 1965). Und schon gar belehrt ein Vergleich mit den meisten anderen post-sozialistischen Staaten, wie vorteilhaft es war, bewährte Systemstrukturen nach Ostdeutschland zu verpflanzen und sie dort allmählich Wurzeln schlagen zu lassen, statt Motivation und Energie auf aus pragmatischen Gründen dann doch rasch abgebrochene Verfassungsexperimente eigener Provenienz, doch ungewissen Ausgangs zu vergeuden.

2. Eine neue Verfassung für Deutschland?

Das Grundgesetz bot für die Wiederherstellung der deutschen Einheit den einfachen Beitritt der DDR zum politischen System der Bundesrepublik Deutschland oder aber die Ausarbeitung einer neuen, gemeinsamen Verfassung an. Beträchtliche Teile zumal der deutschen Linken wollten den an sich ungeliebten Vereinigungsprozeß wenigstens dazu nutzen, noch einmal eine Chance zur grundlegenden Veränderung des westdeutschen politischen Systems zu erlangen. Deshalb plädierten sie für eine neue Verfassungsgebung, bei welcher in die deutsche Staatsordnung inkorporiert werden sollte, was an der DDR dem System der BRD als überlegen erschien. Dieser nicht mehrheitsfähigen Position entgegenkommend wurde immerhin beschlossen, das Grundgesetz anläßlich der deutschen Wiedervereinigung auf Verbesserungsbedarf zu überprüfen.

Die im Oktober 1993 abgeschlossene Arbeit der zu diesem Zweck eingesetzten gemeinsamen Verfassungskommission von Bundestag und Bundesrat kam im wesentlichen zum gleichen Befund wie die Enquetekommission Verfassungsreform im Jahr 1977: das Grundgesetz hat sich gut bewährt, so daß auch seine neue Rolle als Verfassung Gesamtdeutschlands tiefgreifende Eingriffe erübrigt. Allerdings wurde mit dem bei der Ratifizierung des Maastricht-Vertrages in Kraft gesetzten neuen Artikel 23 eine erhebliche Stärkung des Bundesstaatsprinzips vollzogen. Erwähnenswert neben einer Schärfung der Staatszielbestimmung im Bereich des Umweltschutzes ist die erneute Ablehnung plebiszitärer Elemente auf Bundesebene. Wichtige Argumente dafür waren die Sorge um die politische Rolle des Bundesrates, um die Aufrechterhaltung politischer Kompromißzwänge sowie darum, die Parteien könnten sich allzuleicht plebiszitäre Auswege aus der Übernahme parlamentarischer Verantwortung eröffnen. Ausgedehnte Verfahren der Volksgesetzgebung in den Verfassungen nicht nur der neuen Bundesländer und durchaus nennenswerte plebiszitäre Möglichkeiten im kommunalen Bereich machen die Rede von einer strikt repräsentativen Demokratie in Deutschland ohnehin gegenstandslos.

IV. Gesamtdeutscher Reformbedarf

1. Funktionsprobleme des politischen Systems

Zweifellos deckte die politische Entwicklung der letzten fünf Jahre auch erhebliche Defizite unserer politischen Institutionen bzw. der politisch relevanten Organisationen und des sie führenden Personals auf. Derartige Funktionsprobleme werden vor allem in Gestalt von Politikblockaden sichtbar, also in der reduzierten Fähigkeit unseres politischen Systems, in akzeptabler Frist verbindliche Entscheidungen herbeizuführen und durchzusetzen. Zu den wichtigsten Beispielen solcher langsam und stockend oder noch gar nicht aufgelöster Politikblockaden gehören die Revision des Asylrechtes und die Umsetzung des Hauptstadtbeschlusses; die Beschlußfassung über die außenpolitischen Verwendungsmöglichkeiten der Bundeswehr und die Pflegeversicherung; die Maßnahmen zur Verbesserung der inneren Sicherheit und zur Eröffnung eines halbwegs gangbaren Wegs zwischen „Rückgabe und Entschädigung" bei der Regelung der Eigentumsverhältnisse in den neuen Bundesländern; sowie die Suche nach einer langfristig tragfähigen Energiepolitik und nach einer Vereinfachung des deutschen Steuer- und Abgabenwesens. Bei allen diesen wichtigen Streitfragen verbreitete sich – und zwar nicht ganz zu Unrecht – der Eindruck, in Deutschland werde zu wenig regiert und entschieden, werde zu wenig politisch geführt und zu viel opportunistisch taktiert.

Warum ist das aber so? Zunächst einmal ist die Entscheidungsfindung unter den Bedingungen eines pluralistischen Parteienwettbewerbs im weit in die Gesellschaft hineinregierenden Sozialstaat von vornherein mühsam und zeitaufwendig. Hinzu kommen mindestens vier weitere Gründe, die auf großen Reformbedarf bei der Nutzung unseres politischen Systems hinweisen.

Erstens greifen angesichts der nun zu lösenden Probleme viele alte Rezepte nicht mehr. Vor allem ist es die für die Altbundesländer und den Gesamtstaat neue Erfahrung, auf längere

Frist eher den Mangel verwalten zu müssen als durch die Verteilung von Zuwächsen Konflikte mindern zu können, welche bisherige Politikmuster um ihren Orientierungswert bringt. So manche Politikinhalte, die der alten Bundesrepublik durchaus angemessen waren, wurden auch durch die neuen Problemstellungen der Zeit nach dem Kalten Krieg um ihren Gebrauchswert gebracht. Die Diskussion um das sinnvolle Aufgabenspektrum der Bundeswehr ist ein Beispiel. In dieser Lage gälte es, neue Konzepte zu entwickeln und sie innerparteilich wie gesellschaftlich mehrheitsfähig zu machen. Da allerdings mit politischer Innovation das Risiko innerparteilichen oder parlamentarischen Machtverlustes einhergeht, wird Status-quo-Denken begünstigt, was zu Politikblockaden führt.

Zweitens wird Deutschland überwiegend von einer Politikergeneration regiert, die – soweit westdeutscher Provenienz – unter politischen Normalbedingungen rekrutiert, in ihre Ämter gebracht und sozialisiert wurde. Sie ist des Handelns in Ausnahme- und unübersichtlichen Krisenlagen entwöhnt bzw. hat es nie gelernt. Außerdem war nicht Bewährung an drängenden Sachproblemen, sondern Kompetenz bei der innerparteilichen Kompromiß- und Mehrheitsbildung das zentrale Qualifikationsmerkmal ihrer Karrieren. Diese Politikergeneration steht nun vor Aufgaben, auf die weder ihr Erwartungshorizont noch ihr Erfahrungsschatz und schon gar nicht ihre selektierten Kompetenzmerkmale angelegt sind. Ihre darum verständliche Überforderung führt zum zögerlichem Taktieren und läßt konzeptionelle Kraft sowie gelassenen Mut zur politischen Führung oft vermissen.

Drittens haben die unterschiedlichen Mehrheitsverhältnisse in Bund und Ländern wegen der Notwendigkeit des Zusammenwirkens von Bundestag und Bundesrat bei den wichtigsten Gesetzgebungsakten eine versteckte Große Koalition hervorgebracht. Die meisten schwerwiegenden Probleme waren im letzten Jahrfünft nur im Einvernehmen zwischen Union und SPD zu lösen. Außerdem galt es für die Union stets, auf den mit erheblichem Störpotential ausgestatteten Koalitionspartner FDP Rücksicht zu nehmen. Beides zieht gewaltigen Bedarf an (in)formeller Kooperation und an vielfältig verschachtelter Kompromißbildung nach sich. Vor allem wirkte die Notwendigkeit blockierend, zwischen SPD-dominiertem Bundesrat und unionsgeführtem Bundestag zwar zusammenzuwirken, gleichwohl aber auf der Bundesebene die Politik der Regierung und regierungstragenden Mehrheit von den Alternativpositionen der Opposition abzuheben.

Viertens wird ein Ausweg aus so verursachten Politikblockaden seit längerem im Gang vor das Bundesverfassungsgericht gesucht. Ob es sich um das politisch gewollte Einsatzspektrum der Bundeswehr oder um Aporien bei der Neuordnung der DDR-Hinterlassenschaft handelt: noch markanter als zuvor war im letzten Jahrfünft die Bereitschaft von Parteien und Verfassungsorganen ausgeprägt, politische Entscheidungen in verfassungsrechtliche zu transformieren, sie dem Bundesverfassungsgericht vorzulegen, sich von diesem klare Wegweisungen zu erhoffen und damit die politische Verantwortung an eine politisch nicht rechenschaftspflichtige Instanz abzuschieben. Natürlich beschädigt dies, wie es bei der Entscheidung zum § 218 StGB unübersehbar wurde, auf die Dauer die Autorität des Verfassungsgerichtes. Und schon kurzfristig wird bereits der nur in Erwägung gezogene Gang nach Karlsruhe zur Quelle von Politikblockaden: oft erst nach verfassungsrichterlichem Urteil sind Politiker bereit, ihrer eigenen Pflicht zur Entscheidung und Führung gerecht zu werden. Dem korrespondiert der Versuch, das Verfassungsgericht durch entsprechende Richterwahl näher an die Überlegungsweisen der Politik heranzuziehen und das Gericht als weniger juristischen Kontrolleur denn vielmehr politischen Mitakteur „anschlußfähig" zu machen. Hier ist wohl die gefährlichste institutionelle Fehlentwicklung der letzten Jahre zu diagnostizieren.

2. Bedarf an innenpolitischen Neuorientierungen

Unter den Belastungen des innerdeutschen Integrationsprozesses traten ferner Zielunklarheiten bzw. Zielkonflikte deutscher

Innenpolitik zutage, die unter Normalbedingungen noch länger hätten verborgen bleiben können. Nun aber verlangen auch sie dringend nach Neuorientierung und Reform. Auf drei Bereiche sei beispielhaft eingegangen.

Eine erste innenpolitisch wichtige Frage der letzten fünf Jahre ging dahin, wie künftig mit der Zuwanderungs- und Integrationspolitik verfahren werden solle. Nicht ausschließlicher Gegenstand, sehr wohl aber Anlaß einer aktuellen Diskussion dieser Probleme war der zunehmende Zustrom von Asylbewerbern. Vor allem der zunehmende Unmut der Bevölkerung über die Tatenlosigkeit der Politik, welcher sich in der zeitweise wachsenden Unterstützung rechtsradikaler Parteien ausdrückte, führte 1993 zu erheblichen Veränderungen der Rechtslage. Sie reduzierten den Zustrom von Asylbegehrenden drastisch, desgleichen die Attraktivität rechtspopulistischer Parteien. Unabhängig hiervon zeigt sich immer deutlicher, daß aufgrund der demographischen Entwicklung Deutschland einer zielgerichteten Einwanderungspolitik bedarf, soll in wenigen Jahrzehnten noch die Versorgung seiner Bevölkerung mit Dienstleistungen und die Erwirtschaftung der für Renten- und Soziallasten nötigen Finanzmittel gewährleistet sein. Die öffentliche Debatte vermengt freilich die humanitäre Problematik der Asylpolitik mit dem auf das nationale Interesse abzielenden Thema einer selektiven Immigrationspolitik.

Ein zweites, nunmehr offenkundiges Problem besteht darin, welche Art von Sozialstaat sich angesichts einer drastisch verschärften dreifachen Herausforderung aufrechterhalten läßt. Zum einen beeinträchtigen die für den bestehenden Sozialstaat nötigen Lohnnebenkosten und Steuerlasten die Wettbewerbslage des Wirtschaftsstandorts Deutschlands, dessen Attraktivität doch zugleich ökonomische Voraussetzung und Rahmenbedingung deutscher Sozialstaatlichkeit ist. Zum anderen zog die von den Tarifpartnern über „soziale Komponenten" und entsprechenden Rationalisierungsdruck herbeigeführte Reduzierung der Zahl billiger Arbeitsplätze ein Überangebot ansonsten nutzbarer Arbeitskraft nach sich, während zugleich die nicht für *strukturelle* Arbeitslosigkeit ausgelegten sozialstaatlichen

Absicherungen es unattraktiv machen, schon nach kurzer Frist der Arbeitslosigkeit auch eine unterhalb des eigenen Qualifikationsniveaus liegende und schlechter bezahlte Arbeit anzunehmen. Dergestalt wurde das Sozialstaatsprinzip selbst zum Produzenten von Nachfrage seiner Leistungen. Zuletzt belastet die noch auf Jahre nötige soziale Absicherung der ostdeutschen Bevölkerung sowohl die öffentlichen Finanzen als auch – wegen der Staatsverschuldung – die für die Privatwirtschaft wichtigen Kapitalmärkte, wobei die Masse der Mittel überdies nicht in zukunftssichernde Investitionen, sondern in kompensatorischen Konsum geht. Den Sozialstaat umzubauen erweist sich in einer pluralistischen Konkurrenzdemokratie freilich als politisch äußerst riskantes Unterfangen.

Drittens wurde zu einem wichtigen politischen Zielsetzungsproblem die Frage, in welchem Umfang die unter dem Etikett von regionaler und sektoraler Strukturpolitik längst begonnene Abkehr von einer strikt marktwirtschaftlichen Ordnungs- und Wirtschaftspolitik zugunsten einer deutschen Industriepolitik nun auch bewußt zu vollziehen sei. Hier geht es nicht nur einfach um den von Betroffenen und Verbänden immer wieder eingeforderten Versuch, in den alten Bundesländern Traditionsbranchen wie Kohle, Stahl und Werften durch gewaltige Subventionen abzusichern und in den neuen Bundesländern „industrielle Kerne" auch gegen die Marktkräfte aufrechtzuerhalten. Sondern es geht auch darum, ob nach dem französischen Modernisierungsbeispiel der Nachkriegszeit von Staats wegen auf die Ansiedlung von Zukunftsindustrien in Deutschland hingewirkt werden soll. Im Hintergrund steht die Frage, wie in der zusammenwachsenden Europäischen Union Deutschland es mit der internationalen Arbeitsteilung halten will: wo sollen, aus übergeordneten Gründen auch marktwidrig, nationale Kapazitäten vorgehalten werden, und wie verfährt man im Wettbewerb mit konkurrierenden Volkswirtschaften, in denen es sehr wohl industriepolitische Eingriffe gibt?

V. Innerdeutsche Integrationsprobleme

Integration zu leisten, ist eine zentrale Aufgabe von Politik. Dies gilt erst recht für eine nach vierzig Jahren Spaltung wieder geeinte Nation, an der das historisch einzigartige Experiment vollzogen wird, eine freie Gesellschaft mit einer sozialistisch geprägten zu vereinen. Zugleich ist die grundsätzlich gegebene gesellschaftliche Integration eine Voraussetzung für die Funktionstüchtigkeit eines pluralistischen politischen Systems. Vielerlei aufbrechende Spaltungen und Verwerfungen in der deutschen Gesellschaft kennzeichneten aber die letzten fünf Jahre und schufen deutscher Innenpolitik große Probleme.

Unübersehbar ist zunächst, daß unter dem gemeinsamen staatlichen Dach zwei sehr verschiedene Gesellschaften leben.[5] Nicht nur wurde die ostdeutsche Gesellschaft tiefgehend vom sozialistischen Staat geprägt. Sondern es bewahrte ihr die Abschottung von den Westdeutschland umformenden Modernisierungsströmen – von der Amerikanisierung bis hin zur partizipatorischen bzw. postmaterialistischen Revolution – auch Züge deutscher Mentalität und Kultur, die bis in die Weimarer Republik zurückreichen (vgl. Gluchowski/Zelle 1992). Eine obrigkeitsstaatlich geprägte Wertesubstanz, wurzelnd u.a. in der kleinbürgerlichen Tradition der Arbeiterbewegung der 30er Jahre, war in der DDR ebenso zu diagnostizieren wie Formalismus, Konfliktscheu, Sicherheitsbedürfnis, unpolitische Innerlichkeit, Priorität des Privaten und Scheu vor Fremdem. Ohnehin stand die SED-Diktatur in der für Ostdeutschland ungebrochenen Tradition des deutschen Autoritarismus (vgl. die Befunde in Fuchs u.a. 1991: 40f. und Mohler 1992: 43f.; eine Gegenposition vertreten Gluchowski/Zelle 1992: 240–245). Im Grunde hat sich in der DDR eine Untertanenkultur fortgepflanzt, in der sich Eigenverantwortung und Risikofreude nicht auszahlten, in welcher Rückzug oder maulende Kompromisse gangbare Alternativen zur offenen Unterstützung des Systems boten und in der zugleich die wirtschaftliche Ineffizienz dem Leben Stabilität und alltagspraktische Orientierungssicherheit bot.

Dies alles taugt aber zweifellos nicht als gesellschaftliche Grundlage einer pluralistischen Demokratie. Diese aufzurichten, mußte solche Prägungen als schwerwiegendes Defizit fühlbar machen. Inzwischen dürften sich zwar erhebliche Lernprozesse der ostdeutschen Bevölkerung demoskopisch messen lassen. Doch sie wurden stimuliert und waren begleitet von vielfachen Erfahrungen ostdeutscher Unterlegenheit gegenüber dem für das neue System viel besser angepaßten westdeutschen Habitus. Integrationsfördernden Gleichheitserlebnissen war derlei natürlich abträglich, wurde Ansatzpunkt für Ossi/Wessi-Stereotypen und ermöglichte jene profitable Rolle als „Anwalt von Vereinigungsopfern", welche die PDS so brillant spielt.

Probleme beim Versuch, gerade durch Politik auf die Vollendung der inneren Einheit und auf die Schaffung von übergreifenden Lebenszusammenhängen hinzuwirken, stiftet weiterhin, daß sich die ostdeutsche Gesellschaft im Zug des Umbruchs und wirtschaftlichen Neuaufbaus erheblich zu differenzieren beginnt. Zumal die sich einstellende vertikale Differenzierung gerät in Spannungen mit sozialistisch geprägten Vorstellungen von sozialer Gerechtigkeit und mit der durchaus nicht nur ideologisch vorgeblendeten Gleichheitserfahrung in der Mangelgesellschaft der DDR. Seinen Ausgangspunkt nimmt dieser Differenzierungsprozeß überdies von jener tiefen Verunsicherung und nachhaltigen Erschütterung der ostdeutschen Gesellschaft, die mit dem Zusammenbruch ihrer tragenden Institutionen nun einmal einherging. Eine dermaßen um ihr Selbstverständnis, ihr Selbstbewußtsein und ihre Stabilität gebrachte Gesellschaft wieder mit Perspektive, Kontinuität und selbsttragendem Bürgerstolz auszustatten, setzt erhebliche politische Leistungen vorausschauender Wirtschaftspolitik und sozialer Absicherung voraus, während zugleich auf eigene Schubkraft schaffende, konstruktive politische Partizipation noch kaum gezählt werden kann. Diese wird vielmehr, wie einst in Westdeutschland, des wirtschaftlichen Wohlstands als eines persönlichen Entlastungsfaktors bedürfen.

Doch nicht nur Integrationsprobleme innerhalb der ostdeutschen Gesellschaft und zwischen beiden deutschen Teilgesellschaften schufen der Innenpolitik in den letzten fünf Jahren ihre Probleme. Am spektakulärsten und für das Ausland alarmierendsten war vielmehr, daß sich in verbrecherischen Anschlägen auf Asylbewerber und auf ausländische Mitbürger offenbar Grenzen der derzeitigen Absorptions- und Integrationskraft der deutschen Gesellschaft als erreicht erwiesen. Begriffe wie „Fremdenfeindlichkeit" und „Ausländerhaß" erfassen natürlich nur Bruchteile jenes Verursachungsgefüges von Integrationsgrenzen, welches das positiv akzentuierte Leitkonzept von der „multikulturellen Gesellschaft" zu tabuisieren trachtet.

Faktisch war die Zuwanderungsproblematik auch der Kristallisationspunkt für neu formierten Rechtsradikalismus, der längere Zeit zu einer Desintegration des politischen Spektrums zu führen schien. Durchaus ist er kein typisch ostdeutsches und nicht einmal ein besonderes deutsches Phänomen. Aber es bestehen zumal in Ostdeutschland für ihn besondere Rahmenbedingungen. Zu den wichtigsten gehört wohl, daß der vom DDR-Bildungssystem vermittelte Antifaschismus einen eher ritualisierten Umgang mit Geschichte darstellte, der einer tieferen Auseinandersetzung auswich, äußerlich blieb und nach dem Wegfall von Repression darum ohne innere Widerstandskräfte gegen die einfachen Deutungsschemata rechtsradikaler Gedanken ließ. Insgesamt geht in den neuen deutschen Rechtsradikalismus wohl auch ein Stück allgemeiner Jugendprotest ein, der sich aufgrund des Schwindens linker Utopien in öffentlichkeitswirksam-provokatorischer Absicht derzeit vor allem rechts äußern kann. Letztlich ist auch eine Parallele zur Attraktivität linken Protestgebarens in den frühen siebziger Jahren zu erkennen: Es geht um eine auf öffentliche Resonanz angewiesene Revolte gegen (neue) gesellschaftliche und politisch-kulturelle Selbstverständlichkeiten.

Besorgniserregend war in den letzten Jahren vor allem jene Desintegration der Deutschen aus ihrem politischen System, die sich seit den Skandalen der mittleren und späten achtziger Jahre (Parteienfinanzierung, Flick, Barschel ...) in Form von Politikverdrossenheit, Distanzierung von politischer Partizipation und regelrechter Politikunwilligkeit demoskopisch abzeichnete und sich in den letzten Jahren beschleunigt hat (siehe Gluchowski/Zelle 1993: 138). Noch Ende 1982 war in der Bundesrepublik Deutschland hohe Zufriedenheit und Identifikation mit dem politischen System festzustellen, und die Wiedererlangung der Einheit im Rahmen der westdeutschen politischen Ordnung schien diese zunächst auch in den Augen ihrer Bürger zu adeln. 1990 zeigten jedenfalls Umfragen, daß mit der Einheit die Zustimmung zum politisch-parlamentarischen System Deutschlands wuchs (Weidenfeld/Korte 1991: 9).

Vor diesem Hintergrund darf man die seither sinkenden Zustimmungs- und wachsenden Mißtrauensraten wohl nicht überinterpretieren. Doch es sind die Indikatoren für einen Verlust an Vertrauen in politische Institutionen und Politiker sowie für den Ansehensverlust der politischen Klasse ebensowenig zu übersehen wie die Ausdünnung politischer Partizipationsbereitschaft. Solche Auszehrung von Bürgerbeteiligung beginnt außerdem nicht erst bei mangelnder Engagementbereitschaft in politischen Parteien, und sie reicht weiter als bis hin zur demonstrativen Wahlabstinenz. Wo politische Partizipation immerhin stattfindet, da wurde der Umgang mit Politik immer „spielerischer", gestaltete er sich oftmals punktuell, situativ, erlebnis- und betroffenheitsorientiert, während die Bereitschaft, sich in Parteien zu binden und die Last kontinuierlicher politischer Aktivität zu tragen, klar abgenommen hat (Weidenfeld/Korte 1991: 4). Insgesamt kann man die Lage dahingehend interpretieren, daß Deutschland, dessen Westteil beim Aufbau einer „Staatsbürgerkultur" *(civic culture)* seit der Mitte der 70er Jahre mit seinen westlichen Nachbarn gleichgezogen hatte, wieder zurückgeworfen wurde. Natürlich hat dies vielerlei Gründe. Zu ihnen zählt sicherlich die schwierige politisch-kulturelle Integration der Ostdeutschen (vgl. Mohler 1992: 44 f. und Koch 1993): Ein großer Teil von Deutschlands heutiger Bevölkerung empfing politische Sozialisation und Prägung in einem diktatorischen Regime. Doch auch aufgrund des zur Individualisierung führenden Wertwandels und der medial vermittelten Massenkultur ist die gesamtdeutsche Demokratie unübersehbar in die Gefahr geraten, zu einer Zuschauerdemokratie lediglich anpolitisierter Voyeure zu werden, die mit ihren Kommentaren und ihrer demoskopisch folgenreichen Kritik weit über den Verhältnissen ihrer politischen Bildung und Partizipationsbereitschaft leben. Die zusammenfassende Parole der Politikverdrossenheit, als populärer Alltagsgestus überdies Eigendynamik entfaltend, zeigt einen der derzeit wundesten Punkte deutscher Politik an: Das von politischer Unterstützung und Beteiligung doch abhängige und um sie werbende politische System fängt an, von der deutschen Gesellschaft im Stich gelassen zu werden. Und öfter, als man es sich wünschen kann, findet es sich wie in Weimar leichtfertigem Journalisten- und Literatenspott ausgeliefert – ganz so, als ob es bei seiner Stabilität und Funktionstüchtigkeit nicht um eine existentielle Frage ginge.

VI. Wertgrundlagen deutscher Politik im Wandel

Die politische Kultur einer Nation, die in ihr dominanten politischen Vorstellungen und Werthaltungen, gehören zu jenen Voraussetzungen eines freiheitlichen Staates, von denen er zwar abhängt, die er aber nicht nach Belieben schaffen kann. Gerade im Bereich von Wertorientierungen, die der Politik ihr kulturelles und alltagspraktisches Fundament geben, hat sich im letzten Jahrfünft nun aber vieles verändert oder neu akzentuiert.

Etwa lassen die Probleme des Wiederaufbaus der neuen Bundesländer und der Sicherung des Wirtschafts- und Sozialstandorts Deutschland, in Verbindung mit der Bedrohung öffentlicher Ordnung durch politischen Radikalismus und organisiertes Verbrechen, den vermeintlich säkularen Wertewandel weg von „materialistischen" Werten hin zu „postmaterialistischen" Werten in einem neuen Licht erscheinen. Wirtschaftlicher Wohlstand und öffentliche Sicherheit sind nämlich nun auf der Prioritätenskala wieder nach oben gerückt, und früher als bloße „Sekundärtugenden" denunzierte Eigenschaften wie Pflichterfüllung, Fleiß und Sparsamkeit werden als zentrale Faktoren wirtschaftlicher wie gesellschaftlicher Konsolidierung neu entdeckt.

Folgenreich ist ferner das vorläufige Ende intellektueller Hegemonie der marxistisch inspirierten politischen Linken. Deren einst attraktive Alternativprojekte wurden vom Zusammenbruch des Realsozialismus diskreditiert, und überdies endete ihre jahrelang kaschierte wirtschaftliche bzw. propagandistische Unterstützung seitens von SED und DDR. Beides entzog der Linken eine wichtige agitatorische und ökonomische Basis. So entfielen im politischen Meinungsstreit klare Alternativen zum bestehenden System, wie sie einst etwa die Forderungen nach staatlicher Investitionskontrolle, zentraler Planung und politischer Prämierung einer „wissenschaftlichen Weltanschauung" boten. Nicht nur entstanden auf diese Weise Sinn- und Orientierungsverluste, denen im Dienst der bisherigen Diskursherrschaft die Einforderung von „politischer Korrektheit" zu wehren sucht. Sondern den ehedem angegriffenen Politikkonzeptionen freiheitlicher Demokratie wurden nun Bringschulden aufgeladen, die sie früher leicht vernachlässigen konnten. Die Verfechter des *Status quo* müssen jetzt nämlich *selbsttragende* Begründungen des Wertes freiheitlicher demokratischer Grundordnung und sozialer Marktwirtschaft vorlegen. Sie werden dieser Aufgabe aber oft nicht gerecht. Vielmehr erweist sich das Wertfundament der Bundesrepublik Deutschland nun als eines, das man in der deutschen politischen Kultur vor allem als Gegenprogramm zu vertreten weiß, kaum aber von seinen Prinzipien her. Und Analysen demoskopischer Befunde zeigen überdies, daß nicht einmal die *praktische* Funktionslogik des seit über 50 Jahren bestehenden politischen Systems seitens der westdeutschen Bevölkerung und ihrer politischen Eliten richtig verstanden wird (siehe Patzelt 1994). Radikale Alternativangebote prallen darum nicht an einem wissenden und selbstbewußten Verfassungspatriotismus ab, sondern treffen auf eine ihrer Wertgrundlagen und Spielregeln ungewisse Gesellschaft.

Insgesamt lautet die in den nächsten Jahren zu beantwortende zentrale Frage, ob die spät genug in den Bannkreis westlichliberalen Denkens eingespurte politische Kultur der Bundesrepublik Deutschland diese Prägung auch ohne das Resistenzkräfte erzeugende Gegenmodell der DDR aufrechterhalten kann. Eine weitere wichtige Frage zielt darauf, ob die deutsche Output-Orientierung bei der Bewertung des politischen Systems, d.h. die Koppelung der Identifikation mit ihm an dessen aktuelle Leistungen für die eigene Lebenslage, zu überwinden ist (vgl. Gluchowski/Zelle 1993: 135), also ob die freiheitliche demokratische Grundordnung in der deutschen Alltagskultur selbstverständlichen Eigenwert gewinnt. Jene Koppelung wirkt sich nämlich gerade in den neuen Bundesländern fatal aus: nachdem Demokratie verwechselt wurde mit gelingendem wirtschaftlichem Aufschwung, wird nun oft genug genau sie verantwortlich gemacht für die belastende Eigenlogik wirtschaftlicher und sozialer Prozesse. Derartige Fehlerwartungen an Politik und Regime behindern natürlich aufs äußerste die Entstehung bzw. Festigung einer politischen Kultur, wie sie für eine liberale Demokratie Voraussetzung ist.

Nicht zuletzt befindet sich Deutschlands politische Kultur nun einmal mehr auf der Suche nach einem öffentlich bekundbaren nationalen Selbstverständnis, nach guten Gewissens zu vertretenden handlungsleitenden Werten und nach praktisch durchhaltbaren Positionen auf schier allen Politikfeldern. Von einem neu aufziehenden „deutschem Nationalismus" kann bei alledem sicher nicht die Rede sein. Doch viele alte bundesdeutsche Schlachten um zentrale politisch-kulturelle Streitfragen werden nun, wie es zur gemeinsamen Selbstverständigung jetzt auch nötig ist, ein weiteres Mal geschlagen. Darf – nach Auschwitz – Deutschland wirklich wie seine Nachbarn eine von den Bürgern positiv anzunehmende Nation sein, die im europäischen Rahmen einfach zu überwinden nicht mehr ein zentrales Staatsziel sein muß? Muß die wertgebundene politische Ordnung der Deutschen wirklich alle Werte fahren lassen, die in der Gesellschaft am Wegbrechen sind, oder soll die Pflege ihres normativen Fundaments nicht ein wichtiger Staatszweck dieser Republik sein? Ist politischer Pragmatismus wirklich mit Prinzipienlosigkeit und Mangel an Aufrichtigkeit oder Sensibilität gleichzusetzen? Verlangt aus der Geschichte gelernt zu haben den Deutschen tatsächlich außenpolitischen Eskapismus, Attentismus und Fatalismus ab? Es wird wesentlich vom Ausgang dieser Debatten um den neu zu erringenden politischen Grundkonsens des vereinten Deutschland abhängen, ob unser Land in den nächsten Jahren wieder auf einen Sonderweg gerät oder, mit einiger Verspätung, zu einer normalen europäischen Nation wird.

Friedrich Fürstenberg

Deutschlands Wirtschaft nach der Wende

Der Staatsvertrag zur Wirtschafts-, Währungs- und Sozialunion vom 18. Mai 1990 sowie der Einigungsvertrag vom 1. Juli 1990 führten die beiden deutschen Teilstaaten juristisch und administrativ zusammen. Die wirtschaftsbezogene Verwirklichung der Einigung war im wesentlichen als Systemwandel geplant und wurde als Integrationsprozeß durchgeführt: als Transformation der ostdeutschen Planwirtschaft im Sinne einer Anpassung an die in Westdeutschland gültigen marktwirtschaftlichen Prinzipien und deren Rahmenordnung.

Während die Unmöglichkeit einer raschen Bewältigung der hierdurch entstandenen Probleme immer deutlicher zutage trat, kam es am 10. Dezember 1991 zum Abschluß des Vertrags über die Europäische Union (Vertrag von Maastricht), der den forcierten Aufbau einer europäischen Wirtschafts- und Währungsunion bis zum Jahre 2000 vorsieht. Dies bedeutet die Beschleunigung eines ebenfalls tiefgreifenden Strukturwandels der gesamtdeutschen Wirtschaft.

Beide Herausforderungen: die Transformation und Integration der ostdeutschen Wirtschaft im Sinne einer Angleichung an westdeutsche Strukturen und die Integration der deutschen Wirtschaft in ein sich entwickelndes europäisches System, müssen angesichts der Nachwirkungen einer tiefgreifenden weltwirtschaftlichen Rezession und erheblicher, durch den Zusammenbruch des Ostblocks entstandener Risiken bewältigt werden.

Deutschlands Wirtschaft steht also in einer außergewöhnlichen Belastungsprobe, die bereits einen Strukturwandel ausgelöst hat, der sich keineswegs auf den Wirtschaftsbereich beschränken läßt, sondern ebenso wesentliche gesellschaftliche Strukturen und Prozesse erfaßt hat, und zwar sowohl in Ostals auch in Westdeutschland. Dies gilt insbesondere für die erwerbsbezogenen Bereiche der Statuszuweisung und -sicherung. So muß eine wirtschaftssoziologische Darstellung der Entwicklung nach der Wende zwangsläufig als Baustein zu einer übergreifenden Sozialstrukturanalyse angelegt sein.

Das Thema soll in vier Schritten behandelt werden: Veränderungen in der Grundordnung des Wirtschaftslebens, Struktur- und Funktionsänderungen der institutionellen Träger des Wirtschaftslebens (Unternehmen, Arbeitsmarkt, Haushalte, Wirtschaftsverbände, Staatstätigkeit), Wandlungen wirtschaftsrelevanter Mentalitäten und Verhaltensweisen und schließlich Rückwirkungen auf gesamtgesellschaftliche Integrationsformen und -prozesse. Hierbei wird auch die „Modernisierungsthese" zu testen sein, die von einem Entwicklungsprozeß in Richtung einer Überwindung von „Rückständen" durch „rationale", den individuellen Handlungsspielraum erweiternde Strategien ausgeht. So sollen schrittweise die Konturen eines vom Wirtschaftsbereich ausgehenden Wandels herausgearbeitet werden, den man zu Recht als „Experiment" (Giesen und Leggewie 1991) oder als „sozialkulturelles Entwicklungsprojekt" (Fürstenberg 1991) bezeichnen kann.

I. Grundordnung und Zielsetzungen des Wirtschaftslebens im Wandel

Aus drei Richtungen werden die Ordnungsmuster für das Wirtschaftsleben in Deutschland einem einschneidenden Strukturwandel ausgesetzt: auf nationaler Ebene durch den Einigungsprozeß, transnational durch die beschleunigte europäische Integration und international durch den Existenzkampf um die Wettbewerbsfähigkeit.

Auslösende Faktoren *auf nationaler Ebene* erscheinen zunächst als ein Anpassungsdruck, der auf die ostdeutsche Wirtschaftsstruktur gerichtet ist, um unproduktive planwirtschaftliche Strukturen zu überwinden. Die hierbei angewandte Transformationsstrategie hatte folgende Schwerpunkte:

(1) Übernahme der Rechtsordnung der Bundesrepublik und damit einhergehend Wiederherstellung des Privateigentums an den Produktionsmitteln. Hierzu gehören so fundamentale Regelungen wie die Rechtsformen der Unternehmen (AG, GmbH usw.), die vertraglichen Übereinkünfte und Haftungsvorschriften, das Arbeitsrecht (Regelung des individuellen Arbeitsvertrags, Herstellung der Tarifautonomie und Gründung von Tarifvertragsparteien, Streikrecht usw.), das Sozialversicherungsrecht, rechtliche Bestimmungen für das Kreditwesen, das Steuerrecht, das Berufsausbildungsrecht usw.

Besonders einschneidend war der Entschluß zur Wiederherstellung des *Privateigentums* im Sinne des Bonner Grundgesetzes, im wesentlichen auf zwei Wegen: als Rückübertragung aller nach 1949 in der DDR aufgehobenen oder eingeschränkten Eigentumsrechte an die Berechtigten bzw. deren Entschädigung und als Privatisierung der verstaatlichten Wirtschaft mit Hilfe der eigens hierzu gegründeten Treuhandanstalt.

(2) Einführung eines *marktwirtschaftlichen Preismechanismus* und damit verbunden der DM als gemeinsamer Währung. Dies hatte neben der Aufwertung der DDR-Mark um 300% eine umfassende Deregulierung wirtschaftlicher Transaktionen in den neuen Bundesländern zur Folge, so daß der Verkehr mit Gütern, Dienstleistungen, Kapital sowie Grund und Boden nun im wesentlichen einheitlich geregelt ist.

(3) *Ausdehnung des „sozialen Netzes"* auf die neuen Bundesländer durch ihre Eingliederung in das westdeutsche System sozialer Sicherung.

Diese strukturbildenden Maßnahmen sollen die Integration der ostdeutschen Wirtschaft in den gesamtdeutschen Wirtschaftsraum, damit zugleich aber auch in die Weltwirtschaft fördern und der Herstellung der Wettbewerbsfähigkeit sowie der Angleichung des Lebensstandards dienen. Durch eine Reihe von Übergangsmaßnahmen sowie eine großzügige Investitionsförderung und durch Sozialleistungen sollte dieser Prozeß sozialverträglich gestaltet und beschleunigt werden. „Aber statt des erwarteten Aufschwungs Ost kam es zum Zusammenbruch nahezu aller wirtschaftlichen Kreisläufe" (Reißig 1993: 15).

Von den Folgen wird das Wirtschaftsleben der Bundesrepublik gegenwärtig und in naher Zukunft mitbestimmt.

Auf *transnationaler Ebene* wurde zum 1. Januar 1993 ein einheitlicher Binnenmarkt der zwölf EG-Mitgliedstaaten verwirklicht mit der Tendenz zum freien Waren-, Personen-, Kapital- und Dienstleistungsverkehr. Der Vertrag von Maastricht hat mit dem Ziel der beschleunigten Schaffung einer europäischen Währungs- und Wirtschaftsunion ebenfalls einen einschneidenden Strukturwandel eingeleitet. Hierbei geht es insbesondere um den Aufbau eines supranationalen Steuerungsmechanismus für die Wirtschaftstransaktionen, nicht nur in Form einer allmählich sich herausbildenden gesamteuropäischen Rahmenordnung, sondern vor allem durch Einführung eines europäischen Systems der Zentralbanken und ab 1999 einer *gemeinsamen europäischen Währung*. Dies hätte zur Folge, daß die wirtschaftspolitischen Maßnahmen der einzelnen europäischen Staaten zwangsläufig stärker abgestimmt, koordiniert, ja sogar zunehmend integriert werden. Zwar findet die Entwicklungstendenz zahlreiche Befürworter. Auch ermöglicht die Ausgestaltung von Strukturfonds sowie die Einrichtung eines „Kohäsionsfonds" differenzierte regionale Förderung. Angesichts der erheblichen Unterschiede in den Grundbedingungen des Wirtschaftslebens, z.B. durch räumliche und klimatische, aber auch sozialkulturelle Gegebenheiten, erscheint eine generelle mittelfristige Erreichung der Maastrichter Zielsetzung aber als problematisch.

Dies hängt insbesondere auch mit den sich immer stärker abzeichnenden *weltwirtschaftlichen Herausforderungen* zusammen. Zur Sicherung der Wettbewerbsfähigkeit Deutschlands und des europäischen Wirtschaftsraums sind einschneidende Strukturanpassungen erforderlich. Insbesondere die exportorientierte Wirtschaft der Bundesrepublik wird von Produktänderungen und Standortverlagerungen betroffen. Nachdem durch das neue GATT-Abkommen die Chancen für eine weitere *Liberalisierung des Weltmarktes* erheblich gewachsen sind, kommt es darauf an, den durch diese neue Rahmenordnung gegebenen Spielraum zu nutzen, indem die nationale Grundordnung des Wirtschaftslebens „systemkonform" weiterentwickelt wird. Dies bezieht sich auf folgende, für die *internationale Wettbewerbsfähigkeit* entscheidende Faktoren:

(1) Erweiterung und Nutzung des vorhandenen Innovationspotentials durch Förderung kreativer Leistungen und ihrer Voraussetzungen;

(2) Orientierung der Kosten für Wirtschaftsleistungen an einem weltwirtschaftlich durchsetzbaren Preis-Leistungs-Verhältnis, das allein auf die Dauer die Ertragskraft der Wirtschaft gewährleistet;

(3) Förderung produktivitätssteigernder Investitionen zur Erhaltung eines hohen innerdeutschen Nutzungsgrads der „produktiven Kräfte".

Die im Grundgesetz verankerten *sozialstaatlichen Verpflichtungen* und *sozialkulturelle Norm- und Akzeptanzkriterien* für das Handeln der Wirtschaftssubjekte verhindern eine reine Marktorientierung der wirtschaftsbezogenen Grundordnung im Sinne eines „Thatcherismus", d.h. die völlige Unterordnung sozialer Grundsätze, z.B. der gesellschaftlichen Solidarhaftung, unter nur wirtschaftliche Optimierungsstrategien. Dies erscheint auch angesichts der nicht allein auf kurzfristigen Ertrag, sondern auf Existenzsicherung ausgerichteten Leistungsmotivation des wirtschaftenden Menschen als sinnvoll. Dementsprechend ist der tatsächlich eingeleitete Strukturwandel wirtschaftsbezogener Zielsetzungen und Ordnungsmuster modifiziert zu interpretieren:

Die „Einführung der Marktwirtschaft" und die „Wiederherstellung des Privateigentums" in den neuen Bundesländern bedeuten z.B. keineswegs, daß die Wirtschaft nun dem reinen Kräftespiel von Angebot und Nachfrage und den hierbei wirkenden privaten Interessen überantwortet wurde. Wie in den alten Bundesländern besteht auch in den neuen Ostgebieten eine Mehrzahl von Eigentumsformen mit unterschiedlichem Sozialverpflichtungsgrad. Neben dem Privateigentum von Einzelpersonen und Gruppen finden sich Formen des kollektiven Privateigentums mit ausgeprägter Zweckbindung (z.B. Stiftungseigentum), Formen genossenschaftlichen Eigentums, Gemeineigentum (z. B. im Besitz der Kommunen), Staatseigentum usw. Entsprechend der vorherrschenden Marktform sind die Wirtschaftsprozesse stark differenziert, und es gibt auch weiterhin Wirtschaftshandeln, das sich nicht primär am Markt orientiert. Außerdem werden Vollzug und Folgen von Marktprozessen durch Mitwirkung von Verbänden und durch Rechtsvorschriften in vielfältiger Weise sozial modifiziert und gegen Mißbrauch abgesichert (vgl. z. B. das Konkursrecht), was durchaus auf einen vorhandenen politischen Gestaltungsraum schließen läßt. Ähnliches gilt für Anpassungen im Vollzug der europäischen Integration – man denke an die zahlreichen Ausnahme- und Sonderregelungen der EG-Kommission – sowie für die Bemühungen um eine generelle „Sicherung des Wirtschaftsstandorts Bundesrepublik Deutschland". Insofern brachte die „Wende" keineswegs eine Abkehr vom Modell der „Sozialen Marktwirtschaft", jedoch erhebliche Unsicherheit hinsichtlich seiner situationsbezogenen Interpretation und Anwendung.

Es ist deutlich geworden, daß der eingeleitete Anpassungsprozeß außergewöhnlich risikoreich ist. Von den Bewohnern der neuen Bundesländer wird eine Abkehr von viele Jahrzehnte eingeübten Verhaltensmustern und Wertorientierungen gefordert, ohne daß sich die erhoffte Stabilisierung der Lebenslagen unmittelbar einstellt. Die Bewohner der bisherigen Bundesrepublik müssen mittelfristig nicht nur Wohlstandsverluste akzeptieren, sondern sich neuen Leistungsanforderungen gewachsen zeigen, ohne hierauf vorbereitet zu sein. Die Grundordnung des Sozialstaats Bundesrepublik Deutschland mit der Sozialen Marktwirtschaft als materieller Grundlage wirft erstmals keine kurzfristige „Wohlstandsrendite" ab, sondern verursacht Anpassungskosten in Form einer „Leistungsinvestition" in zukunftsorientierte Strukturen, deren Erfolg sich erst noch herausstellen muß. Die angesichts dieser Risiken ausgelöste gesellschafts- und wirtschaftspolitische Diskussion ist in vollem Gange. Als vorläufiges Ergebnis ist aber festzuhalten, daß Wettbewerbsfähigkeit und Sozialverträglichkeit des Wirtschaftens situationsadäquat zusammengeführt werden müssen, um den gesellschaftlichen Grundkonsens zu erhalten. Wie weit hierfür Spielräume bestehen, zeigt sich bei einer Betrachtung der institutionellen Träger des Wirtschaftslebens.

II. Strukturwandel der Wirtschaftsinstitutionen

Die zielabhängigen Ordnungsmuster des Wirtschaftslebens werden in den sozialen Gebilden verhaltenswirksam, in denen die Wirtschaftsleistungen erstellt und in Anspruch genommen werden. Zwar lassen sich die damit verbundenen Austauschprozesse letztlich auf Individualhandlungen zurückführen. Sie finden jedoch innerhalb eines meist hochorganisierten Rahmens statt, der durch gesamtgesellschaftlich wirksame Regelbindung einen hohen Institutionalisierungsgrad aufweist. Veränderungen des Wirtschaftslebens werden dementsprechend besonders deutlich in den Zentren der Produktion: den Unternehmen, im Zentrum der Einkommensverteilung: am Arbeitsmarkt, in den Zentren des Verbrauchs: den Haushalten, und in den Zentren wirtschaftsbezogener Interessenvertretung: den Wirtschaftsverbänden. Hinzu kommen die auf die Wirtschaft gerichteten staatlichen Einrichtungen, die Leistungs- und Verteilungsmuster erheblich abwandeln.

1. Die Unternehmenswirtschaft

In der ehemaligen DDR gab es keine Unternehmenswirtschaft im westlichen Sinne. Die Güter und Dienstleistungen erstellenden Betriebe waren im wesentlichen hierarchisch in Kombinate eingeordnete Produktionszentren mit einem ausgedehnten quasi-kommunalen Sozialbereich. Wichtige, in den westlichen Industrieländern dem Management zugewiesene Entscheidungen wurden durch eine staatliche Planungsbehörde vorgegeben, die auch die Preisbildung und die Absatzwege kontrollierte. Dieser Typ eines administrativ gesteuerten Produktionskollektivs verlor mit der Wende seine Existenzgrundlage. Die 316 Kombinate wurden aufgelöst, und 8000 „Unternehmen", die sich in Staatsbesitz befanden – ihre Zahl erhöhte sich später durch Entflechtungen auf ca. 14 000 –, wurden der Treuhandanstalt mit dem Ziel der Privatisierung unterstellt. Bis Ende Januar 1993 konnten knapp 7100 Unternehmen an private Eigentümer abgegeben werden, davon 5500 an neue Investoren, 1200 an frühere Eigentümer und über 300 an ostdeutsche Gebietskörperschaften. Hinzu kommen 3000 Unternehmen, die bereits unter der Modrow-Regierung reprivatisiert worden waren (DIW-Wochenbericht 13/93: 134). Von den insgesamt 5977 im Besitz der Treuhandanstalt befindlichen Industriebetrieben waren zum 31. 1. 1993 55% privatisiert, reprivatisiert oder kommunalisiert, 25% zur Liquidation vorgesehen und 20% noch im Besitz der Treuhandanstalt. 1994 war die Privatisierung zum größten Teil abgeschlossen. Insgesamt 14 000 Unternehmen und Betriebsteile, 22 000 Gaststätten, Hotels und Ladengeschäfte, 41 000 nichtlandwirtschaftliche Grundstücke konnten privatisiert werden.

Die Schaffung einer völlig neuen, marktwirtschaftlich orientierten Unternehmensstruktur ist allerdings von großen Schwierigkeiten begleitet, die in der mangelnden Wettbewerbsfähigkeit der umgewandelten Unternehmen, vor allem im Industriebereich, und in zahlreichen hierdurch bedingten Betriebsschließungen offenkundig werden. Gegenüber 1989 ist die Industrieproduktion in den neuen Bundesländern zunächst bis 1993 auf ein Drittel gesunken. Je 1000 Einwohner arbeiten nur noch 47 Beschäftigte in der Industrie (Westdeutschland Ende 1993: 106). Obwohl seit der Wende etwa 300 Mrd. DM in Ausrüstungen und Bauten investiert wurden, werden nur 8% der gesamtwirtschaftlichen Produktion erwirtschaftet. 1993 und 1994 konnte jedoch ein Anstieg in der Industrieproduktion verzeichnet werden (1993: +10,4%, 1994: +19,1%). Trotz dieser Verbesserungen ist die wirtschaftliche Situation in den neuen Bundesländern nach wie vor von großen Schwierigkeiten geprägt. Hierfür gibt es wesentliche Gründe:

Die ehemalige DDR-Wirtschaft war fest in den Ostblock integriert. Mit dessen Zerfall gingen auch wesentliche Absatzmärkte verloren. Die Warenausfuhr in die Ex-Sowjetunion z.B. ging von 1989 bis 1993 um zwei Drittel zurück. Zum Ausgleich gab es aber kaum marktfähige Produkte, die der Konkurrenz aus dem Westen standhalten konnten, zumal die Arbeitsproduktivität nur 37% des bundesdeutschen Durchschnitts erreichte. Hinzu kam eine völlig unzureichende Betriebsorganisation, bedingt durch die technologisch veraltete Ausrüstung sowie mangelndes Marketing- und Personalmanagement (vgl. Heidenreich 1993). Verstärkt wurden diese negativen Faktoren anfangs durch eine Aufwertung der DDR-Mark um 300%, durch noch ungeklärte Eigentumsverhältnisse sowie durch eine unzureichende Infrastruktur, insbesondere im Transport- und Kommunikationssektor. Später erfolgte durch die aus sozialpolitischen Gründen forcierte Lohnangleichung in Ostdeutschland (Mitte 1993 etwa 70% des westdeutschen Niveaus) eine Kostenexplosion: „Die Bruttoeinkommen aus unselbständiger Arbeit sind – in der Summe – ebenso hoch wie der Wert der gesamtwirtschaftlichen Produktion (in jeweiligen Preisen)" (DIW-Wochenbericht 13/93: 133). Diese Konstellation hat zu einer anhaltenden Beschäftigungskrise geführt, auf die an anderer Stelle einzugehen ist.

Der Aufbau einer wettbewerbsfähigen Unternehmenswirtschaft in Ostdeutschland erfolgt keineswegs in hinreichender Breite, um das vorhandene Arbeitskräftepotential zu nutzen und ein annäherndes Gleichgewicht von Leistungserstellung und Verbrauch auch nur anzusteuern. Trotz einer eher „inselweisen" Entstehung hochmoderner Produktionsstätten (Bialas und Ettl 1993: 67) zeichnen sich allerdings tiefgreifende sektorale und branchenmäßige Verschiebungen ab, die als „Tertialisierung" und „Deindustrialisierung" gekennzeichnet werden können.

Der Agrarsektor ist ebenso wie der Industriesektor erheblich geschrumpft. Besonders groß war der Bedeutungsverlust des Investitionsgüter produzierenden Gewerbes. Hingegen konnte die Bauwirtschaft kräftig wachsen. Der Dienstleistungssektor expandierte durch zahlreiche Neugründungen, aber auch durch Abspaltung von Betriebsteilen, z.B. Architektur- und Ingenieurbüros, Datenverarbeitungszentren und berufliche Fortbildungseinrichtungen (DIW-Wochenbericht 13/93: 144). Aus der Unterversorgung mit verbraucherorientierten Dienstleistungen in der ehemaligen DDR ist auch die rasch wachsende Zahl der Einzelhandelsunternehmen und der Existenzgründungen bei den Freien Berufen erklärbar.

Insgesamt zeigt die sich in den neuen Bundesländern herausbildende Unternehmenswirtschaft Merkmale eines von externen Investoren gesteuerten selektiven Aufbaus von Kernbereichen sowie der Gründung zahlreicher mittelständischer Dienstleistungsbetriebe, jedoch bei anhaltenden Arbeitsplatzverlusten und keineswegs gesicherter Wettbewerbsfähigkeit. In dieser Übergangsphase bestehen angesichts großer Unsicherheiten Orientierungsprobleme, die sich wohl auf einzelwirtschaftlicher Ebene nicht lösen lassen, sondern integrierte Entwicklungskonzepte unter Mitwirkung des Staates erfordern, und zwar nicht zur Rückkehr in planwirtschaftliche Strukturen, sondern zur Schaffung der Grundlagen, ohne die eine Marktwirtschaft nicht funktioniert bzw. quasi-koloniale Abhängigkeiten schafft.

Die gesamtdeutsche Unternehmenswirtschaft ist nicht nur durch die Strukturkrise in den neuen Bundesländern belastet. Immer deutlicher wird ein Strukturwandel in der regionalen und internationalen, ja sogar weltwirtschaftlichen Arbeitsteilung, der u.a. in der Verlagerung von Produktionsstätten und ganzen Industriezweigen sichtbar wird. Erforderliche Anpassungsprozesse führen zu einer Flexibilisierung der Produktionsfaktoren, von der alle organisatorischen Bereiche erfaßt werden und mittelbar auch die Erwerbskarrieren der Mitarbeiter. Als wesentliche Trends sind eine Differenzierung der Arbeitsbedingungen, auch in der vertraglichen Regelung, eine fortdauernde (Re-)Qualifizierung und die Herausbildung partizipativer Strukturen für betriebliche Problemlösungen (z.B. in Form multifunktionaler Arbeitsteams) zu beobachten.

2. Der Arbeitsmarkt

Das Erwerbsleben in West- und Ostdeutschland war vor der Wende recht unterschiedlich strukturiert. Eine Untersuchung anhand des sozioökonomischen Panels (SOEP) zeigte, daß die Erwerbsbeteiligung der Männer in Westdeutschland durch längere Ausbildungszeiten, mehr Arbeitslosigkeit und früheren Eintritt in den Ruhestand, im Osten durch mehr Wehrdienst, längere Erwerbstätigkeit und keine offene Arbeitslosigkeit gekennzeichnet war (DIW-Wochenbericht 16/93: 208). Die Erwerbsbeteiligung der ostdeutschen Frauen war doppelt so hoch wie in Westdeutschland, bedingt durch die Notwendigkeit, den Lebensstandard für Familien durch ein zweites Einkommen zu sichern (a.a.O., 208f.). Der Transformationsprozeß brachte im Osten ein jähes und drastisches Ansteigen der Arbeitslosigkeit, im Westen durch verstärkte Nachfrage zunächst zusätzliche Beschäftigungschancen. Dann bewirkten Rezession und Wachstumsdefizite ebenfalls eine Massenarbeitslosigkeit.

Das Niveau der offenen Arbeitslosigkeit erreichte Mitte 1993 3,5 Mio. Personen, wozu knapp 2 Mio. als stille Reserve (potentielle Arbeitssuchende) und knapp 1,2 Mio. in arbeitsmarktentlastenden Maßnahmen „geparkte" Arbeitnehmer zu rechnen sind (Kühl 1993: 7). Im April 1995 lag die Arbeitslosenquote in Westdeutschland bei 8,3%, im Osten bei 13,9% (Wirtschaft und Statistik 1995: 302). Es bestehen allerdings große Unterschiede zwischen den Bundesländern.

Obwohl die wirtschaftliche Lage der Arbeitslosen durch eine zunächst lohnbezogene, dann bedürftigkeitsabhängige Arbeitslosenunterstützung wenigstens für eine Übergangszeit stabilisiert wird, sind die sozialen und individuellen Belastungen doch tiefgreifend. Neben die fiskalischen Kosten der Arbeitslosigkeit treten Wohlstands- und Statusverluste, Qualifizierungseinbußen und psychosozialer Streß. Angesichts der Gefahr einer mittelfristig in größerem Ausmaß fortbestehenden Unterbeschäftigung vor allem von Risikogruppen (Ungelernte, Leistungsgeminderte, „Junge Alte" u.a.) werden die Möglichkeiten für die Eröffnung eines „sekundären" Arbeitsmarktes diskutiert, auf dem mit staatlicher Unterstützung (die unter den Zahlungen an Arbeitslose bleibt) gesellschaftlich nützliche und qualifikationserhaltende Tätigkeiten angeboten werden.

Besondere Beachtung verdient der deutlich sichtbare Trend zur Verkürzung des aktiven Arbeitslebens mit der Gefahr der Einstiegsarbeitslosigkeit nach Ausbildungsabschluß und der Arbeitslosigkeit der „jungen Alten" vor Eintritt der Rentenberechtigung. Hierdurch entstehen sowohl hohe volkswirtschaftliche als auch soziale Kosten, abgesehen von den deutlich negativen Rückwirkungen auf die persönliche Lebensplanung mit demotivierenden Folgen. Es ist aber wenig hilfreich, einen allgemeinen Beschäftigungsanspruch zu postulieren und sich der Erkenntnis zu verschließen, daß „Arbeit" im Sinne gesellschaftlich notwendiger Leistungen durchaus hinreichend vorhanden ist, aber ihre Durchführung von entsprechender Motivation, Qualifikation und Kostengestaltung abhängt. Wesentlich ist auch die Förderung der Migrationsbereitschaft als temporäre oder dauerhafte Abwanderung aus strukturschwachen Regionen. 1991 waren 1,2 Mio. ostdeutsche Arbeitnehmer im Westen tätig. Auch die Zahl der Pendler mit Hauptwohnsitz in den neuen Bundesländern ist in den letzten Jahren stetig angestiegen; sie betrug am 30. 6. 94 knapp 400 000. Allerdings verringert eine dauerhafte Minderung des regionalen Arbeitskräftepotentials möglicherweise die Chancen einer Revitalisierung nur temporär notleidender Regionen.

Langfristig werden nur erfolgreiche Anpassungsstrategien der Unternehmen neue Beschäftigungspotentiale schaffen. Die Mobilisierung eines Teils der Arbeitskräfte, sowohl unter geographischen als auch berufsmäßigen und Arbeitseinsatz-Gesichtspunkten, ist hierfür ebenso eine Vorbedingung wie eine adäquate (Re-) Qualifizierung (vgl. Fürstenberg 1992). Ebenso wichtig ist aber auch eine an Arbeitsproduktivität und Gesamtwirtschaftsertrag orientierte Lohnpolitik. Dies gilt insbesondere für die neuen Bundesländer, die dringend private Investoren brauchen, für die sich aber die Kapitalanlage in Produktionsstätten zumindest mittelfristig rechnen muß.

3. Die Haushaltseinkommen

In der unterschiedlichen Entwicklung der Haushaltseinkommen und ihrer Verwendung zeigt sich die Einwirkung des Wirtschaftsgeschehens auf die Soziallagen der Bevölkerung besonders deutlich. Zum Zeitpunkt der Wiedervereinigung war die Einkommensstruktur in den beiden deutschen Teilstaaten sehr unterschiedlich. Abgesehen von dem deutlich niedrigeren Lebensstandard (die Durchschnittslöhne in der DDR erreichten nur 17% der westdeutschen Löhne) war die Einkommensverteilung im Osten stärker nivelliert.

Das Jahr 1990 brachte angesichts einer massiven Abwanderung von Arbeitskräften in den Westen erste Tarifverhandlungen mit dem Ziel der *Ost-West-Angleichung der Löhne* bei gleichzeitiger Übernahme der westdeutschen Tarifstrukturen und der darin festgelegten Lohndifferentiale. Im Metalltarifvertrag vom 1.3.1991 wurde vereinbart, die Tarifgrundlöhne bis zum April 1994 voll an das Niveau des Tarifgebiets Schleswig-Holstein anzupassen und bis 1995 auch alle Nebenleistungen anzugleichen. Der spätere Versuch der Arbeitgeber, diese Regelung angesichts einer nicht adäquat erzielbaren Produktivitätssteigerung zu stornieren, führte 1993 zum Metallarbeiterstreik in den neuen Bundesländern mit dem Ergebnis der Verschiebung der vollen Lohnangleichung bis 1996 sowie der Einführung einer Härteklausel, die eine flexiblere Handhabung der Lohnsteigerungsrate in einzelnen Unternehmen im Bedarfsfalle gestattet, was de facto eine teilweise Dezentralisierung der Lohnfestsetzung bedeutet.

Die Lohn- und Gehaltssumme je Beschäftigtenstunde im verarbeitenden Gewerbe stieg in Ostdeutschland vom 1. Quartal 1991 bis zum 4. Quartal 1992 durchschnittlich von DM 11,22 auf DM 19,97. Hierbei zeigen sich aber deutliche Unterschiede: Während im Bereich Feinmechanik, Optik, Uhren eine Steigerung von DM 12,19 auf DM 50,16 erfolgte, gab es in der Holzverarbeitung nur einen Anstieg von DM 10,43 auf DM 16,11. Insgesamt sind neben diesen branchenbedingten Lohnunterschieden auch regionale Differentiale festzustellen, vor allem zwischen Berlin und den restlichen neuen Bundesländern, sowie ein deutliches Zurückbleiben der in den Treuhandbetrieben gezahlten Löhne und Gehälter gegenüber denen in den Privatbetrieben. Auch stiegen die Facharbeiterlöhne überproportional. Allerdings erfolgte durch Sockelanhebung auch eine Nivellierung zugunsten der Ungelernten und zu Lasten der Hochschulabsolventen (vgl. Bialas und Ettl 1993: 62f.).

Angesichts der extremen Massenarbeitslosigkeit in Ostdeutschland bestehen die wirklich tiefgreifenden Einkommensunterschiede jedoch zwischen den Arbeitsplatzbesitzern, den Personen mit Interimsbeschäftigung und den Empfängern von Arbeitslosenentgelt sowie den Rentenempfängern, die allerdings von der Rentenangleichung begünstigt werden. In den neuen Bundesländern ist die Einkommensdifferenzierung aufgrund unterschiedlicher Erwerbschancen besonders ausgeprägt.

Die *Entwicklung privater Haushaltseinnahmen und -ausgaben* wird anhand der Statistik der laufenden Wirtschaftsrechnungen für die alten und neuen Bundesländer dokumentiert. Hierbei wird zwischen drei Haushaltstypen unterschieden: Typ 1 (Zweipersonenhaushalte von Rentnern mit geringem Einkommen), Typ 2 (Vierpersonenhaushalte von Angestellten und Arbeitern mit mittlerem Einkommen) und Typ 3 (Vierpersonenhaushalte von Beamten und Angestellten mit höherem Einkommen). Aus der Erhebung für 1991 geht hervor, daß, wie zu erwarten, die Haushalte in den neuen Bundesländern generell durch eine wesentlich schlechtere Wohnsituation und durch ein weitaus niedrigeres Ausstattungsniveau bei Gebrauchsgütern gekennzeichnet sind, wobei sich allerdings bei Farbfernsehern und Autos eine Angleichung abzeichnet.

Ostdeutsche Haushalte des Typs 1 erzielten 1991 nur 76%, des Typs 2 64% und des Typs 3 59% des Einkommens des jeweiligen Haushaltstyps in Westdeutschland. Hierbei ist noch zu berücksichtigen, daß die jeweils nachgewiesenen Einkommen in Westdeutschland meist von einem Einkommensbezieher, in Ostdeutschland hingegen von zwei Beziehern erzielt wurden (Wirtschaft und Statistik 1992: 831). Das gleiche gilt für Rentenbezieher. Für 1993 zeichneten sich jedoch einige

Veränderungen ab: So erzielten die ostdeutschen Haushalte des Typs 1 99%, des Typs 2 78% und des Typs 3 63% des Westeinkommens (Statistisches Jahrbuch 1994: 577).

Die Strukturen des privaten *Haushaltsverbrauchs* weichen ebenfalls stark voneinander ab. Im früheren Bundesgebiet stehen bei allen drei Haushaltstypen die Ausgaben für Wohnungsmieten und Energie an erster Stelle, in den neuen Bundesländern hingegen vorerst noch Ausgaben für Nahrungsmittel, Getränke und Tabak sowie für Verkehr und Nachrichtenübermittlung (insbesondere PKW-Käufe). Auch wird der große Nachholbedarf bei Gebrauchsgütern deutlich.

Auch bei der *Ersparnisbildung* ist ein Wohlstandsrückstand der ostdeutschen Haushalte sichtbar. Die westdeutschen Haushalte konnten 1991 wesentlich mehr sparen. Allerdings expandierte nach Angaben des DIW die Geldvermögensbildung in Ostdeutschland 1992 mit 35 Mrd. DM um 16 Mrd. DM gegenüber dem Vorjahr. Die Sparquote betrug 1992 11,4% (Westdeutschland 12,3%). 1993 scheinen sich die Unterschiede verringert zu haben. So wiesen die westdeutschen Haushalte eine Sparquote von 11,9%, die ostdeutschen von 11,3% auf.

Über die Entwicklung der *Einkommensarmut* in der Bundesrepublik Deutschland liegt eine Untersuchung von Krause aus dem Jahre 1992 vor, die auf der Armutsmessung der Europäischen Gemeinschaft basiert. Als Armutsschwelle wird ein Wohlstandsniveau definiert, das 50% des Median-Einkommens nicht überschreitet. Krause stellt eine deutliche Erhöhung des Ausmaßes von Armut in Ostdeutschland fest, allerdings ausgehend von einem sehr niedrigen Niveau. „Die Betroffenheit von Armut liegt nach vorläufigen Berechnungen im Jahr 1992 mit 5,6 Prozent knapp unter dem westdeutschen Niveau. Im Zeitraum von drei Jahren zwischen 1990 und 1992 waren 11 Prozent der ostdeutschen Bevölkerung mindestens einmal in Armut geraten. In Westdeutschland waren etwa 7 Prozent der Bevölkerung jährlich von Armut betroffen, etwa 15 Prozent im Drei-Jahres-Zeitraum und etwa 22 Prozent im Acht-Jahres-Zeitraum zwischen 1984 und 1991" (Krause 1992: 16). Besonders gravierend ist die höhere prozentuale Mietbelastung der

Armen gegenüber den Beziehern von Durchschnittseinkommen. Vorerst ist allerdings der Einkommensabstand zwischen den Armen und der Durchschnittsbevölkerung in Ostdeutschland noch geringer als im Westen, wenn man von dem insgesamt niedrigeren Wohlstandsniveau absieht.

4. Die Wirtschaftsorganisationen

Auch in der Entwicklung der Wirtschaftsorganisationen (Kammern und Verbände) seit der Wiedervereinigung Deutschlands zeigen sich Strukturanpassungen entsprechend den eingangs dargestellten wirtschaftlichen Herausforderungen.

In einer Marktwirtschaft mit hochdifferenzierter Interessenstruktur haben autonome Verbände eine wichtige Ordnungsfunktion durch partizipative Selbstverwaltung, Gewährleistung von Akzeptanz bei Problemlösungen usw. So brachte die Wende eine rasche Übertragung der westdeutschen Verbandsstrukturen auf die neuen Bundesländer. Dies soll am Beispiel der *Gewerkschaften* gezeigt werden. Im Staatsvertrag zur Wirtschafts-, Währungs- und Sozialunion (WWSU) vom 18. Mai 1990 wurde in Art. 17 auch die Autonomie von Tarifvertragsparteien hinsichtlich einer freien Lohnbildung (Tarifautonomie) festgelegt. Vorausgegangen war eine gemeinsame Erklärung des DGB-Vorsitzenden und des Präsidenten der Bundesvereinigung der Deutschen Arbeitgeberverbände zu einer einheitlichen Wirtschafts- und Sozialordnung in Deutschland. In der Praxis gab es allerdings Schwierigkeiten beim Aufbau entsprechender Verbandsstrukturen in Ostdeutschland. Nach Liquidation des FDGB, die nach dessen Vertrauensschwund angesichts seiner Obstruktion des Einigungsprozesses unvermeidlich geworden war, entstand zunächst ein Vakuum. Bisherige Funktionäre hatten nicht mehr das Vertrauen der Arbeitnehmer, die wenigen westdeutschen Verbandsexperten konnten die Personallücke nicht kurzfristig schließen und die völlige Umstrukturierung der Unternehmenswirtschaft enttäuschte die Erwartungshaltungen potentieller Mitglieder. Hinzu kam aufgrund unklarer Mitgliederabgrenzungen ein Wettstreit westdeutscher Gewerkschaften um Organisationsbereiche im Osten, der die Notwendigkeit einer Strukturreform verdeutlichte.

Angesichts dieser Probleme ist der Aufbau einer handlungsfähigen Gewerkschaftsorganisation in den neuen Bundesländern mit einem Mitgliederbestand von 4,2 Mio. Arbeitnehmern am 30. Juni 1991 eine bemerkenswerte Leistung. Der Organisationsgrad lag zu diesem Zeitpunkt mit 50,6 % erheblich über dem Niveau der alten Bundesländer (32,3 %). Nach Auskunft des Deutschen Gewerkschaftsbundes kann bis Ende 1994 jedoch eine rapide Abnahme der ostdeutschen Gewerkschaftsmitglieder verzeichnet werden. Ihre Zahl betrug am 31. Dezember 1994 nur noch ca. 2,6 Mio.

Die *Arbeitgeberverbände* konnten sich mit wesentlicher Hilfe von Partnerschaftsbeziehungen zu westdeutschen Verbänden ebenfalls flächendeckend etablieren, wozu auch der Druck durch notwendige Tarifverhandlungen beitrug. Deren Durchführung hatte allerdings angesichts der Unsicherheiten im Zuge des Einigungsprozesses teilweise improvisatorischen Charakter, insbesondere bei der Festlegung einer wirtschaftlich vertretbaren Lohnentwicklung. Die Fehleinschätzungen hinsichtlich des „Aufschwungs Ost" lasten als Hypothek auf der weiteren Tarifpolitik. Hingegen hat der Abschluß von Manteltarifverträgen nach westdeutschem Muster zur Regelung der grundsätzlichen Strukturen des Arbeitsverhältnisses (z.B. Verfahren zur Lohnfestsetzung nach Qualifikations- und Leistungsgruppen) verläßliche Daten für dessen weitere soziale Ausgestaltung geschaffen. Eine „Gesamtdeutsche Tarifunion" wird sich allerdings nur schrittweise und allmählich analog zur Überwindung des Produktivitätsrückstands in den neuen Bundesländern verwirklichen lassen (vgl. hierzu Kleinhenz 1992).

Ähnliche Probleme sind bei praktisch allen Bemühungen um eine rasche Übertragung bundesdeutscher Verbandsstrukturen im Wirtschaftsbereich auf die neuen Bundesländer aufgetreten. Dennoch ist ihr Aufbau im wesentlichen gelungen und damit in weiten Bereichen die Arbeitsfähigkeit hergestellt. Hierdurch wird es auch möglich, den besonderen Anliegen der wirtschaftenden Menschen in den neuen Bundesländern in dem innerhalb der deutschen Sozialordnung vorgesehenen Rahmen Ausdruck zu verleihen. Gelingt dies nicht, besteht die „Möglichkeit eines Positionsverlustes der Verbände" (Bialas und Ettl 1993: 73). So ist mit einer Tendenz zur Föderalisierung und Regionalisierung der Verbandspolitik zu rechnen.

Das wirtschaftsbezogene Verbandswesen der Bundesrepublik steht aber darüber hinaus auch vor der Herausforderung einer transnationalen Erweiterung bzw. Kooperation in den europäischen Wirtschaftsraum hinein. Es gibt keine nationale Autonomie mehr für die Gestaltung der Wirtschafts- und Sozialstrukturen. Der Aufbau von transnationalen Netzwerken zur Information, Beratung und auch der koordinierten Vorgehensweise wird unerläßlich. Dies führt unausweichlich zur Reorganisation von Verbandsstrukturen und auch zu einem Mentalitätswandel der Mitglieder.

5. Der Staatshaushalt

Besonders tiefgreifende und folgenreiche Veränderungen sind seit der Wende in der Struktur des Staatshaushalts erfolgt, im wesentlichen durch Transferzahlungen und durch Ausdehnung des Verschuldungsgrads, und dies mit steigender Tendenz. Vor allem wegen der von 1992 auf 1993 stark ausgeweiteten Nettokreditaufnahme stiegen die Zinsausgaben des Bundes 1994 um 15,8 % auf 53,1 Mrd. DM, wodurch sich die Zinsausgabenquote auf 11,1 % (1993: 9,9 %) erhöhte (Wirtschaft und Statistik 1995/5: 383).

Wesentliche Ursache dieser Entwicklung sind die öffentlichen Finanztransfers für Ostdeutschland, die insbesondere der Verbesserung der Infrastruktur, der Förderung privater Investitionen und der Übertragung des sozialen Netzes auf die neuen Bundesländer dienen. Diese verfügen nur über eine geringe Finanzkraft. Bei einem Bevölkerungsanteil von 20 % betragen die dortigen Steuererträge nur 3 ½ % des gesamtdeutschen Aufkommens. So wurden Finanztransfers von etwa 140 Mrd. DM

1991 und ungefähr 180 Mrd. DM 1992 (6½% des westdeutschen Bruttosozialprodukts) erforderlich (Monatsberichte der Deutschen Bundesbank März 1992: 15). Die Länder und Gemeinden haben 1991 knapp 2% und 1992 2½% ihres zusammengefaßten Haushaltsvolumens transferiert.

Bund, Länder und Gemeinden beanspruchten die Kreditmärkte 1992 mit rund 71 Mrd. DM, die noch näher zu erörternden Nebenhaushalte, für die der Bund haftet, nochmals mit etwa 118 Mrd. DM. Insgesamt fand also eine Kreditaufnahme 1992 von fast 190 Mrd. DM statt, was etwa 70% der inländischen Ersparnis entspricht (Monatsberichte der Deutschen Bundesbank Mai 1993: 44). 1994 lag die Nettokreditaufnahme bei 81,1 Mrd. DM. Dies sind 45,4 Mrd. weniger als im Vorjahr.

Ein erheblicher Teil der Transferzahlungen wird über Neben- oder Sonderhaushalte abgewickelt und tritt deshalb im Bundeshaushalt nicht in Erscheinung. Hierbei handelt es sich insbesondere um die 1990 gegründeten Fonds „Deutsche Einheit", den Kreditabwicklungsfonds und die Treuhandanstalt.

Der Fonds „Deutsche Einheit" dient als Surrogat der für 1995 vorgesehenen Neuregelung des gesamtdeutschen Finanzausgleichs zwischen finanzkräftigeren und finanzschwachen Gebietskörperschaften. Seit 1990 betrugen die Gesamtleistungen 146,3 Mrd. DM. Der Kreditabwicklungsfonds dient zur Regulierung der Verpflichtungen des ehemaligen DDR-Republikhaushalts in Höhe von etwa 140 Mrd. DM. Die Treuhandanstalt hat, wie schon ausgeführt, die zuvor volkseigenen Betriebe privatisiert. Die finanziellen Lasten aus diesen Transaktionen betrugen 230 Mrd. DM.

An der Finanzierung des wirtschaftlichen Transformationsprozesses in den neuen Bundesländern war auch das durch die Marshallplan-Hilfe entstandene ERP-Sondervermögen beteiligt, 1992 mit einer Kreditgewährung von 12 Mrd. DM. Hinzu kommen Kredite der Kreditanstalt für Wiederaufbau und der Deutschen Ausgleichsbank und auch Transfers aus dem Haushalt der Europäischen Gemeinschaft.

Besonders beansprucht wird die Bundesanstalt für Arbeit, die 1991 Transfers in Höhe von 25 Mrd. DM und 1992 von rund 30 Mrd. DM geleistet hat, was durch Anhebung des Beitragssatzes finanziert wurde. Hierbei handelt es sich nicht nur um Arbeitslosengeld, sondern auch um Umschulungs- und Arbeitsbeschaffungsmaßnahmen. Um die Defizite, die im Rahmen der gesetzlichen Rentenversicherung entstanden, zu decken, waren von 1992 bis einschließlich 1994 Transferleistungen in Höhe von 25,8 Mrd. DM nötig.

Bedenklich ist es, daß rund die Hälfte der Bruttotransfers auf allen Haushaltsebenen nichtinvestiver Art ist und überwiegend konsumtiv verwendet wird, also die Wirtschaftsschwäche der neuen Bundesländer nicht strukturell vermindert.

Wesentliche Ursache für die insgesamt negative und bei Fortdauer des Trends mittelfristig sogar bedenkliche Entwicklung der bundesdeutschen Staatsfinanzen ist die Tatsache, daß der wirtschaftliche Einigungsprozeß bisher im wesentlichen durch staatliche Verwaltungsmaßnahmen getragen wurde und daß das Wirtschaftsleben in den neuen Bundesländern überwiegend durch Zuschüsse aus Westdeutschland aufrechterhalten wird. Zwar gibt es Gründe für eine Besserung der Lage, etwa durch Hoffnung auf eine Überwindung der Rezession und durch eine regionale Aktivierung aufgrund verstärkter Bautätigkeit sowie verstärkter regionaler Binnennachfrage insbesondere nach Dienstleistungen. Aber die Herstellung der Wettbewerbsfähigkeit der ostdeutschen Unternehmen bleibt wohl auch mittelfristig das Kernproblem. Es muß damit gerechnet werden, daß für Investitionen in Westdeutschland und wirtschaftsfördernde Maßnahmen der öffentlichen Hand keine Erweiterung des Spielraums in Sicht ist und daß die Notwendigkeit weiterer Kreditaufnahme die Leistungsbilanz der Bundesrepublik deutlich verschlechtern wird. Wählt man hingegen zur Finanzierung der Transferzahlungen die Erhöhung der Steuerbelastungen, so wird durch Minderung der privaten Nachfrage ein konjunktureller Aufschwung in Westdeutschland deutlich gebremst, mit der Folge erheblicher Wohlstandsverluste und, daraus sich ergebend, auch einer Verminderung der Fähigkeit zu weiteren Transferzahlungen. Die Bevölkerung Deutschlands muß also mit wirtschaftlich schwierigen Zeiten rechnen, und eine Aktivierung des Leistungspotentials auf allen Ebenen und in allen Bereichen ist von geradezu existentieller Bedeutung. Die Tatsache, daß es im Wirtschaftsleben auf die Dauer weder Geschenke noch Garantien gibt, wird bei zunehmender Einsicht auch Mentalitätsänderungen bewirken und eine neue Phase des „Wertewandels" einleiten.

III. Wirtschaftsmentalitäten im Wandel

Wirtschaftliches Handeln ist das Ergebnis der Auseinandersetzung mit Anforderungssituationen aufgrund subjektiver Präferenzen angesichts der Knappheit von Ressourcen. Für das wirtschaftliche Geschehen in der Bundesrepublik ist es deshalb mitentscheidend, inwiefern sich in Ost und West ähnlich strukturierte Erwartungshaltungen herausbilden und inwieweit sie zur Bewältigung situativer Herausforderungen dienlich sind. Es gibt eine Reihe vergleichender Untersuchungen zu wirtschaftsbezogenen Einstellungen in den alten und neuen Bundesländern. Nachweisbare Unterschiede werden hierbei nicht auf grundsätzlich verschiedenartige Wahrnehmungs- und Bewertungsstrukturen, also auf völlig andersartige Präferenzen zurückgeführt, sondern auf das unterschiedliche Niveau der Bedürfnisbefriedigung. Dies kann anhand der Motivationstheorie von Alderfer verdeutlicht werden (vgl. Weiner 1976). Alderfer unterscheidet Existenzbedürfnisse (E) wie physiologische Erfordernisse, Einkommen und Sicherheit, Beziehungsbedürfnisse (R) wie den Wunsch nach Freundschaft, Zuneigung, zwischenmenschlicher Kommunikation, sowie Wachstums- und Selbsterfüllungsbedürfnisse (G), die sich im Streben nach Achtung, Wertschätzung und Selbstverwirklichung äußern. Bei Befriedigung der elementaren Bedürfnisse gewinnen höhere Bedürfnisse an Bedeutung, werden diese jedoch blockiert, erfolgt eine Rückstufung und Steigerung auf dem niedrigeren Niveau. Auf dieser theoretischen Grundlage wurden anhand einer ALLBUS Baseline-Umfrage von 1991 Arbeitswerte in Ost- und Westdeutschland ermittelt und miteinander verglichen (Borg, Braun und Häder 1993).

Es zeigte sich, daß die Ostdeutschen gegenüber den Westdeutschen höhere Werte im Bereich der Existenzbedürfnisse, die als „Hygienefaktoren" bei Blockierung „Unzufriedenheit" auslösen, sowie im sozialen Bereich aufwiesen. Letztere hingegen zeigten höhere Präferenzen für „Freizeit", einem Existenzbedürfnis, das bei seiner Befriedigung „Zufriedenheit" hervorruft. Erklärt wird dieses Ergebnis mit den großen wirtschaftlichen Belastungen in Ostdeutschland und der unterschiedlichen Sozialisation, die den gesellschaftlichen Wert der Arbeit gegenüber ihrem individuellen Ertrag herausstellte. Daraus wäre zu folgern, daß in der gegenwärtigen Situation die Arbeitsmotivation in den neuen Bundesländern stärker auf dem Erwerbsstreben sowie dem Wunsch nach sozialer Sicherheit und Anerkennung gegründet ist.

Eine weitere 1990 begonnene Untersuchungsreihe zur Lebenszufriedenheit, auch im Bereich des Wirtschaftshandelns, verweist auf einen nicht unerheblichen Wandel „der subjektiven Befindlichkeiten der Menschen in Ostdeutschland im Prozeß der sozialen Transformation der Gesellschaft" (Häder und Nowossadeck 1993). Die Repräsentativerhebung wurde 1990, 1991 und 1992 durchgeführt und zeigte im Vergleich zu Westdeutschland einen äußerst niedrigen Grad der Lebenszufriedenheit, zugleich aber auch dessen kontinuierlichen, wenn auch langsamen Anstieg. Hierbei ist allerdings zu differenzieren. Während sich bei einem Vergleich der Daten im Bereich der Arbeitszufriedenheit keine nennenswerten Veränderungen seit Januar 1990 zeigten, war ein deutlicher Anstieg im „Konsumbereich" (Lohn, Freizeit, Wohnen u.a.) festzustellen, und im Bereich „soziale Sicherheit" wurde 1991 eine Talsohle erreicht. Retrospektiv behauptet allerdings die Hälfte der Befragten, daß sie mit ihrer Arbeit derzeit unzufriedener ist als 1990 (a.a.O., 37). Auch 1994 waren immer noch Unterschiede in der Lebenszufriedenheit zwischen Ostdeutschland und Westdeutschland sichtbar. Nur 24,1 % der Ostdeutschen (im Gegensatz zu 47,1 % der Westdeutschen) stimmten der Aussage voll zu, daß man „alles in allem gesehen in einem Land wie Deutschland sehr gut leben kann" (ALLBUS 1994).

Für die weitere politische Gestaltung der Wirtschaftsordnung ist es erheblich, wie sich die Grundeinstellung der Bevölkerung hierzu entwickelt. Der Allensbacher Monatsbericht vom Dezember 1993 weist darauf hin, daß die Mehrheit der befragten Ostdeutschen die Grundlagen des Wirtschaftssystems in Frage stellt, wobei der Anteil der Befürworter von 77 % Mitte 1990 auf 35 % zurückgegangen ist. Kritik an der „Marktwirtschaft" wird hierbei nicht hinsichtlich ihrer Effizienz, sondern in bezug auf ihre Menschlichkeit geübt. Betont wird hingegen das Verlangen nach einem aktiven Eingreifen des Staats und einem Ausbau seiner Fürsorge. Tendenzen hinsichtlich eines staatlichen Interventionismus, wenigstens in Krisenzeiten, zeigen sich auch bei den westdeutschen Befragten (vgl. Köcher 1993). Diese Tendenzen konnten auch in der ALLBUS-Umfrage von 1994 bekräftigt werden: Vor allem in den neuen Bundesländern sind die Forderungen nach staatlichen Interventionen deutlich sichtbar. Auf die Frage „Der Staat muß dafür sorgen, daß man auch bei Krankheit, Not, Arbeitslosigkeit und im Alter ein gutes Auskommen hat" antworteten 75,4 % der Ostdeutschen mit „stimme voll zu", im Vergleich zu 46,9 % der Westdeutschen.

Angesichts des in den neuen Bundesländern ablaufenden wirtschaftlichen Transformationsprozesses und der generell gewachsenen Unsicherheit gegenüber tiefgreifenden Herausforderungen, auch im internationalen Bereich, vermitteln die vorhandenen Bedürfnisstrukturen Frustrationserlebnisse, und hierdurch werden Interessen aktiviert, die sich auch im gesellschaftspolitischen Feld manifestieren. Damit wird die soziale Akzeptanz notwendiger Strukturanpassungen im Wirtschaftsbereich zu einem Kernproblem der nächsten Zukunft. Zugleich wird aber auch eine Änderung der persönlichen und kollektiven Präferenzen unausweichlich, um Leistungen und Bedürfnisse unter geänderten Verhältnissen aufeinander abzustimmen.

IV. Wirtschaftlicher Wandel und gesellschaftliche Modernisierung

Der umfassende Transformationsprozeß, der die Wirtschaftsstruktur der neuen Bundesländer, aber auch, wenn auch weniger offensichtlich, diejenige Westdeutschlands erfaßt, hat gesamtgesellschaftliche Auswirkungen. Es gibt zunehmend Versuche, diese zu beschreiben und zu erklären. Vorherrschend ist hierzu die Verwendung des *Modernisierungsmodells*. Ausgangspunkt ist die Vorstellung eines umfassenden gesellschaftlichen Prozesses, der Industriegesellschaften mit den Merkmalen der Konkurrenzdemokratie, der Marktwirtschaft sowie der Wohlstandsgesellschaft mit Wohlfahrtsstaat und Massenkonsum hervorgebracht hat (Zapf 1991: 46). Gegenüber diesem normativen Modell weist die ostdeutsche Sozialstruktur „Modernisierungsdefizite" auf, die sich im Wirtschaftsbereich vor allem darstellen als Leistungsschwäche, als aufgeblähte Bürokratie und als „Tertiärisierungsrückstand" sowie als Quasi-Vernichtung des alten Mittelstands (vgl. Geißler 1992: 17), nach Hradil als Mißachtung der subjektiven Komponente, als bloß „objektive" Bestimmung dessen, was Fortschritt heißen, wie individuelle Optionen aussehen sollten und welche Mittel zu welchen Zwecken einzusetzen seien (1992: 13). Als Folge entwickelt sich nun ein Transformationsprozeß zur Überwindung eines im wirtschaftlichen Bereich besonders offensichtlichen Rückstands, und zwar durch Anpassung an das westdeutsche Muster (Geißler 1992: 15).

Voraussetzung dieser Interpretation ist die Überzeugung, daß das westdeutsche Wirtschafts- und Gesellschaftsmodell prinzipiell übertragbar bzw. erweiterungsfähig ist und daß seine gegenwärtige Ausprägung als zukunftsweisend angesehen werden kann. Der Ist-Zustand entspricht nun keineswegs demjenigen der sozialen Marktwirtschaft in ihrer Entstehungsphase in den 50er Jahren, sondern ist, wie Hradil betont, durch eine Abkehr vom Wohlfahrts- hin zum Lebensweise-Paradigma gekennzeichnet. Es geht also nicht nur um eine Kontrolle der Entwicklung vor allem durch Markt und Staat, sondern auch durch subjektive Einschätzungen, insbesondere der Wachstumsfolgen, und entsprechende Gestaltungsinitiativen aus dem außerwirtschaftlichen und außerparlamentarischen Raum (vgl. Hradil 1992: 13). Insofern bedarf die Sichtweise von Zapf einer Korrektur: Das westdeutsche Modell, gemessen an der gegenwärtigen Realität, verweist gerade auch auf den Zwang zur Neubestimmung der Inhalte von „Konkurrenzdemokratie", „Marktwirtschaft" und „Wohlstandsgesellschaft". Soziale Marktwirtschaft ist weniger denn je ein problemlos transformierbares Patentmodell. Zapf hat allerdings diese Problematik dadurch antizipiert, daß er Konflikte und Innovationen als vorwärtstreibende Kräfte thematisierte, jedoch mit der Einschränkung, daß diese systemkonform, also innerhalb der Basisinstitutionen wirken (Zapf 1991: 46).

Wie weit reicht nun die Erklärungskraft des Modernisierungsmodells? Sicherlich gibt es nicht ein auf einfache Weise übertragbares Wirtschaftsmodell, weil die fortschreitende Praxis dieses ständig und notwendigerweise modifiziert. Es können also allenfalls Strategien wirtschaftlichen Handelns bestimmt werden, die in eine formale und anpassungsfähige Rahmenordnung eingebettet sind. Insofern ist „Marktwirtschaft" ein Regelungsmechanismus, dessen inhaltliche Bestimmung sich erst aus der situativen Konstellation ergibt, und zwar nicht zu Anfang, sondern im Verlauf eines kontinuierlichen Erfahrungsprozesses.

Auch wenn man Dimensionen der „Modernisierung" festlegt, bleibt doch ein hoher Unbestimmtheitsgrad hinsichtlich ihrer realen Ausprägung, der sich auch nicht durch rasche, der tatsächlichen Entwicklung aber stets hinterherhinkende Begriffsakrobatik mindern läßt. Die tatsächliche Unbestimmtheit, die sich im Falle der Wirtschaftsentwicklung Gesamtdeutschlands als erhebliches Wachstums- und Wohlstandsrisiko zeigt, ist auf zwei Faktoren zurückzuführen:

(1) die Kontingenz, also Unbeherrschbarkeit von Umweltfaktoren bzw. Randbedingungen des Wirtschaftens, die eine sehr eingeschränkte Autonomie der Wirtschaftssubjekte zur Folge hat. Die Welt ist nicht von einem Punkte aus regelbar und die Zukunft nicht vorhersehbar.

(2) die kulturelle Prägung der Wirtschaftssubjekte, die das Bezugssystem für ihr Denken und Handeln festlegt. Die jeweilige Anforderungssituation wird auf unterschiedliche Weise interpretiert, je nachdem wie ihre Merkmale bewertet werden.

Es ist nun, wie von Borg u. a. (1993) gezeigt wurde, durchaus möglich, Unterschiede in wirtschaftsrelevanten Verhaltensdispositionen zwischen Ost- und Westdeutschen als strukturell nicht verschiedene Merkmale auf einem Verhaltenskontinuum zu interpretieren. Aber man ermittelt in der Regel auch nur das, was man in Frage stellt. Der Rest bleibt verborgen. In diesem Zusammenhang ist die Auffassung von Sztompka erwähnenswert, der als polnischer Soziologe auf „zivilisatorische Inkompetenz" in den bisher von Zentralverwaltungswirtschaften geprägten Ostländern verweist. Sie zeige sich als Fehlen einer Unternehmens-, Staatsbürger-, Diskurs- und Alltagskultur, die Modernisierung im westlichen Sinne trage (1993: 88 ff.). Es ist anzunehmen, daß sich derartige Prägungen auch in Ostdeutschland nachweisen lassen. Inwieweit Modernisierungsäquivalente bestehen, wäre zu untersuchen. Nicht so sehr ein rascher Wandel objektiver Wirtschaftsdeterminanten, wenn er denn erfolgreich zu bewerkstelligen ist, sondern erst ein generationsprägender Kulturwandel als Folge angeglichener Sozialisationsbedingungen wird diese Konstellation verändern.

In diesem Sinne handelt es sich bei dem Aufbau eines gesamtdeutschen Wirtschaftssystems um ein „sozialkulturelles Entwicklungsprojekt", dessen Komplexität noch erheblich vermehrt wird durch die gesamteuropäischen und weltwirtschaftlichen Herausforderungen, von denen Westdeutschland gleichermaßen betroffen ist. Das erforderliche „Modernisierungsniveau" läßt sich also gerade im Wirtschaftsbereich nicht aus der Geschichte der *bisherigen* Bundesrepublik bestimmen.

Rainer Geißler

Neue Strukturen der sozialen Ungleichheit im vereinten Deutschland

I. Der Wandel sozialer Ungleichheit im Überblick:
Kontinuität im Westen – Verwestlichung des Ostens –
neue Ost-West-Kluft

In diesem Beitrag wird der Versuch unternommen, eine Zwischenbilanz der deutschen Vereinigung aus dem Blickwinkel der Analyse sozialer Ungleichheit zu ziehen. Mit sozialer Ungleichheit sind Unterschiede in den Ressourcen und Lebensbedingungen von Menschen gemeint, die nach bestimmten Kriterien – z.B. nach Schicht- bzw. Klassendeterminanten (wie Beruf, Qualifikation, Nationalität), nach Geschlecht, Alter, Generation, Region, Familienstand oder auch politischen Einstellungen – systematisch ungleich verteilt sind. Sie beeinflussen den Habitus der Menschen, ihre Mentalität, ihr Verhalten sowie ihren Umgang miteinander und wirken sich vorteilhaft bzw. nachteilig auf die Lebenschancen des einzelnen aus. Die Ungleichheitsforschung in ihrer kritischen klassischen Tradition, der nicht alle neueren Ansätze folgen, untersucht diese Unterschiede explizit oder implizit vor der normativen Folie der sozialen Gerechtigkeit und problematisiert diejenigen Bereiche der Lebensbedingungen, wo sie ein Zuviel an sozialer Ungleichheit diagnostiziert.[1]

Eine Zwischenbilanz, die in einem Aufsatz zusammengedrängt ist, bleibt notwendigerweise summarisch und relativ grob; in einigen Bereichen kann sie präzise ausfallen, da empirische Daten vorliegen; in anderen Bereichen bleibt sie vage, weil viele Details bisher noch nicht empirisch aufgehellt wurden.

Der Zusammenbruch der DDR hat die Ungleichheitsstrukturen in Westdeutschland nur am Rande berührt; die Entwicklung der sozialen Ungleichheiten in den alten Ländern nach 1989/90 ist nicht durch einschneidende Veränderungen, sondern durch *Kontinuität* gekennzeichnet. Kräftige Markierungen hat die Vereinigung dagegen in den Ungleichheitsstrukturen Ostdeutschlands sowie in denjenigen des vereinten Gesamtdeutschlands *(neue Ost-West-Kluft)* hinterlassen.

II. Von der realsozialistischen zur sozialstaatlichen Ungleichheit

In den neuen Ländern vollzieht sich ein tiefgreifender Strukturwandel: Der radikale soziale Umbruch, der sich aus modernisierungstheoretischer Perspektive als *nachholende Modernisierung im Zeitraffertempo* deuten läßt (dazu Geißler 1992a und 1993b), ist mit Umschichtungen sowie mit einigen systematischen Neuverteilungen von Nachteilen und Privilegien verbunden, die man in ihren Grundzügen als *Verwestlichung der ostdeutschen Ungleichheitsstruktur* bezeichnen kann: Die Besonderheiten des realsozialistischen Arrangements sozialer Ungleichheit verschwinden, es entsteht nach und nach ein Muster nach dem Westmodell mit seinen Vor- und Nachteilen. *Die realsozialistische Struktur sozialer Ungleichheit transformiert sich in die sozialstaatliche Struktur sozialer Ungleichheit.* Die Grundlinien dieses Wandels lassen sich zu fünf Tendenzen verdichten, die ich hier nur sehr gerafft skizzieren kann.[2]

1. Verlagerungen bei den Ungleichheitsdeterminanten: Entpolitisierung, Vergeschlechtlichung, Generationeneffekt. Die realsozialistische Ungleichheitsstruktur war stark *politisiert*. Privilegien waren in hohem Maße an SED-Loyalität gebunden, die Distanz zur SED oder gar Opposition gegen sie hatten Nachteile, z. T. auch brutale Diskriminierungen zur Folge. Mit dem Systemwechsel wurde die Bedeutung politischer Loyalitäten für den individuellen Sozialstatus in der Regel auf das westliche „pluralistische Normalmaß" reduziert. Die Politisierung aus realsozialistischen Zeiten wirkt allerdings vorübergehend noch nach, z. T. jedoch in umgekehrter Richtung: hohe SED-Loyalität in der DDR wirkt sich nach der Wende manchmal statusmindernd aus (vgl. Solga 1994). Geschlechtstypische Differenzierungen treten insbes. im Berufsleben, aber auch in der Politik und im Bildungssystem wieder markanter in Erscheinung, weil der Gleichstellungsvorsprung der ostdeutschen Frauen aus DDR-Zeiten nach und nach verlorengeht. Zu den relativen Verlierern der Vereinigung gehört schließlich die *„verlorene Generation des späten Mittelalters"*. Die Angehörigen dieser „Generation" im Sinne *Karl Mannheims*, die in der westdeutschen Sozialstruktur in dieser Form nicht existiert, waren zur Wendezeit etwa 45–55 Jahre alt; sie haben in der Arbeitsmarktkonkurrenz gegen Jüngere kaum eine Chance, werden meist in den vorzeitigen Ruhestand gezwungen und dadurch bei der materiellen Absicherung des Alters für den Rest ihres Lebens benachteiligt.

2. Differenzierung nach oben und Polarisierung. Die egalitäre realsozialistische Gesellschaftspolitik hatte Unterschiede im Lebensstandard und in den Lebenschancen auf einem niedrigen Niveau stark eingeebnet und eine nach unten nivellierte Arbeiter- und Bauerngesellschaft geschaffen. Mit dem allgemeinen Anstieg des Wohlstands (vgl. Kap. 3.2) nehmen gleichzeitig die Unterschiede in den materiellen Lebensbedingungen (Einkommen, Vermögen u.a.) und den daraus resultierenden Lebenschancen (Sicherheit, Konsum, Wohnen, Reisen u.a.) zu. Die Sozialstruktur differenziert sich nach oben und polarisiert sich; die sozialen Abstände zwischen Oben und Unten werden auf einem insgesamt höheren Niveau größer.

3. Nachholende Pluralisierung und Individualisierung. Die Sozialstruktur der DDR war nicht nur sozio-ökonomisch, sondern auch sozio-kulturell homogener. Daher vollzieht sich auch bei den ostdeutschen Lebensformen und Lebensstilen eine „nachholende" Pluralisierung und Individualisierung (vgl. Hradil 1992; Wittich 1994: 150ff.).

4. Umschichtungen von der realsozialistischen Arbeiter- und Bauerngesellschaft zur tertiären Mittelschichtengesellschaft. Schichten und Klassen verändern im Umbruch ihren Charakter

und ihre relative Position im Ungleichheitsgefüge. Die wichtigsten Stichworte dazu lauten:
– Die alte monopolistische *Machtelite* ist durch pluralistischer strukturierte und mit westdeutschem Personal durchmischte Machteliten ersetzt worden.
– Im gleichen Atemzug hat sich die sozialistische *Dienstklasse* der Funktionäre aufgelöst. Statt dessen entwickeln sich umfangreiche *Dienstleistungsmittelschichten*, die sich im Hinblick auf ihre materiellen Lebensbedingungen stärker als vorher von den Arbeiterschichten absetzen.
– Der in der DDR fast vernichtete *Mittelstand* der Selbständigen nimmt an Umfang wieder zu; er ist sozial sehr heterogen, ein Teil gelangt in überdurchschnittlich privilegierte Positionen.
– Die *Arbeiter- und Bauernschichten,* deren Umfang wegen des Tertiärisierungsrückstandes der realsozialistischen Produktionsstruktur überdimensioniert war, sind stark geschrumpft. Die Arbeiter verlieren – trotz des Wohlstandsanstiegs – ihre im Vergleich zu anderen Schichten der Mitte relativ günstige Position im Ungleichheitsgefüge. Insbesondere die Un- und Angelernten sind von den neuen Unsicherheiten und Orientierungsproblemen in hohem Maße betroffen.
– Auch die *Randschichten* strukturieren sich nach dem westdeutschen Muster um. Ein großer Teil der RentnerInnen, die von der produktionsorientierten realsozialistischen Sozialpolitik teilweise auf Dauer an den gesellschaftlichen Rand gedrückt worden waren, sind aus dieser Lage befreit worden; dafür sind andere Gruppen, die es in der DDR gar nicht oder nicht als Randgruppen gab (Langzeitarbeitslose, Kinderreiche, Alleinerziehende), einem erhöhten Armutsrisiko ausgesetzt.

5. Vertikale Dynamisierung. Durch die soziale Schließung der weiterführenden Bildungswege und das massive Bildungsprivileg der sozialistischen Intelligenz war die Sozialstruktur der DDR zunehmend erstarrt (Geißler 1991a). Die nachholende Bildungsexpansion, die Entpolitisierung der Auslese und die höhere Belohnung weiterführender Bildungsabschlüsse durch die Differenzierung nach oben dürften die Aufstiegschancen der Kinder aus unteren Schichten wieder erhöhen (Geißler 1994a).

III. Die „alte" Kluft: krasse Ost-West-Ungleichheiten als Hinterlassenschaft der sozialistischen DDR

Soziale Ungleichheiten zwischen Ost und West sind so alt wie die deutsche Teilung selbst. Vor 1989/90 waren sie jedoch kein Gegenstand der Ungleichheitsforschung. Den Sozialstrukturforschern der DDR war die vergleichende Ost-West-Analyse aus ideologischen und politischen Gründen verboten, denn der Vergleich des angeblich Unvergleichbaren hätte die ökonomischen und wohlfahrtsstaatlichen Defizite der DDR offengelegt und damit das propagandistische Wunschbild der realsozialistischen Machtelite massiv gestört. Die westdeutsche Soziologie hat dagegen den Eisernen Vorhang freiwillig respektiert. Wenn sie überhaupt ihre ethnozentrische Perspektive verließ, dann rückte der Vergleich mit anderen westlichen Gesellschaften oder mit Ländern der Dritten Welt ins Blickfeld; der Ost-West-Vergleich wurde dagegen den Ökonomen oder der sogenannten „DDR-Forschung" überlassen, die das Ost-West-Gefälle im Lebensstandard nicht unter dem Gesichtspunkt der sozialen Gerechtigkeit problematisierten, sondern als (durchaus richtiges) Argument für die Überlegenheit des westlichen Modells in die ideologische Auseinandersetzung zwischen zwei konkurrierenden Systemen einbrachten.

Das realsozialistische System hat zwar *allen Menschen* ein hohes Maß an *sozialer Sicherheit* garantiert; diesen Vorteil hatten alle Bürger und Bürgerinnen der DDR gegenüber einer Minderheit der Westdeutschen. Der Realsozialismus konnte jedoch nicht verhindern, daß die Lebensbedingungen in anderen zentralen Bereichen – im Lebensstandard, am Arbeitsplatz, bei der Umweltbelastung – in den beiden Gesellschaften immer weiter auseinanderdrifteten.

Der gut quantifizierbare Indikator der Einkommensentwicklung macht drastisch sichtbar, wie sich die *Wohlstandsschere* zwischen Ost und West in den 60er und 70er Jahren immer weiter öffnete. 1960 lag das reale, um die Kaufkraftunterschiede bereinigte durchschnittliche Nettoeinkommen der Arbeitnehmerhaushalte in der DDR um 30 % hinter dem westdeutschen zurück, 1970 um mehr als 40% und zu Beginn der 80er Jahre bereits um mehr als 50% (DIW 1985: 280). Die folgenden Daten für 1988 dürften die Situation im Herbst 1989 recht exakt widerspiegeln: Die ostdeutschen ArbeitnehmerInnen erzielten lediglich 31% des Bruttoeinkommens ihrer westdeutschen KollegInnen (Gornig/Schwarze 1990: 1622). Dieser Einkommensrückstand entspricht in etwa dem Effizienzrückstand der DDR-Wirtschaft (Geißler 1992: 46). Hinter der sich öffnenden Wohlstandsschere steckte also eine sich öffnende *Produktivitätsschere*. Da in der DDR fast alle Frauen berufstätig waren, kamen die ostdeutschen Haushaltseinkommen den westdeutschen etwas näher: die Nettoeinkommen aller Privathaushalte lagen 1988 bei 47%, die der Arbeitnehmerhaushalte bei 54% des Westniveaus.[3]

Eine Fülle von statistischen Daten (vgl. Geißler 1992: 43ff.) belegt, daß sich die Wohnungsversorgung und die *Haushaltsausstattung* mit wichtigen Konsumgütern (wie Pkw, Haushaltsgeräte, elektronische Medien, Telefon) in der DDR zur Zeit der Wende quantitativ in etwa auf dem westdeutschen Niveau zu Beginn der 70er Jahre befand, wobei qualitative Unterschiede das Gefälle noch verschärften; auch zu Beginn der 70er Jahre dürften nur noch wenige Bundesbürger einen Pkw in Trabi-Qualität gefahren haben. Die galoppierende Misere der zentralistisch gesteuerten *Wohnungsversorgung* wird in einer Erhebung der Bauakademie der DDR sichtbar (Autorengemeinschaft 1993: 165).

Ein Vergleich der Arbeitsbedingungen in Ost und West ist komplizierter und läßt sich nicht mit einfachen quantitativen Indikatoren bilanzieren. Die DDR war in stärkerem Maße Arbeitsgesellschaft geblieben als Westdeutschland, das sich im Zuge der Modernisierung sowohl in der Sozialstruktur als auch in den Wertorientierungen und Einstellungen weiter in Richtung Freizeitgesellschaft entwickelt hatte. In der DDR war der Arbeitsplatz garantiert; es arbeiteten mehr Menschen (höhere Erwerbsquoten, insbes. bei Frauen), und es wurde länger gearbeitet. Die Einbindung in Arbeitskollektive sorgte für eine gewisse Nestwärme bei der Arbeit. Die fehlende Marktkonkurrenz sowie eine hohe „Verantwortungsdiffusion" (Parzinski 1994: 41), die den einzelnen von Eigenverantwortung entlastete, minderten den Leistungsdruck. Die Arbeit nahm, wie verschiedene vergleichende Studien nach der Wende übereinstimmend belegen, im Leben der Ostdeutschen einen wichtigeren Platz ein als bei den Menschen in der westdeutschen „Freizeitgesellschaft" (Belege bei Geißler 1993c: 45f.). Andererseits hatte sich die Qualität der Arbeitsbedingungen im letzten Jahrzehnt „geradezu dramatisch verschlechtert" (Marz 1992: 9): Schlechte Materialqualität, fehlende Ersatzteile, Werkzeuge oder Telefonanschlüsse, defekte Schreibmaschinen, Rechner oder Kopierer, verbaute oder verfallende Gebäude, Unordnung und chaotische Fertigungs- oder Arbeitsabläufe waren „eine Quelle vieler Ärgernisse, wachsender Belastung und ständiger Klagen" (ibid.).[4]

Das erschreckende Ausmaß der Umweltzerstörung, das nach der Vereinigung erst nach und nach sichtbar wird, übertrifft noch die schlimmen Ahnungen kritischer DDR-Beobachter. Inzwischen hat sich herausgestellt,
– daß die Belastung der DDR-Luft durch Staub und Schwefeldioxyd höher lag als in allen anderen europäischen Ländern;
– daß die Grundwasserqualität 1990 in 95% der gemessenen Fälle nicht den Anforderungen der Trinkwasserverordnung entsprach, u. a. deshalb, weil vermutlich 50% der Abwasserkanäle undicht waren
– und daß 70000–80000 Deponien, Müllkippen und verseuchte Industrie- und Militärstandorte saniert werden müssen.[5]
Dies sind nur einige Beispiele aus der verheerenden Ökobilanz einer Gesellschaft, der eine hohe Motorisierungsdichte und ein starkes Müllaufkommen wegen ökonomischer Leistungsschwäche erspart geblieben waren.

Ein weiteres Symptom der unterschiedlichen Lebensqualität in Ost und West ist der deutlich schlechtere Gesundheitszustand in der DDR. Im Juni 1990 gaben Ostdeutsche mehr physische und insbesondere erheblich mehr psychosomatische Krankheiten an als Westdeutsche (IfD-Umfrage nach Schwitzer/Winkler 1993: 126f.), und auch die niedrigeren Lebenserwartungen der Ostdeutschen – 1988 lagen sie bei Männern um 2,4 Jahre und bei Frauen um 2,7 Jahre niedriger als in Westdeutschland – dürften mit den unterschiedlichen Lebensbedingungen zusammenhängen.

*IV. Die „neue" Kluft:
Abbau des Wohlstandsgefälles, aber ein neues Gefälle
der Unsicherheit im vereinten Deutschland*

Die sozialen Ungleichheiten zwischen zwei konkurrierenden Gesellschaftsmodellen haben sich über Nacht in Ungleichheiten zwischen Menschen verwandelt, die derselben Gesellschaft, derselben Solidargemeinschaft angehören. Sie entwickeln daher eine völlig neue sozialpsychologische und politische Dynamik. Im gesamtdeutschen Gefüge sozialer Ungleichheit ist eine *neue regionale Dimension* aufgetaucht, die im Vergleich zu bisherigen regionalen Ungleichheiten – z.B. dem „Nord-Süd-Gefälle" – von erheblich *höherer Relevanz, Zentralität und Brisanz* ist.

Die Ost-West-Kluft wird durch die radikalen Strukturbrüche im Zuge der deutschen Vereinigung von gegenläufigen Tendenzen erfaßt: Einerseits hat sich die Wohlstandsschere bereits ein erhebliches Stück geschlossen; andererseits ist der ruckartige Umbruch in der Ex-DDR mit einem ungeheuren Maß an sozialer Unsicherheit in vielerlei Hinsicht verbunden, der das „Normalmaß" sozialer Unsicherheit in den alten Ländern bei weitem übersteigt. Die Ostdeutschen sehen sich einem „Einheitsschock" – oder auch: „Modernisierungsschock" – ausgesetzt, der ihr Lebensgefühl in hohem Maße beeinträchtigt.

1. Die neue große Unsicherheit

Eine Bevölkerung, die über vier Jahrzehnte von einem „vormundschaftlichen Staat" (Henrich 1989) betreut worden war, hat sich in kurzer Zeit aus dieser Vormundschaft befreit und sich dabei – mehr oder weniger ungewollt – quasi über Nacht den Boden der ungewöhnlich hohen, selbstverständlichen Sicherheit unter den Füßen weggezogen. *Ein Höchstmaß an sozialer Sicherheit hat sich schlagartig in ein Übermaß an Unsicherheit verkehrt.* Diese neue große Unsicherheit weist eine Vielzahl von Facetten auf.

Zu ihren gravierendsten Erscheinungen gehören die Turbulenzen auf dem *Arbeitsmarkt*. In einer Arbeitsmarktkrise von historisch einmaligen Dimensionen verschwanden bis zum Sommer 1992 innerhalb von zwei Jahren ca. ein Drittel aller Arbeitsplätze. Von dem verbliebenen Rest konnte 1993 etwa jeder vierte Arbeitsplatz nur durch arbeitsmarktpolitische Maßnahmen erhalten werden. Daher lag die Unterbeschäftigungsquote in Ostdeutschland in diesem Jahr mit ca. 34% um fast das Vierfache höher als in Westdeutschland mit 9,2%.[6]

Die Ostdeutschen sind von den Arbeitsplatzrisiken nicht nur erheblich häufiger betroffen als die Westdeutschen, sondern auch *psychisch stärker belastet*. „Das Leiden aller Leiden ist die Arbeitslosigkeit" – dieser Satz *Martin Walsers* gilt für die Menschen in den neuen Ländern in besonderem Maße. Zum einen waren ihnen Unsicherheiten dieser Art bislang völlig unbekannt, und zum anderen hatten die Arbeit und der Arbeitsplatz in ihrem Leben einen zentralen Stellenwert: Mit der Arbeit gehen nicht nur ein sicheres Einkommen, das Gefühl „gebraucht zu werden" und ein besonders wichtiger Lebensinhalt – Arbeit war für Ostdeutsche, wie erwähnt, wichtiger als für Westdeutsche (vgl. S. 125) – verloren, sondern auch die soziale Einbettung in das Arbeitskollektiv und wichtige Sozialleistungen des Betriebes (Ferienplätze u.a.), die im Westen weitgehend unbekannt sind.

Zusätzlich zu den Arbeitsplatzrisiken bringt der soziale Umbruch eine ganze Reihe weiterer Unsicherheiten und Belastungen mit sich, die den Westdeutschen in diesem Ausmaß erspart bleiben:
– Die *Entwertung* vieler fachlicher, sozialer, moralischer und politischer *Qualifikationen*, die eng an das sozialistische System gekoppelt waren;

– *Identitätsprobleme* und *-krisen* durch eine weitgehende materielle und moralische Entwertung der bisherigen Lebensleistungen (dazu Raddatz 1991, Belwe 1992, Koch 1993);
– der partielle Zusammenbruch des *Netzes bisheriger sozialer Kontakte und Beziehungen* am Arbeitsplatz, in der Freizeit, z. T. auch in der Nachbarschaft (vgl. z. B. Winkler 1994: 35).
Im Zuge des raschen und radikalen Umbruchs nahezu aller Lebensumstände breiten sich Erscheinungen aus, die sich als Symptome eines vergleichsweise hohen Grades an *Anomie* („Abwesenheit von Gesetz", Regellosigkeit in der Gesellschaft und im Inneren der Menschen) deuten lassen:
– Ein hohes – leicht rückläufiges – Maß an *Orientierungslosigkeit:* 1990 zeigten 29 % der Ostberliner leichte und weitere 29 % stärker ausgeprägte Symptome von Orientierungsschwierigkeiten, unter den Westberlinern betrugen die entsprechenden Anteile nur 14 % bzw. 11 %.[7]
– Ein Anstieg der *Kriminalität* und eine hohe *Kriminalitätsfurcht:* Dunkelfeldstudien kommen der tatsächlichen Entwicklung der Kriminalität erheblich näher als die mangelhaften Daten der polizeilichen Kriminalstatistiken. Sie belegen, daß die Straftaten nach der Wende in einem erschreckenden Umfang zugenommen haben. 1991 war die Zahl der Raubüberfälle (ohne Handtaschenraub), Autodiebstähle, Kfz-Beschädigungen und Körperverletzungen pro Kopf der Bevölkerung fast doppelt so hoch wie in den alten Ländern, bei Betrug und Einbruch war der Abstand zu Westdeutschland noch größer (Bilsky u. a. 1993; vgl. auch Ludwig 1992).[8]
– Eine höhere *Anfälligkeit gegenüber politischen Extremismen:* Fast alle vergleichenden Studien stimmen darin überein, daß in den neuen Ländern mehr Menschen anfällig sind gegenüber radikalen Parolen, Einstellungen und Handlungen als in den alten Ländern. Ein erschreckendes Symptom dieser Anfälligkeit ist die „Ausländerfeindlichkeit ohne Ausländer".[9]
– *Lähmungserscheinungen in der Privatsphäre:*[10] Im Umbruch hat sich die Zahl der Eheschließungen und Geburten sprunghaft mehr als halbiert, und die Scheidungen sanken sogar um mehr als zwei Drittel. Diese plötzlichen, historisch einmaligen

Einbrüche dürfen nicht als „Krise der Familie" gedeutet werden. Sie signalisieren vielmehr Lähmungserscheinungen in der privaten Lebensplanung: Viele Ostdeutsche sind durch den radikalen Wandel außerhalb der Familie so in Anspruch genommen, daß sie davor zurückschrecken, auch noch wichtige und langfristig folgenreiche Veränderungen in ihrem Privatleben vorzunehmen. Die engsten Beziehungen in der Privatsphäre sollen einen ruhenden Pol im Wirbel der dramatischen Umbrüche in anderen gesellschaftlichen Bereichen bilden.

2. Verringerung des Wohlstandsgefälles

Die angenehme Seite der nachholenden Modernisierung im Zeitraffertempo ist eine deutliche Wohlstandssteigerung. Nicht alle Blütenträume der Ostdeutschen, die in der Anfangseuphorie nach dem Zusammenbruch der DDR reiften, gefördert vom naiven Optimismus und von der Wahltaktik westdeutscher Politiker, gingen in Erfüllung. Aber das Ost-West-Wohlstandsgefälle wurde in kurzer Zeit um ein erhebliches Stück verringert. Ich skizziere in diesem Abschnitt nur die durchschnittliche Entwicklung dieses vielschichtigen Prozesses, von dem verschiedene Gruppen in unterschiedlicher Weise profitiert haben (vgl. Kap. II).

Der sehr schnelle Anstieg der Löhne und Gehälter von etwa einem Drittel (1989) auf ca. Dreiviertel (1993) des Westniveaus[11] überzeichnet die Verbesserung der materiellen Situation der Familien, weil viele Haushalte von der offenen oder verdeckten Arbeitslosigkeit auch finanziell betroffen sind. Aber auch die Ost-West-Lücke im *verfügbaren Realeinkommen der Arbeitnehmerhaushalte* hat sich innerhalb von zwei Jahren fast halbiert: 1989 erzielten ostdeutsche Arbeitnehmerhaushalte im Durchschnitt etwa die Hälfte und Ende 1991 bereits knapp drei Viertel der westdeutschen Realeinkommen (DIW-Wochenbericht 29/91: 414). 1992 verlief die Annäherung an den Westen langsamer, und 1993 kam sie ganz zum Stillstand.[12]

Die Einkommenssprünge in den neuen Ländern, die die

deutsche Vereinigung in den beiden ersten Jahren begleiteten, sind in der Geschichte der Bonner Republik unbekannt. Selbst in den „goldenen 60er Jahren" des Wirtschaftswunders verharrten die höchsten Steigerungen der Reallöhne und -gehälter bei maximal 5 bis 6,5 % jährlich, mit einem Gipfel von 9,4 % im Jahre 1970.

Der deutliche Anstieg des Lebensstandards läßt sich auch am Qualitätssprung im Konsum- und Dienstleistungsangebot ablesen sowie an verschiedenen anderen Indikatoren; z. B.:

– am *Motorisierungsboom:* Der Pkw-Bestand hat sich zwischen 1989 und 1993 von 228 auf mindestens 413 Fahrzeuge pro 1000 Einwohner[13] fast verdoppelt (alte Länder: 506). Was sich in den neuen Ländern innerhalb von drei bis vier Jahren vollzog, dauerte in Westdeutschland etwa viermal so lange – von 1970 bis 1984 (Anstieg von 230 auf 412 Pkws pro 1000 Einwohner).

– am *Ausstattungsschub* in den Haushalten: Die Lücke in der Ausstattung mit Haushaltsgeräten, Unterhaltungselektronik, Computern und Telefon ist deutlich kleiner geworden. So stieg z. B. zwischen 1988 und 1993 der Anteil der ostdeutschen Haushalte mit vollautomatischen Waschmaschinen von 66 auf 91 % (alte Länder 88 %), mit Farbfernsehern von 52 auf 92 % (alte Länder 93 %) und mit Telefon von 16 auf 49 % (alte Länder 97 %).[14]

– an der *Verbesserung der Wohnsituation:* Nach wie vor bestehen erhebliche Unterschiede zwischen Ost und West in der Qualität des Wohnens und in der Zufriedenheit mit den Wohnbedingungen (dazu ausführlich Schröder 1994). Die grundlegende Sanierung der heruntergekommenen Wohnhäuser, Stadtviertel und Dörfer ist ein langwieriger Prozeß. Aber die Ostdeutschen konnten sich kurzfristig durch Um- und Einbaumaßnahmen viele kleinere Wohnwünsche erfüllen.[15]

Bei den Bemühungen, das *Umweltgefälle* zwischen den beiden Teilen Deutschlands auszugleichen, konnten in den ersten drei Jahren nach der Vereinigung „sehenswerte und spürbare ... Erfolge erzielt werden, vor allem bei der Schadstoffbelastung von Boden, Wasser und Luft" (Hillenbrand 1993: 662). Einige Stichworte dazu lauten: Stillegung umweltbelastender Betriebe;

Verzicht auf umweltfeindliche Energieträger; Umstieg auf umweltfreundlichere Autos; Reduzierung des überhöhten Energieverbrauchs (Hillenbrand 1993: 636; Noll 1994: 3).

3. Die subjektive Bilanz der Ostdeutschen: mehr Verbesserungen als Verschlechterungen

Wie reagieren die Ostdeutschen „unter dem Strich" auf den Umbruch mit seinen positiven und negativen Folgen für ihre persönliche Situation? 1993 gaben 48 % an, daß sich ihre persönlichen Lebensbedingungen seit 1990 eher verbessert hatten, für 23 % hatten sie sich eher verschlechtert, und 29 % sahen keine großen Unterschiede (Noll 1994: 2). Durch die nachholende Modernisierung im Zeitraffertempo wurde also nicht nur das „objektive" Wohlstandsgefälle ein erhebliches Stück verringert, sondern auch die persönliche Gesamtbilanz der Betroffenen sieht in den neuen Ländern – trotz aller Krisen- und „Schock"-Phänomene – unter dem Strich doch doppelt so häufig positiv wie negativ aus.

V. Neue Konfliktlinien

Die Verwandlung der Ost-West-Ungleichheiten von einer zwischengesellschaftlichen zu einer innergesellschaftlichen Kluft hat neue komplexe Konfliktlinien entstehen lassen. Gegensätze, die aus unterschiedlichen sozioökonomischen Interessenlagen herrühren, vermischen sich dabei mit sozialpsychologischen Spannungen, die bei dem Versuch auftauchen, zwei Bevölkerungen mit ungleichen ökonomischen, sozialen und kulturellen Ausgangsbedingungen und mit unterschiedlichen Biographien und Erfahrungen in grundlegend anderen Lebenswelten zu einer Gesellschaft zu „integrieren".

1. Der neue Ost-West-Verteilungskonflikt: ein Interessengegensatz mit Elementen eines Klassenkonflikts

Der klassische Verteilungskonflikt zwischen Oben und Unten wird durch die Vereinigung ergänzt durch einen *zusätzlichen regionalen Verteilungskonflikt* zwischen Ost und West, dessen Linien „quer" zu den traditionellen vertikalen Konfliktlinien verlaufen. Seine zentrale Ursache liegt darin, daß sich die Ost-West-Wohlstandsschere schneller schließt als die Ost-West-Produktivitätsschere, so daß über längere Zeit *umfangreiche Leistungstransfers von West nach Ost* (vgl. Lillig 1993) notwendig sind. So hatte die Wertschöpfung pro Einwohner in den neuen Ländern 1993 erst 45 % des Westniveaus erreicht, aber der private Konsum pro Kopf lag bei 62 % (Statistisches Bundesamt). Für nahezu alle Westdeutschen – von den sog. „Besserverdienenden" bis zu den Arbeitslosen, Bafög- und Sozialhilfeempfängern – ist zu spüren, daß sie ihren Beitrag zu diesem Transfer zu erbringen haben.

Die Folge des West-Ost-Transfers ist ein Verteilungskonflikt über die Dauer der Angleichung und die damit verbundene Höhe des Transfers, der die Züge eines *klassischen antagonistischen Interessengegensatzes* im *Marxschen* Sinne annimmt. Von unterschiedlichen Soziallagen – *Marx* würde sagen „Klassenlagen" – in Ost und West rühren unterschiedliche Interessen mit unterschiedlichen politischen Zielen her: Die Ostdeutschen sind an einem möglichst schnellen Abbau des West-Ost-Wohlstandsgefälles und damit an möglichst hohen Transfers interessiert; die Westdeutschen dagegen an möglichst niedrigen Transfers, die dann einen langsameren Abbau des Gefälles zur Folge haben.

Daß dieser Interessenkonflikt nicht nur eine Konstruktion der sozialwissenschaftlichen Theorie ist, sondern auch von der Bevölkerung wahrgenommen wird, zeigen die folgenden Umfrageergebnisse: Im Frühjahr 1993 fühlten sich nur noch 22 % der Westdeutschen und 11 % der Ostdeutschen als Deutsche, die „miteinander solidarisch" sind; aber 71 % der Westdeutschen und 85 % der Ostdeutschen sahen die Bevölkerungen in den alten und neuen Ländern als Menschen „mit entgegengesetzten Interessen" (Noelle-Neumann 1993). Der neue regionale Ost-West-Interessenkonflikt hat in den Augen der Westdeutschen inzwischen dieselbe Intensität angenommen wie der traditionelle vertikale Konflikt zwischen Arbeitgebern und Arbeitnehmern, nach Meinung der Ostdeutschen ist er sogar noch intensiver (Landua, Habich u. a. 1993: 88).

Der ökonomisch-politische Gegensatz wird ergänzt – und verschärft – durch ein zusätzliches sozialpsychologisches Spannungsfeld, durch die *Dialektik von westdeutscher Dominanz und ostdeutscher Deklassierung*. 40 Jahre deutsche Teilung haben in den Köpfen und Seelen der Menschen die Kategorien Westdeutsch-Ostdeutsch entstehen lassen, die nach der Wende umgangssprachlich als „Wessi" und „Ossi" manifest wurden. Das Gefühl der Zugehörigkeit zur einen oder anderen Gruppierung der Deutschen verband sich bei vielen sehr schnell mit Vorstellungen des Oben bzw. Unten: Mit Westdeutsch und Ostdeutsch wurde nicht nur Ungleich*artigkeit*, sondern auch Ungleich*wertigkeit* assoziiert. Viele Umfrageergebnisse belegen, daß sich insbesondere bei den Ostdeutschen schnell Gefühle des Zurückgesetztseins und der Benachteiligung breitmachten. Auch 1994 ist das schlimme Gefühl der Zweitrangigkeit, „Bürger zweiter Klasse" zu sein, noch bei 82 % der Ostdeutschen vorhanden (DER SPIEGEL 8/1994: 43). Die westdeutsche Dominanz in nahezu allen Lebensbereichen hatte zur Folge, daß eine große Mehrheit der Ostdeutschen die deutsche Einheit als allgemeine Abwertung und Ausgrenzung empfand, als ökonomische, soziale, kulturelle und politische Deklassierung.

Das Gefühl der *ökonomischen Deklassierung* kommt darin zum Ausdruck, daß 1991 etwa Dreiviertel der Ostdeutschen der Ansicht waren, im Vergleich zu anderen Deutschen nicht „den gerechten Anteil" zu erhalten (Noll/Schuster 1992: 221).

Die *soziale Deklassierung* bezieht sich auf einen Mangel an sozialer Anerkennung, auf kränkende Erfahrungen im Umgang mit Westdeutschen, die selbstgerecht oder auch überheblich, anmaßend und vorurteilsgeladen auf die Erblast des realsozialistischen Systems („ineffizient", „heruntergekommen", „marode", „verrottet", „verheerend" u. ä.) und auf die Überlegenheit „des Westens" verweisen. So halten 82 % der Ostdeutschen sehr viele Westdeutsche für „Besserwessis" (Greiffenhagen 1993: 372).[16]

Die *kulturelle Deklassierung* (Bluhm 1993: 65) hängt eng mit der sozialen zusammen: Bestimmte Mentalitäten, Wertorientierungen, Einstellungen und Verhaltensweisen, die unter Ostdeutschen weiter verbreitet sind als unter Westdeutschen, werden aus westdeutscher Sicht teilweise als „rückständig" oder „vormodern", als unpassend und dysfunktional für eine moderne Gesellschaft eingestuft.

Das West-Ost-Machtgefälle ruft schließlich den Eindruck der *politischen Deklassierung* hervor. 1991 waren 63 % der Ostdeutschen der Ansicht, die Westdeutschen hätten die ehemalige DDR im Kolonialstil erobert (Greiffenhagen 1993: 372). Unbehagen verursacht z. B. die partielle westdeutsche Überschichtung der ostdeutschen Gesellschaft: Die wichtigen Funktionseliten der neuen Länder in Politik, Wirtschaft, Verwaltung, in den Gewerkschaften und Massenmedien sind mit Westdeutschen durchmischt, bei Militär, Justiz und bei den neu entstandenen öffentlich-rechtlichen Rundfunkanstalten sind sie ganz in westdeutscher Hand (vgl. Herzog 1992; Geißler 1993b: 585f.); der höhere Dienst in Brandenburg war Ende 1991 zu 52 % mit westdeutschen „Leihbeamten" besetzt (Grundmann 1994: 34). Dazu kommt die Notwendigkeit, sich den neuen ungewohnten westdeutschen Rechtsnormen und komplizierten bürokratischen Regelungen zu unterwerfen.

Man könnte versucht sein, den Ost-West-Konflikt als Konflikt einer Zwei-Klassen-Gesellschaft, als einen *regional verankerten Klassenkonflikt* zwischen einer dominanten „Westklasse" und einer subordinierten „Ostklasse" zu begreifen. Allerdings existieren auch *innerhalb* dieser neuen *Regionalklassen* krasse soziale Ungleichheiten sowie die traditionellen vertikalen Konfliktlinien, und auch in der folgenden Skizze der konfliktverschärfenden und konfliktdämpfenden Faktoren tauchen Besonderheiten auf, die davor warnen, die Analogie zum Klassenkonflikt zu weit zu treiben.

2. Konfliktverschärfende Besonderheiten

Als konfliktverschärfend lassen sich vier Probleme ausmachen: das Legitimationsproblem, das Problem hoher Ansprüche und übertriebener Diskrepanzen, das Solidaritätsproblem und das Problem der inneren Entfremdung.

Das *Legitimationsproblem*. Vertikale soziale Ungleichheiten werden im wesentlichen meritokratisch legitimiert; sie sollen Ausdruck unterschiedlicher Belohnungen für unterschiedliche *individuelle* Leistungen sein. Dieses *meritokratische Muster* ist für die Legitimation der neuen regionalen Ungleichheiten völlig *untauglich*. Auch die West-Ost-Unterschiede haben zwar durchaus etwas mit unterschiedlichen Leistungen zu tun, aber nur mit der unterschiedlichen Effizienz ganzer Systeme und Regionen und nicht mit den unterschiedlichen Leistungen einzelner Individuen.

Die Legitimität der Ost-West-Ungleichheiten wird zusätzlich beeinträchtigt durch eine fortschreitende *Ursachenverschiebung*. Die historisch-systemischen Ursachen der Ost-West-Ungleichheiten rücken mit dem wachsenden zeitlichen Abstand zum Zusammenbruch der DDR immer weiter in den Hintergrund der öffentlichen Aufmerksamkeit; die öffentliche Diskussion beschäftigt sich statt dessen immer stärker mit der Frage nach den tatsächlichen oder vermeintlichen Fehlern der Politiker im Vereinigungsprozeß. Nachweisbare historische und mögliche politische Ursachen der regionalen Ungleichheit verbinden sich zu einer diffusen, undurchdringlichen Mischung, die dem Parteienstreit ausgesetzt ist und der auch die Experten keine konsensfähigen Konturen geben können. Da die Ostdeutschen 40 Jahre lang mit der Ideologie der Planbarkeit und Steuerbarkeit von Wirtschaft und Gesellschaft vertraut gemacht worden sind und da es einfacher ist, die Ursachen für Probleme bei den Politikern der Gegenwart zu suchen statt in einer Vergangenheit, in die man selbst verstrickt ist, sind sie für die Ursachenverschiebung sehr empfänglich.[17]

Das Problem hoher Ansprüche und übertriebener Diskrepanzen. Ein Jahr nach der Währungsunion ist die Einkommenszufriedenheit gesunken, obwohl sich die Einkommen erheblich verbesserten. Die Einkommensansprüche sind also schneller gestiegen als die Einkommen selbst. Zwischen 1991 und 1993 hat dann die Zufriedenheit mit dem Einkommen wieder etwas zugenommen, verharrt aber noch auf einem niedrigen Niveau (vgl. Häder/Nowossadek 1993: 29ff.). Ein Grund dafür dürfte sein, daß die Ostdeutschen – beeinflußt von der sozialistischen Gleichheitsidee und geprägt vom Leben in einer sozial stark nivellierten Gesellschaft – gegenüber sozialen Ungleichheiten besonders empfindsam reagieren.

Die Ansprüche der Ostdeutschen orientieren sich mit Recht an den westdeutschen Lebensbedingungen und nicht an der Situation in anderen postsozialistischen Gesellschaften Osteuropas. Allerdings wird die Ost-West-Diskrepanz überdimensioniert wahrgenommen; sie erscheint stärker, als sie tatsächlich ist. Ostdeutsche schätzen das Niveau der westdeutschen Lebensbedingungen erheblich höher ein, als es die Westdeutschen selbst tun. Aus der östlichen Ferne glänzt der Westen goldener als aus der erfahrenen Nähe. Auf der anderen Seite unterschätzen die Ostdeutschen das Niveau der Lebensbedingungen in den neuen Ländern; die Mangellage kommt ihnen drastischer vor, als diese de facto ist.[18]

Das Solidaritätsproblem: Ein inzwischen mehrfach belegtes Erbe realsozialistischer Sozialisation ist ein Mehr an mitmenschlich-solidarischen Haltungen. Rücksichtnahme auf andere, solidarische Einstellungen, soziale Sensibilität sind unter der ostdeutschen Bevölkerung weiter verbreitet als unter der westdeutschen (Belege bei Geißler 1993c: 47). Offensichtlich hat das solidarische Element der sozialistischen Ideologie und Sozialstruktur die Entstehung von Solidarität begünstigt – evtl. im Zusammenspiel mit der Mangelsituation im DDR-Alltag, wo mehr Menschen auf gegenseitige Unterstützung und Hilfe angewiesen waren als in der vergleichsweise individualistischen westdeutschen Wohlstandsgesellschaft. Auf einem solchen sozialpsychologischen Nährboden wachsen hohe Ansprüche an die Bereitschaft der Westdeutschen zum Helfen und Teilen, und es wird verständlich, daß westdeutsches Zögern schnell als

Verweigerung von Solidarität empfunden wird und Enttäuschung hervorruft.

Das Problem der inneren Entfremdung. Der ökonomisch-politische Interessengegensatz fällt zusammen mit einer zweiten Konfliktlinie, die eher einem sozialpsychologischen deutsch-deutschen Beziehungskonflikt ähnelt. Nachdem die euphorische Vereinigungsstimmung des Herbstes 1989 abgeklungen war, wurde nach und nach sichtbar, daß sich die Deutschen in Ost und West in den vier Jahrzehnten deutscher Teilung teilweise „auseinandergelebt" haben. Auch im politisch vereinten Deutschland sind sich die Deutschen nicht nähergekommen, sondern innerlich fremder geworden. Mit innerer Entfremdung ist hier gemeint, daß die gegenseitigen Sympathien nach der „äußeren" Vereinigung rückläufig sind und die gegenseitigen Vorstellungen voneinander durch große Informationsdefizite – wobei Ostdeutsche über Westdeutschland besser informiert waren und sind als umgekehrt – und durch erhebliche Vorurteile und Vorbehalte dominiert werden.[19]

3. Konfliktdämpfende Besonderheiten

Neben den konfliktverschärfenden Elementen enthält der Ost-West-Interessenantagonismus auch konfliktdämpfende. Er wird vor allem durch zwei Besonderheiten gemildert, die nicht in das Schema des Klassenkonflikts passen: durch ein nationales Gefühl der Gemeinsamkeit und Solidarität sowie durch die vielfältige Brechung des Konflikts im System politisch relevanter Institutionen. Konfliktdämpfend wirkt außerdem die partielle vertikale Umlenkung des regionalen Konflikts.

Nationale Gemeinsamkeit und Solidarität. Wie Umfragedaten aus den 80er Jahren zeigen, hat die Idee einer deutschen Nation die vierzigjährige Teilung nicht nur im Grundgesetz oder in rituellen Formeln wie „Brüder und Schwestern in der DDR", sondern auch in den Köpfen der westdeutschen Bevölkerung recht unbeschadet überdauert: 1987 waren 78 % der Westdeutschen – bei den über 50jährigen mehr als 90 %! – der

Ansicht, die Deutschen seien „ein Volk", nur 21% teilten die „Zwei-Völker-These" (Herdegen/Schultz 1993: 261). Die ostdeutsche Einheitsparole „Wir sind ein Volk" stieß also nicht nur auf ein abwehrendes westdeutsches „Wir auch!", wie es ein Wende-Witz karikiert, sondern vor allem auf ein schlummerndes Gefühl der nationalen Zusammengehörigkeit der Deutschen. Appelle an die gesamtdeutsche Solidarität, wie sie in der frühen Formel „Die Teilung ist nur durch Teilen zu überwinden" *(de Maizière)* oder in späteren Etiketten wie „Solidaritätszuschlag" oder „Solidarpakt" zum Ausdruck kommen, konnten und können mit einem nationalen Resonanzboden rechnen, der die gegensätzlichen Interessenlagen überspannt. Auch 1993, nachdem die Einheitseuphorie schon längst von den zunehmenden Belastungen der Vereinigung erdrückt worden ist, sind noch 71% der Westdeutschen (Ostdeutsche: 70%) bereit, weitere Kosten der Einheit bei gerechter Verteilung mitzutragen; allerdings wollen 56% (Ostdeutsche: 65%) keine weiteren finanziellen Belastungen auf sich nehmen (Landua, Habich u.a. 1993: 92).

Vielfältige Brechung des Konflikts. Die zweite konfliktdämpfende Besonderheit besteht darin, daß sich der Ost-West-Gegensatz kaum im politisch relevanten Institutionengefüge widerspiegelt. Der vertikale Verteilungskonflikt, der Gegensatz von Arbeit und Kapital, ist auch heute noch institutionell verankert – sehr klar im Gefüge der Interessenverbände und tendenziell auch im Parteiensystem. Dieses ist im Hinblick auf den neuen regionalen Verteilungskonflikt nicht der Fall: Es gibt keine Ost-Gewerkschaft, keinen Ost-Verband, keine starke Ost-Partei (die PDS vertritt nur etwa ein Fünftel der ostdeutschen Wähler), kein Ost-Fernsehen, wie es die Regierung Modrow noch plante, keine Instanz, bei der Ostdeutsche die Einhaltung der Einigungsverträge einklagen könnten. Der Ost-West-Konflikt wird im wesentlichen nicht *zwischen* verschiedenen Institutionen, die unterschiedliche Interessen bündeln, ausgetragen, sondern *innerhalb* nationaler Institutionen, innerhalb von Parteien, Gewerkschaften oder Verbänden, die bereits vor dem Auftauchen der neuen Konfliktlinie in den alten Ländern existierten und die sich unter Bewahrung ihrer traditionellen äußeren Struktur einfach auf das neuhinzugekommene Gebiet ausdehnten.[20] Ihre Organisation orientiert sich am Übergreifenden, am Gemeinsamen, am Nationalen und nicht am Gegensätzlichen. Dadurch wird der neue regionale Konflikt vielfach institutionell gebrochen und entschärft.

Die partielle vertikale Umlenkung des regionalen Konflikts. Eine dritte Besonderheit wirkt dämpfend auf den Ost-West-Gegensatz, heizt dafür aber den vertikalen Verteilungskonflikt an. Die westdeutschen Arbeitnehmer nehmen zwar Steuererhöhungen und Sozialabgaben hin, die zur Mitfinanzierung des West-Ost-Transfers eingezogen werden; aber sie dürften versucht sein, in den Tarifauseinandersetzungen für einen Ausgleich zu kämpfen, um reale Einkommensverluste zu vermeiden oder zu minimieren. Der regionale Konflikt wird also teilweise vertikal umgelenkt. Der traditionelle vertikale und der neue regionale Interessengegensatz existieren nicht völlig unabhängig voneinander, sondern sind über das Scharnier der partiellen vertikalen Umlenkung des regionalen Verteilungskonflikts miteinander verknüpft.

VI. Bilanz und Ausblick

Fünfundvierzig Jahre deutscher Teilung haben krasse soziale Ungleichheiten zwischen den beiden deutschen Teilgesellschaften hervorgebracht. Die unterschiedlichen Systeme in Ost und West haben sich langfristig nicht angenähert, wie es Konvergenztheoretiker wie *Raymond Aron* in den 50er und 60er Jahren vorhergesagt hatten, sondern das größere Modernisierungspotential und die überlegene Leistungsfähigkeit des westdeutschen Systems für die Befriedigung wichtiger Bedürfnisse hatte – trotz aller Schwächen und Widersprüche der Modernisierungsdynamik – die Ost-West-Kluft in den Lebensbedingungen immer größer werden lassen. Nach der Implosion des Realsozialismus – einem Infarkt infolge der Defizite an Wohlstand, Arbeitsqualität und Freiheit – haben sich die sozialen Ungleichheiten zwischen den beiden Gesellschaften zu innergesellschaftlichen Ungleichheiten verwandelt, und das vereinigte Deutschland steht vor der Herausforderung, diese Unterschiede in den Lebensbedingungen schnellstmöglich abzubauen.

Die bisherige Bilanz des Wandels der „alten" Ost-West-Kluft ist ambivalent: Einerseits ist das Wohlstandsgefälle mit westdeutscher Hilfe um ein erhebliches Stück verringert worden; auf der anderen Seite sind die radikalen sozialökonomischen Umbrüche mit Schockerlebnissen und großen Unsicherheiten verknüpft, so daß mit dem Abbau alter Ungleichheiten vorübergehend auch die Entstehung neuer Ungleichheiten einhergeht. Die Ostdeutschen müssen den Abbau des Wohlstandsgefälles vorübergehend mit Zweitrangigkeit und mit hohen, schmerzhaften Verlusten an sozialer Sicherheit bezahlen; dagegen nehmen sich die bisherigen Kosten der deutschen Einheit für die Westdeutschen – der Abschied von der liebgewonnenen Gewohnheit ständiger Wohlstandssteigerung[21] oder auch geringfügige Wohlstandseinbußen – recht bescheiden aus.

Mit der neuen Ost-West-Kluft sind auch neue Konfliktlinien entstanden. Der klassische vertikale Konflikt wird durchkreuzt von einem neuen regionalen Ost-West-Konflikt von ähnlicher Intensität und Zentralität. Dabei fällt der ökonomisch-politische Interessengegensatz um die Höhe des West-Ost-Transfers mit weiteren sozialpsychologischen Spannungen zwischen Ostdeutschen und Westdeutschen zusammen, die ebenfalls aus den ungleichgewichtigen Entwicklungen während der Teilung herrühren. Sie entstehen insbesondere durch die weitgehend unvermeidliche westdeutsche Dominanz in verschiedenen Bereichen, auf die Ostdeutsche mit Deklassierungsgefühlen reagieren.

Fünf Jahre nach der friedlichen Revolution ist das vereinte Deutschland von der Angleichung der Lebensbedingungen in Ost und West noch ein erhebliches Stück entfernt, und es ist absehbar, daß die soziale Einheit im Sinne der Herstellung gleicher Lebensverhältnisse ein langwieriger Prozeß ist. Die Deutschen – insbes. ihre wichtigen Entscheidungsträger und Meinungsführer – stehen dabei vor der Aufgabe, beim Abbau der

Ost-West-Kluft ein mittleres „goldenes Tempo" zu finden, das weder die Geduld der Ostdeutschen noch die Solidaritätsbereitschaft der Westdeutschen überfordert. Noch länger und schwieriger dürfte der Weg zur inneren Einheit sein, zur Aufhebung der Dialektik von westdeutscher Dominanz und ostdeutscher Deklassierung und zum Abbau der inneren Entfremdung. Hier ist es von Vorteil, daß sich die Konflikte nur sehr begrenzt im Gefüge der politisch relevanten Institutionen widerspiegeln. Unter dem Dach gemeinsamer Institutionen lassen sie sich wahrscheinlich mit mehr gegenseitigem Verständnis und Respekt austragen als im Gegeneinander kämpferischer Parteien und Interessenorganisationen. Insgesamt bleibt eine ernüchternde langfristige Perspektive: Die Folgen von fast einem halben Jahrhundert der ungleichen Entwicklung sind nicht innerhalb weniger Jahre zu beseitigen.

Wolfgang Hörner

Bildungseinheit: Anpassung oder Reform?
Die Integrationsfrage im Bildungswesen der neuen Bundesländer

Die Vision des Erziehungswissenschaftlers:
„Die Wende und die deutsche Vereinigung sind ohne Zweifel der dritte wichtige Impuls für eine Veränderung der Schulen in diesem Jahrhundert nach der pädagogischen Bewegung um 1920 (...) und nach der Schulreformbewegung um 1970 (...)."[1]

Der Appell des Bildungspolitikers:
„Seinen Nachfolger forderte Ortleb auf, die Chancen der deutschen Einheit zu nutzen, um Verkorkstes, Verqueres, Verstrittenes im Bildungssystem auszumerzen."[2]

Die Vorgaben des Einigungsvertrages:
„Die bei der Neugestaltung des Schulwesens [im Beitrittsgebiet] erforderlichen Regelungen werden von den ‚neuen' Ländern getroffen. (...) [Dabei] sind Basis das Hamburger Abkommen und die weiteren einschlägigen Vereinbarungen der Kultusminister."[3]

I. Bildungseinheit als Problem

Es scheint angesichts der föderalistischen Verfassung der Bundesrepublik Deutschland unmittelbar einsichtig zu sein, daß die *Einheit des Bildungswesens* nicht dieselbe Bedeutung haben kann wie die *politische Einheit*. Der Kulturföderalismus hat zur

Folge, daß der Gesamtstaat, um die verfassungsrechtlich geschützte Mobilität der Bürger sicherzustellen, nur die Einheit der Grobstrukturen und der Abschlüsse des Bildungswesens garantieren kann. Bildungseinheit im föderalistischen Staat bedeutet also stets „Einheit in der Vielfalt". Der Begriff Bildungseinheit kann aber noch auf andere Problemfelder verweisen. Bildungseinheit im materiellen Sinn setzt die Gleichheit der sozialen und ökonomischen Rahmenbedingungen voraus. Solange diese Rahmenbedingungen noch qualitativ unterschiedlich sind, ist auch die Einheit in bezug auf die Bildung noch nicht gesichert. Dieses Problem läßt sich, wie noch zu zeigen sein wird, am Beispiel der Berufsbildung besonders plastisch verdeutlichen. Als Problem der materiellen Rahmenbedingungen kann aber auch die Lehrerfrage angesehen werden: Man kann kaum von Einheit sprechen, wenn die wie auch immer definierten neuen „gleichen" Lerninhalte von „alten" Lehrern unterrichtet werden sollen, d.h. von Lehrern, die aus dem alten System kommen und auf die neuen Inhalte und die neuen pädagogischen Konzepte nur unvollkommen vorbereitet sind.

Behält man diese grundsätzlichen Einschränkungen des Einheitskonzepts im Auge, dann kann man noch einen weiteren grundlegenden Aspekt der Einheitsproblematik aufzeigen, der dazu führt, daß der Einheitsgedanke im Bildungswesen sozusagen eine dialektische Dimension bekommt. In streng logischem Sinn kann die Einheit zwischen zwei unterschiedlichen Größen auf zweifache Weise erreicht werden: entweder dadurch, daß sich eines der beiden Elemente dem anderen völlig anpaßt – das wäre ein eher statisches Verständnis von Einheit –, oder dadurch, daß beide Elemente sich aufeinander zubewegen, sich beide verändern, so daß etwas Neues entsteht. Im logischen Idealfall entstünde so eine Synthese aus beiden Elementen, zumindest aber müßte dieser Prozeß der Herstellung der Einheit so vonstatten gehen, daß auch das dominante Element sich verändert. Die Integration des neuen Elements würde dann nicht als bloße Assimilation verstanden, sondern als Interaktionsprozeß, in dessen Verlauf beide Elemente potentiell veränderbar sind.

Dieser Gedanke bildet offensichtlich den Hintergrund der ersten beiden Zitate, die unseren Überlegungen vorangestellt sind. Aus der Sicht mancher Bildungsreformer wird die Herstellung der Bildungseinheit tatsächlich als Chance gesehen, einen längst überfälligen Innovationsschub für das Bildungswesen im *gesamten Deutschland* auf den Weg zu bringen. Die Erwartung erstreckt sich von einem enthusiastisch-hyperbolischen Vergleich des (erhofften) Veränderungsimpulses mit der reformpädagogischen Bewegung der 20er Jahre bis zum vergleichsweise bescheidenen Appell eines (ohnehin kompetenzarmen) aus Ostdeutschland stammenden Bundesbildungsministers, die Gunst der historischen Stunde – noch vier Jahre nach dem Vollzug der politischen „Einheit"! – zu nutzen, um (auch im Westen) Fehlentwicklungen des Bildungswesens zu korrigieren.

Auf der anderen Seite steht eine eher nüchterne administrative Wirklichkeit, die im Zitat aus dem „Bildungsparagraphen" des Einigungsvertrages aufscheint. Dort wird offensichtlich nur im „Beitrittsgebiet" eine Umgestaltung des Bildungswesens für notwendig erachtet, und diese soll auf die in den Altbundesländern schon geltenden Vereinbarungen der Kultusministerkonferenz (KMK) festgelegt werden.

Der Einigungsvertrag scheint also auch im Bildungsbereich von einem eher durch Assimilation gekennzeichneten Einheitsgedanken auszugehen. Läßt eine solche Interpretation dann überhaupt noch Interaktionsspielräume zu? Die Antwort auf diese Frage ist komplex und wird sicherlich zum Teil widersprüchlich ausfallen. Einerseits bedeutet die Festlegung auf das „Hamburger Abkommen" und die „weiteren einschlägigen Vereinbarungen der Kultusminister" natürlich eine starke Einschränkung des Interaktionsspielraumes im allgemeinen und der Umgestaltungsmöglichkeiten des Bildungswesens in den neuen Bundesländern im besonderen. Andererseits haben die Vereinbarungen der Kultusministerkonferenz in der Sicht einiger Schuljuristen keinen strengen Rechtsstatus, sondern sind nur politische Absichtserklärungen.[4] Auch wenn eine solche Rechtsauffassung umstritten sein mag, bietet der Kulturföderalismus als Verfassungsprinzip, wie gerade auch der flexible Umgang mit dem Hamburger Abkommen in den alten Bundesländern zeigt, den neuen Bundesländern einen erheblichen Aktionsspielraum zur Verwirklichung eigener bildungspolitischer Ideen. Dieser Spielraum ist im wesentlichen nur dadurch eingeschränkt, daß die äußeren Rahmenfaktoren eingehalten und einheitliche Abschlüsse für die unterschiedlichen Bildungsabschnitte angeboten werden müssen. Genau dieselben Verpflichtungen mußten in den Altbundesländern schon die Gründer der Gesamtschulen eingehen. Der Nachdruck auf der Einheitlichkeit der Abschlüsse ist insofern logisch, als die gesamtstaatliche Mobilitätsgarantie die Vergleichbarkeit der Berechtigungsnachweise für weitere Bildungsgänge oder den Eintritt ins Erwerbsleben voraussetzt.

Ein solcher bildungspolitischer Umgestaltungsspielraum für die neuen Bundesländer läßt hinsichtlich der Frage nach der Möglichkeit eines interaktiven Vereinigungsprozesses ein dialektisches Phänomen aufscheinen: Einheit im interaktiven Sinn läßt sich nur erreichen, indem die neuen Länder in ihrem bildungspolitischen Umgestaltungsprozeß vom westdeutschen Standard abweichen und auf diese Weise die Altbundesländer zum bildungspolitischen Reagieren herausfordern – z.B. bei den notwendigen Vereinbarungen im Rahmen der Kultusministerkonferenz.

Damit stellt sich die auch aus anderen gesellschaftlichen Bereichen bekannte Frage, ob es im Bildungssystem der ehemaligen DDR nichts „Bewahrenswertes" gab, das in einen interaktiven Prozeß der Herstellung der Bildungseinheit einfließen könnte. Diese Frage läßt sich für den Bereich des Bildungssystems durchaus nicht einfach negativ beantworten, denn die DDR verfügte über ein ausgebautes Bildungssystem, das nicht nur das besondere Objekt der politisch-ideologischen Bemühungen der SED war, da die Partei darin ein wichtiges Instrument ihrer Herrschaftssicherung sah, sondern das auch gerade im nicht-sozialistischen Ausland als Ergebnis deutscher Gründlichkeit und deutscher pädagogischer Tradition anerkennende Beachtung fand. Die folgende Analyse stellt vor allem den Versuch dar, auf diese Frage eine Antwort zu geben. Sie unternimmt es, den Stand der Umgestaltung des Bildungswesens unter dem Blickwinkel eines interaktiven Prozesses der Herstellung der Bildungseinheit ein halbes Jahrzehnt nach dem politischen Umbruch festzuhalten.

II. Die Ausgangslage

Bevor untersucht werden kann, wie weit der Reformimpetus im Osten wie im Westen Deutschlands getragen hat, muß im ersten Schritt kurz die Ausgangslage skizziert werden, in der sich die beiden Bildungssysteme am Vorabend des Umbruchs in der DDR befanden.[5] Im Jahr 1989 standen sich auch im Bereich des Bildungswesens zwei unterschiedliche „Systeme" gegenüber, die in den folgenden Elementen besonders weit von einander abwichen:

1. eine undifferenzierte Einheitsschule bis zur 10. Klasse in der DDR stand einer dreigliedrigen Sekundarschule in der Bundesrepublik gegenüber;

2. eine hochselektive, wenig differenzierte Abiturstufe in der DDR kontrastierte mit einer quantitativ expandierten, hochkomplexen wahldifferenzierten gymnasialen Oberstufe in der Bundesrepublik;

3. einem elaborierten System der polytechnischen Bildung in der DDR hatte die Bundesrepublik Arbeitslehre für Hauptschüler entgegenzusetzen;

4. einer breit ausgebauten betrieblich dominierten Lehrlingsausbildung (Berufsbildung war eine verfassungsrechtlich verankerte Pflicht!) in der DDR stand eine zwar ebenso ausgebaute „duale" Ausbildung in der Bundesrepublik gegenüber, die sich jedoch durch ein sehr kompliziertes System unterschiedlicher Zuständigkeiten vom DDR-System unterschied;

5. gegenüber einer doppelt qualifizierenden Variante zur Erlangung der Hochschulreife, der Berufsausbildung mit Abitur gab es in der Bundesrepublik nur Ansätze doppelt qualifizierender Bildung in einigen Modellversuchen;

6. eine geringe „Studentendichte", d.h. einem niedrigen Anteil von Studenten an der Gesamtbevölkerung in DDR (diese kam gerade vor Rumänien an vorletzter Stelle der RGW-Statistik) kontrastierte mit einer wesentlich höheren Studentendichte in der Bundesrepublik.

Man sieht aus dieser groben Skizze schon, wie weit das Bildungswesen der DDR – abgesehen von aller ideologischen Abgrenzung – vom westdeutschen System entfernt war, wobei die Überlegenheit des westdeutschen Systems nicht in allen Punkten evident ist.

Welche Auswirkungen hatte nun die deutsche Vereinigung auf das Bildungswesen? Die formal-rechtliche Ausgangslage der Herstellung der Bildungseinheit wurde bereits im Problemaufriß genannt. Durch Art. 37 Abs. 4 des Einigungsvertrags wurde daran erinnert, daß Bildungsfragen Angelegenheiten der (neuen) Länder sind. Das stellt, wie Schuljuristen präzisieren, keine Rechtssetzung dar, sondern ist nur ein Verweis auf das geltende Verfassungsrecht. Da aber die Bildung Ländersache ist, kann auch der Einigungsvertrag keine rechtlich verbindlichen Aussagen machen. Der im zitierten Absatz folgende Verweis auf das Hamburger Abkommen als Grundlage der Umwandlung des Bildungswesens in den neuen Ländern ist also nur als Empfehlung zu verstehen, die den neuen Ländern noch erheblichen Handlungsspielraum für eigene Innovationen läßt.

Wie weit haben die neuen Bundesländer diesen Spielraum genutzt? Diese Frage soll anhand einiger neuralgischer Elemente des Bildungssystems, wie sie in unserer kontrastiven Gegenüberstellung der Bildungssysteme angedeutet wurden, näher untersucht werden.

III. Die schulrechtlichen Vorgaben

Schon seit dem 1. 7. 1991 gibt es nach den Vorgaben des Einigungsvertrags in allen neuen Bundesländern neue Schulgesetze, die die Übergangsverordnungen der *de Maizière*-Regierung ablösten. Infolge der knappen Zeitvorgaben hatten vier der neuen

Länder zunächst den Weg relativ kurzer „Vorschaltgesetze" als vorläufiger Übergangsgesetze gewählt, die bis 1993 in den meisten neuen Ländern durch vollständige Schulgesetze abgelöst wurden. Nur in *Brandenburg* und in *Mecklenburg-Vorpommern* stehen die „endgültigen" neuen Schulgesetze noch aus. In Sachsen wurde bereits am 3. 7. 1991 ein vollständiges neues Schulgesetz verabschiedet, das durch eine Novellierung vom 19. 8. 1993 nur leicht korrigiert wurde. Im Bundesland *Berlin* wurden die ursprünglichen Versuche einer neuen Regelung für Gesamtberlin abgebrochen und das geltende Westberliner Schulgesetz auf den Ostteil der Stadt ausgedehnt.

Kritiker der ostdeutschen Schulgesetze haben den Gesetzgebern vorgeworfen, daß sie sich bei der Formulierung ihrer Gesetzestexte stark an westdeutsche Vorlagen gehalten hätten. Dieser Vorwurf wurde besonders vehement gegenüber dem relativ früh abschließend redigierten sächsischen Schulgesetz erhoben, in dem viele Kritiker eine Kopie der entsprechenden gesetzlichen Regelungen aus Baden-Württemberg sahen. Die Genese des Schulgesetzentwurfes (z.B. Rehm 1991) zeigt indes, daß ein erster mit baden-württembergischer „Amtshilfe" entstandener Referentenentwurf im Laufe des Gesetzgebungsverfahrens an entscheidenden Stellen stark abgeändert wurde. Das gilt z.B. für die Schulstruktur sowie für eine ursprünglich vorgesehene Berufung auf die „europäische Tradition des Christentums" in der Präambel. Wie die damalige Kultusministerin erklärte, erfolgten diese Änderungen durch Einflußnahme der Eltern. Festzuhalten bleibt, daß das sächsische Schulgesetz in der Festlegung der Schulstrukturen im Vergleich zum südwestdeutschen Modell ganz eigene Akzente setzt, die es seinerseits mit den beiden anderen südöstlichen Bundesländern Sachsen-Anhalt und Thüringen teilt, so daß hier mit Nuancen eine gemeinsame „südostdeutsche" Schulstruktur entsteht. Worin bestehen diese Gemeinsamkeiten, und welchen Einfluß haben sie auf die gesamtdeutsche Bildungsdiskussion?

1. Das Problem der Schulzeitdauer

Die äußerlich auffallendste Besonderheit der ostdeutschen Schulgesetze ist die Dauer der Schulzeit bis zum Abitur. Außer Brandenburg haben die neuen Bundesländer, einschließlich Mecklenburg-Vorpommern, an der in der DDR üblichen zwölfjährigen Schulzeit bis zum Abitur festgehalten. Diese Regelung galt zunächst als Übergangslösung bis zum Jahr 1995. Bis dahin sollten nämlich einheitliche Abituranforderungen in Ost und West geschaffen werden. Da eine Einigung in dieser Frage bisher aber noch nicht erzielt werden konnte, wurde auf der KMK-Sitzung im Februar 1994 ein „Abiturmoratorium" beschlossen: Die Gültigkeit des nach 12 Schuljahren erreichten Abiturs der neuen Bundesländer soll bis zum Jahr 2000 verlängert werden.

Die Schwierigkeit der Konsensfindung in dieser Frage verweist darauf, daß die ostdeutschen Bundesländer hier in der Tat ein auch im Westen umstrittenes Thema in die KMK hineingebracht haben. Dieses Thema ist um so brisanter, als auch in den meisten europäischen Nachbarländern nur 12 Schuljahre bis zur Hochschulreife die Regel sind. Aus diesem Grund streben auch in den Altbundesländern im Zusammenhang mit der ökonomisch motivierten Diskussion um den „Standort Deutschland" Kräfte vor allem aus der FDP und der CDU, aber auch Teile der SPD eine Verkürzung der Gymnasialzeit um ein Jahr an, um deutschen Bewerbern auf dem europäischen Arbeitsmarkt z. B. gegenüber ihren britischen oder französischen Konkurrenten die gleichen Startchancen zu geben. Die Überalterung der deutschen Hochschulabsolventen – die allerdings auch durch die längeren Studienzeiten bedingt ist – wird als „Wettbewerbsnachteil" gewertet.

Diese Überlegungen wurden schon vor 1990 diskutiert, sie haben jedoch durch die deutsche Vereinigung einen starken Auftrieb bekommen. Die Bundesregierung, die allerdings in schulpolitischen Fragen keine Kompetenzen hat, unterstützt die Forderung nach einer Schulzeitverkürzung nach ostdeutschem Muster. Viele Finanzminister der Länder würden eine solche Regelung ebenfalls begrüßen, da eine Verkürzung der Schulzeit automatisch Lehrerstellen einsparen würde. Die Lehrerverbände sind aus naheliegenden verbandspolitischen Interessen jedoch außerordentlich kritisch gegenüber solchen Überlegungen.

Ein möglicher Kompromiß könnte in einer zweigleisigen Gymnasialdauer bestehen, wie sie z.T. in einigen Altbundesländern als Ausnahmeregelung für kleine Schülerpopulationen üblich ist. Das würde bedeuten, daß der Weg bis zum Abitur *für die leistungsfähigeren Schüler* um ein Jahr verkürzt wird, die schwächeren Schüler aber bei der bisher geltenden Schulzeit bleiben. Dadurch entstünde aber ein curriculares Problem: zu welchem Zeitpunkt der Schullaufbahn könnte dann die Einsparung eines Jahres erfolgen, d.h. wann soll die gymnasiale Oberstufe einsetzen? Diese Frage wird nämlich auch in den neuen Bundesländern unterschiedlich beantwortet. *Sachsen* und *Mecklenburg-Vorpommern* verzichten auf eine Erprobungsphase und beginnen sofort mit einer zweijährigen Qualifikationsphase in den Klassen 11 und 12. *Sachsen-Anhalt* und *Thüringen* dagegen lassen die Oberstufe schon in der 10. Klasse beginnen und gestalten diese als Erprobungsphase für das Kurssystem. Hier ergeben sich gewisse Kompatibilitätsprobleme mit Wechslern aus der Realschule, die die 10. Gymnasialklasse – auch beim Übergang auf das Fachgymnasium – noch einmal absolvieren müssen.

Auch wenn die Diskussion um die Schulzeitdauer zur Zeit noch kontrovers verläuft, zeigt sich hier bereits das Phänomen, daß Impulse aus dem Osten tatsächlich in eine Suche nach einer gesamtdeutschen Lösung eingehen.

2. Das Struktur- und Differenzierungsproblem

Eine zweite Besonderheit der Bildungsstrukturen in den neuen Bundesländern kann man in der Lösung des Problems der institutionellen (d.h. Schulzweig-) Differenzierung auf der Sekundarstufe I sehen. Die neuen Schulgesetze zeigen, daß nur in einem einzigen neuen Bundesland, nämlich *Mecklenburg-Vorpommern*, das überkommene dreigliedrige Schulsystem der Altbundesländer als solches – mit Hauptschule, Realschule und Gymnasium – einfach übernommen wurde. Aber selbst dort sollen angeglichene Lehrpläne in der Orientierungsstufe (Klasse 5 und 6) eine gewisse Durchlässigkeit gewährleisten. Die anderen neuen Bundesländer haben von vornherein auf die Einführung der Hauptschule verzichtet; Haupt- und Realschulzweige wurden ohne eine institutionelle Differenzierung zusammengelegt. Eine solche Lösung des Problems der institutionellen Differenzierung setzte eine weite Interpretation des Hamburger Abkommens der KMK voraus, die davon ausgeht, daß das Abkommen lediglich *Bildungsabschlüsse*, nicht aber *Bildungswege* verbindlich festlegt.

Der nicht-gymnasiale Schultyp der Sekundarstufe I erlaubt somit nach neun Schuljahren den Hauptschulabschluß, nach zehn Schuljahren den Realschulabschluß. Er trägt in den verschiedenen ostdeutschen Ländern unterschiedliche Namen und ist auch durch unterschiedliche Grade der Integration gekennzeichnet. In *Sachsen-Anhalt* nennt sich dieser Schultyp *Sekundarschule*. Die 5. und 6. Klasse wird als differenzierte Förderstufe geführt, danach wird abschlußbezogener Unterricht in einem Haupt- und einem Realschulbildungsgang erteilt. In *Thüringen* heißt der nicht-gymnasiale Schultyp *Regelschule*. Auch in diesem Bundesland beginnt die curriculare Differenzierung in den Hauptschul- und den Realschulzweig in der 7. Klasse, die Klassen 5 und 6 werden als Orientierungsstufe gestaltet.

Eine spezifische Ausprägung hat der nicht-gymnasiale Schulzweig in *Sachsen*. Er nennt sich dort *Mittelschule*, die sich nach der Orientierungsstufe (5. und 6. Klasse) wie in den beiden anderen südostdeutschen Ländern in einen Haupt- und einen Realschulbildungsgang auffächert. Dabei ist wichtigstes Differenzierungskriterium die Wahl eines „Profils", d.h. eines inhaltlichen Schwerpunkts der Mittelschule: Schüler, die einen Hauptschulabschluß anstreben, haben die Wahl zwischen einem technischen, einem sozial-hauswirtschaftlichen sowie einem sportlichen und einem musischen Profil. Schüler mit dem Ziel eines Realschulabschlusses können darüber hinaus noch zwischen einem wirtschaftlichen und einem sprachlichen Profil (in dem eine zweite Fremdsprache angeboten wird) wählen. Anders gesagt, das sprachliche oder wirtschaftliche Profil wird nur im Realschulbildungsgang angeboten. Eine Kumulierung von Profilen ist nicht möglich. Neben der Wahldifferenzierung unterscheiden sich Hauptschul- und Realschulbildungsgang aber auch durch Leistungsdifferenzierung in den Schwerpunktfächern Deutsch, Mathematik, Physik, Chemie und der ersten Fremdsprache. In den übrigen Fächern wird nach demselben Lehrplan unterrichtet.

Eine weitere Besonderheit bei der Lösung der institutionellen Differenzierung auf der Ebene der Sekundarstufe I ist im Land *Brandenburg* zu beobachten, das zum einen als einziges neues Bundesland eine sechsjährige Grundschule einführt (wie in Berlin), zum anderen zunächst ein rein stufenbezogenes Schulmodell zu verwirklichen suchte. Erst der politische Widerstand innerhalb der damaligen „Ampelkoalition" gab den Anlaß, ein dreigliedriges Schulmodell mit der Gesamtschule anstelle der Hauptschule einzuführen. Das bedeutet, daß auch hier auf die Einführung der Hauptschule als Schultyp verzichtet wird. Die Sekundarstufe I kann als Gesamtschule, Gymnasium oder Realschule absolviert werden. Schüler, die nur den Hauptschulabschluß anstreben, können die Gesamtschule bereits nach neun Jahren verlassen.

Die quantitative Gewichtung der Schultypen der Sekundarstufe I in Brandenburg zeigt indes eindeutig die bildungspolitischen Intentionen der Schulentwicklungsplanung. Weit mehr als zwei Drittel aller Schulen der Sekundarstufe I sind Gesamtschulen.

Mit der Akzentuierung der Gesamtschule in Brandenburg, aber auch mit dem „Zwei-Wege-Modell" der Sekundarstufe I in den südöstlichen Bundesländern zeigen die ostdeutschen Bildungspolitiker das Bestreben, aus den negativen Erfahrungen mit der Hauptschule in Westdeutschland zu lernen. Sie sind in ihrer Mehrheit dem Rat zahlreicher westdeutscher Bildungsforscher gefolgt, die Institution „Hauptschule" *nicht* einzuführen. Statt dessen haben sie eigene strukturelle Lösungen des Differenzierungsproblems geschaffen, die eine größere Durchlässigkeit auf der Sekundarstufe I gegebenenfalls auch ohne die Einrichtung Gesamtschule gewährleisten sollen. Hier scheint auch auf der institutionell-politischen Ebene ein kritisches Nachdenken über den in den 60er Jahren konzipierten Bildungsauftrag der Hauptschule eingesetzt zu haben, das berücksichtigt, daß die Hauptschule bei ihrer Gründung die Mehrheit eines Altersjahrganges betraf, die zeitgenössische Sekundarstufe I aber mit völlig anderen quantitativen Gewichtungen zu rechnen hat. Im Jahr 1993 waren im Bundesdurchschnitt nur noch 27 % der Vierzehnjährigen in einem Hauptschulbildungsgang (BWFT 1994, S. 22). Die sinkenden Schülerzahlen scheinen auch im neuen Kultusressort in *Mecklenburg-Vorpommern* ein Überdenken der bisherigen Schulstruktur eingeleitet zu haben. Da die Hauptschule von den Eltern nicht angenommen wurde, scheint auch dort letztlich der Trend auf die Zweigliedrigkeit unausweichlich.[6]

Der Gedanke einer integrierten Haupt- und Realschule ist nicht neu. Er war zunächst in den alten Bundesländern aufgetaucht. Dortmunder Schulentwicklungsforscher scheinen Ende der siebziger Jahre im Zusammenhang mit ihrer Analyse der Schulentwicklung in Hamburg als erste *„eine deutliche Tendenz zum zweigliedrigen Schulsystem"* (Rösner/Tillmann 1980: 101) festgestellt zu haben. Allerdings sahen sie am Hamburger Beispiel eher eine Zweigliedrigkeit zwischen Gymnasium und Gesamtschule. Am Ausgang der 80er Jahre wurde angesichts der weiter schrumpfenden Schülerzahlen der Hauptschulen das „Zwei-Wege-Modell" der Integration von Haupt- und Realschule nunmehr als bildungspolitische Lösung propagiert. Ein Münsteraner Erziehungswissenschaftler plädierte für eine eher kooperative Form des Zusammenschlusses von Haupt- und Realschulen als *Sekundarschulen* (Regenbrecht 1988), etwa gleichzeitig empfahl ein Bielefelder Sozialisationsforscher eine stärker integrative Zusammenfassung der beiden Schultypen zu einer „neuen Mittelschule" (Hurrelmann 1988) und empfahl dieses Modell 1991 der KMK als Lösung für Gesamtdeutschland (vgl. Winkel 1992).

Es fällt auf, daß in diesen Vorschlägen dieselben Bezeichnungen verwendet werden wie später in Sachsen-Anhalt und in Sachsen. Die Idee der Zweigliedrigkeit kommt somit eindeutig aus der westdeutschen Diskussion. Tatsächlich wurde die Einführung der sächsischen Mittelschule mit ihrer Profilstruktur vom (aus Nordrhein-Westfalen stammenden!) damaligen Staatssekretär im sächsischen Kultusministerium als „sein" spezifisches Werk angesehen, das, wie er erklärte, die Gesamtschule überflüssig machen sollte. Man kann in der Einführung der zweigliedrigen Sekundarstufe I also das Aufgreifen eines bildungspolitischen Impulses aus der erziehungswissenschaftlichen Diskussion der Altbundesländer sehen, der durch seine Implementierung in Ostdeutschland an Gewicht gewinnt, auf den Westen zurückwirkt und dort angesichts der Tatsache, daß es sich um ein bildungspolitisches Faktum handelt und nicht mehr allein um bildungspolitischen Diskurs, tatsächlich quer durch die politischen Parteien neue Anhänger findet.

Wie effizient ist dieses Zwei-Wege-Modell wirklich? Als erstes läßt sich feststellen, daß der Elterntrend zum Gymnasium sich auch durch die pädagogisch elaborierte Mittelschulidee nicht aufhalten ließ. Während 1990 in Befragungen nur 17% der Eltern ihre Kinder auf das Gymnasium schicken wollten, äußerten diesen Wunsch ein Jahr später bereits 42% der Betroffenen (Palentien et al. 1993: 3). Das entspricht auch der tatsächlichen Schulstatistik z.B. im Freistaat Sachsen. Im Schuljahr 1993/94 waren etwa 217 000 Schüler in der Mittelschule, 154 000 auf dem Gymnasium. Bezogen auf einen Altersjahrgang bedeutet dies, daß etwa 35% der Schüler nach der Grundschule das Gymnasium gewählt haben. Deutlicher noch ist die Aufteilung der Mittelschüler selbst. Auf der Ebene der Klasse 7 des Schuljahres 1993/94 sind 83% der Schüler im Realschulzweig. Nimmt man als Bezugsgröße nur die Mädchen, die mit 43% Anteil an der Mittelschulpopulation ohnehin unterrepräsentiert sind, so sind nur 12% von ihnen im Hauptschulzweig.

Die Mädchen streben also auch in Sachsen höhere allgemeinbildende Abschlüsse an als die männliche Schülerpopulation.

Aus diesen Zahlen kann man schließen, daß die Mittelschule zwar bisher noch der quantitativ gewichtigere Weg auf der Sekundarstufe I ist, innerhalb der Mittelschule findet aber eine noch deutlichere Marginalisierung des Hauptschulzweiges wie in den Bundesländern mit eigener Hauptschule statt. Bezieht man die genannten Anteile der Zweige innerhalb der Mittelschule auf einen Altersjahrgang, kommt man nur auf etwa 11 % der Schüler eines Jahrganges im Hauptschulzweig, 54 % im Realschulzweig und 35 % im Gymnasium. Wertet man die quantitative Bedeutung des Realschulzweiges gegenüber der „Hauptschule" als bildungspolitischen Erfolg, zumal sie eine ungebremste Expansion der Gymnasien zu verhindern scheint, dann erreicht die sächsische Mittelschule im Augenblick durchaus ihr Ziel. Allerdings sollte man nicht übersehen, daß eine Reihe von Problemen aus der Marginalisierung der Hauptschulen jetzt innerhalb der Mittelschulen auftauchen.

Wenn man den Bereich der Schulstrukturen als Ganzes betrachtet, so läßt sich feststellen, daß die neuen Bundesländer den durch das föderale Prinzip gegebenen Handlungsspielraum durchaus genutzt haben, um eigene Differenzierungsformen einzuführen, die auch neue Impulse für die westdeutsche Diskussion geben.

IV. Der curriculare Bereich

Neben den Schulstrukturen, das wurde in der kurzen Gegenüberstellung der Ausgangslage schon angedeutet, gibt es auch im Bereich der schulischen Lerninhalte einige neuralgische Zonen, in denen sich die Probleme der Bildungseinheit besonders konzentriert niederschlagen. Hierunter zählen vor allem die Fächer, die es im jeweils anderen deutschen Staat nicht gab und deren Entwicklung im folgenden näher untersucht werden soll.

1. Fallstudie I: Der Religionsunterricht

Nach Art. 7 Abs. 3 Satz 1 des Grundgesetzes (GG) ist der Religionsunterricht – inhaltlich bestimmt von den großen Religionsgemeinschaften – ordentliches Schulfach in allen öffentlichen Schulen, außer in „bekenntnisfreien" Schulen. Dabei wird dieser Begriff von den Verfassungsjuristen sehr restriktiv ausgelegt. „Bekenntnisfrei" sind nur freigeistige Weltanschauungsschulen. Mit dem Beitritt der neuen Länder in den Geltungsbereich des Grundgesetzes stellte sich also auch hier die Frage der Einführung des Religionsunterrichts.

Diese Frage, so zeigte sich bald, hat zwei Ebenen, eine (verfassungs-)rechtliche und eine inhaltliche (pädagogische). Die verfassungsrechtliche Problematik gründet in Art. 141 GG, der sogenannten Bremer Klausel, die besagt, daß Art. 7 (3) GG nicht zur Geltung kommt, wenn am 1. 1. 1949 eine andere landesrechtliche Regelung galt. Das war seinerzeit der Fall im Stadtstaat Bremen, so daß dort eine andere – konfessionsübergreifende – Form des Religionsunterrichts eingeführt wurde (ausführlicher Schäfer 1992). Art. 141 galt aber auch für Berlin, so daß mit der Ausdehnung des West-Berliner Schulrechts auf Gesamt-Berlin automatisch auch die Bremer Klausel galt. Für die anderen neuen Bundesländer dagegen wurde die Frage der Anwendung von Art. 141 GG kontrovers diskutiert. Während eine juristische Lehrmeinung betont, daß Art. 141 nicht anzuwenden sei, da es keine staatliche Kontinuität zwischen den früheren Ländern der SBZ/DDR und den neuen Bundesländern gegeben habe, argumentieren andere, daß der betreffende Artikel des Grundgesetzes auf territoriale Einheiten, nicht aber staatliche Kontinuität abhebe (ausführlicher Leistikow/Krzyweck 1991).

Die inhaltliche Ebene des Problems wurzelt in den besonderen Rahmenbedingungen der Schule in den neuen Ländern (zum folgenden vor allem Schwerin 1992a und 1992b). Nach 40 Jahren atheistischer Erziehung hatte nur noch eine Minderheit der DDR-Bürger eine Beziehung zur Kirche. Die Volkskirchenstruktur, wie sie nach Kriegsende in Westdeutschland noch vorhanden war, gab es in den neuen Ländern überhaupt nicht mehr. Dagegen war fast der gesamte Lehrkörper in den neuen Bundesländern von seiner Sozialisation her eher kirchenfremd, denn kirchlich engagierte junge Menschen waren vor der „Wende" nur in Ausnahmefällen zum Lehrerstudium zugelassen worden. Die Ausgangsbedingungen für einen konfessionellen Religionsunterricht nach Art. 7 (3) GG als ordentliches Lehrfach waren also kaum gegeben.

Die Verquickung von Kirche und Schule erschien in weiten Kreisen der Bevölkerung der ehemaligen DDR in einem negativen Licht, wie schon der Widerspruch gegen die Berufung auf die christliche Tradition im ersten Entwurf zum sächsischen Schulgesetz gezeigt hatte. Der Verdacht eines bloßen Austauschs der Ideologien lag nahe. Religionsunterricht als ordentliches Lehrfach wurde unter eher machtpolitischen Aspekten gesehen: Die Kirche, so meinte man, ergreife Besitz von der Schule wie früher die SED.

Diese Ausgangslage veranlaßte die beiden nördlichen neuen Bundesländer, über alternative Formen des Religionsunterrichts nachzudenken, sei es unter Berufung auf die „Bremer Klausel" wie in Brandenburg, oder unter extensiver Interpretation von Art. 7 (3) GG wie in Mecklenburg-Vorpommern. Diese alternativen Formen wurzelten in der Sorge, daß eine Verquickung von Staat und Kirche den Verkündigungsauftrag der Kirche selbst in Frage stelle, so daß die mögliche Hoffnung, den Religionsunterricht als „Missionsfeld" anzusehen, um die eigene Minderheitensituation zu verbessern, sich letztlich selbst aufzuheben drohte. Gleichzeitig sah man die innerkirchliche Jugendarbeit in der (freiwilligen) Christenlehre durch den verordneten Religionsunterricht in seiner Substanz gefährdet.

Aus diesem Grund wurde das Konzept eines nicht kirchenpolitisch-theologisch, sondern im wesentlichen bildungstheoretisch-bildungspolitisch begründeten Religionsunterrichts entworfen, der in Anlehnung an die Allgemeinbildungstheorie W. Klafkis die Ebene „emotionaler Erfahrung und Betroffenheit sowie die Dimension der Verantwortlichkeit, der Entscheidungs- und Handlungsfähigkeit" (zit. nach Schwerin 1992a: 153) ansprechen soll. Religionsunterricht wurde „entkonfessionalisiert" und so zum Mittel der Persönlichkeitsentwicklung einerseits, der inneren Erneuerung der Schule andererseits.

Besteht zwischen den beiden Konzeptionen von Brandenburg und Mecklenburg-Vorpommern eine gewisse Verwandtschaft, so zeigen sich doch auch deutliche Unterschiede, auch in der Stellung der Kirchen zu den alternativen Konzepten. In Brandenburg wurde unter der Ministerin Birthler – einer ehemaligen Katechetin – ein Fach „Lebensgestaltung/Ethik/Religion" als Modellversuch entwickelt, der, wie der Name andeutet, allen Schülern, unabhängig von ihrem Bekenntnis oder Nicht-Bekenntnis, Orientierungshilfen im Leben bieten soll. Die Evangelische Landeskirche in Berlin-Brandenburg steht dem Versuch etwas ambivalent gegenüber. Zwar trägt sie den Versuch mit, doch möchte sie (daneben) gerne auch einen Religionsunterricht nach Art. 7 (3) GG und versucht, dieses Ziel über eine Weiterentwicklung des Konzepts zu erreichen: neben Integrationsphasen sollen auch Differenzierungsphasen innerhalb des Lernbereiches eingeführt werden, in denen konfessioneller Religionsunterricht erteilt wird. Ein Konsens zwischen Ministerium und Kirche hinsichtlich der generellen Einführung wurde noch nicht erreicht.

In *Mecklenburg-Vorpommern* wird neben einem Lernbereich „Religionskunde", der Unterrichtsprinzip für alle Fächer ist, ein Religionsunterricht „in Übereinstimmung mit den Religionsgemeinschaften" angeboten. Das von der Mecklenburgischen (ebenso der Pommerschen) Landeskirche getragene Unterrichtskonzept fördert aber einen „konfessionsübergreifenden" Religionsunterricht. Obgleich man von den Lehrern erwartet, daß sie „konfessorisch erkennbar" sind, sollen sie ihren Unterricht nicht einseitig konfessionsgebunden ausrichten, sondern als ein Orientierungsangebot „zur Sinnfrage", das eine „eigene, freie Entscheidung" ermöglicht. Dadurch versuchen die Kirchen im nordöstlichen Bundesland selbst auf die spezifische Situation der „postkommunistischen" Gesellschaft zu reagieren. Nur die katholische Kirche der Region beharrt auf einem strikt konfessionsgebundenen Religionsunterricht.

Unterstützung für ihre Auffassung, eine Neuinterpretation des Art. 7 (3) GG sei dringend notwendig, gerade – aber nicht nur – für die Situation in den neuen Bundesländern, bekommen die ostdeutschen Reformbefürworter aus dem Westen. Bereits eine EKD-Denkschrift aus dem Jahr 1971 warnte vor einer *„zu stark wortgebundenen oder zu sehr an den Vorstellungen der Entstehungszeit haftenden Sinngebung"* des Art. 7 (3) GG und fordert statt dessen eine Interpretation, *„die die rechtlichen Gedanken"* dieses Grundgesetzartikels *„auf eine veränderte Situation anwendbar macht"* (zit. nach Schwerin 1992a: 159).

Wieweit die Abweichungen in den neuen Bundesländern auch in diesem Punkt sozusagen „sauerteigartig" auf die gesamtdeutsche Diskussion zurückwirken, ist im Augenblick trotz dieser westlichen Referenz nicht abzusehen. Der verfassungsrechtliche Konflikt über die Anwendung von Art. 141 GG auf die neuen Länder ist noch nicht entschieden. Aber auch in den neuen Ländern, die Art. 7 (3) GG konventionell interpretieren, drücken kirchliche Mitarbeiter die Hoffnung aus, daß aus dem Religionsunterricht eine Sache werde, *„die mehr und mehr hier bei uns geboren wird und tatsächlich unsere Geschichte zum Ausgang hat"*.[7] Daß der Wunsch nach einem solchen situationsspezifischen Unterrichtsangebot nicht unmotiviert ist, zeigt die Tatsache, daß für den schrittweise einzuführenden Religionsunterricht in Sachsen höchstens eine Beteiligung von 20 % eines Schülerjahrgangs erwartet wird. Inwieweit unabhängig von der verfassungsrechtlichen Diskussion für diese Minderheit der Begriff des „ordentlichen Lehrfaches" inhaltlich noch sinnvoll sein kann, muß offen bleiben.

2. Fallstudie II: Die polytechnische Bildung

Die polytechnische Bildung galt, wie in der Gegenüberstellung bereits angedeutet, für viele vor allem ausländische Beobachter als die besondere Errungenschaft der DDR-Schule schlechthin.

Tatsächlich hatte die polytechnische Bildung nach dem DDR-Modell nicht nur in der sozialistischen Staatengemeinschaft ein hohes Ansehen, weil sie durch ihre Ausdifferenzierung von theoretischer Technik und praktischer Arbeit in der realen Produktion bzw. in den polytechnischen Zentren der Betriebe eine originale didaktische Lösung der schwierigen Verbindung von schulischem Lernen und Lernen in der realen Produktion bot. Nach dem Umbruch wurde diese Konzeption sehr schnell in Frage gestellt, weil die Betriebe sich aus der polytechnischen Bildung zurückzogen und keiner die polytechnischen Zentren mehr finanzieren wollte bzw. konnte.

Noch schwerwiegender war die ideologische Krise. So erklärte der geistige Vater der polytechnischen Bildung in der DDR selbst: *"Der polytechnische Charakter der Schule steht in unmittelbarem Zusammenhang mit einem ganz spezifischen und mit den Erfordernissen der Erneuerung nicht mehr vertretbaren Verständnis von gesellschaftlicher Funktion der Schule"* (Frankiewicz 1990: 9). Diese Ablehnung war um so heftiger, je enger man die polytechnische Bildung an die Ideologie gekoppelt sah, wie das bei zahlreichen Theoretikern aus der DDR tatsächlich der Fall war.

Die Reformkräfte in der DDR-Schule der Umbruchsperiode versuchten dieses doppelte Problem zunächst pragmatisch zu lösen. Ein Ausweg schien die Übernahme der polytechnischen Zentren durch die Kommunen zu sein, die allerdings selbst kaum Mittel dafür hatten. Des weiteren wurden schon 1990 die Lehrpläne des polytechnischen Unterrichts der westdeutschen Arbeitslehre (insbesondere der West-Berliner Variante) angeglichen. Statt in vierzehntägigem Rhythmus einen Tag der praktischen Arbeit im Betrieb zu verbringen, sollten die Schüler in dieser Übergangszeit längere Blockpraktika absolvieren. Indem man den zugrundeliegenden Technikbegriff erweiterte und seine Reduzierung auf Produktionstechnik zurücknahm, glaubte man, den Kern des polytechnischen Unterrichts bewahren zu können.

Durch diese Maßnahmen versuchten die Vertreter eines Reformkurses auch den Erwartungen westdeutscher Pädagogen entgegenzukommen, die sich aus den Erfahrungen der DDR-Polytechnik Impulse für eine gesamtdeutsche Polytechnikdiskussion erhofften. Diese Erwartungen wurden sogar von offiziöser Seite genährt: im Zusammenhang mit seinen Empfehlungen zur Lehrerausbildung in den neuen Bundesländern empfahl der *Wissenschaftsrat* eindringlich, den polytechnischen Unterricht (und die dazugehörende Lehrerbildung) beizubehalten und regte an, daß die KMK als Ganzes neue Empfehlungen für diesen Lernbereich vorlegen sollte[8] – im Jahr 1987 war die Verabschiedung einer solchen KMK-Empfehlung für ein „Lernfeld Arbeitslehre" als Aufgabe aller Schularten nur knapp am Ausscheren zweier Länder in letzter Minute gescheitert (vgl. Kledzik 1988: 17).

Was ist aus diesen Empfehlungen geworden? Die Übernahme der westdeutschen Gymnasialstruktur in den neuen Ländern und die Bemühungen der dort entstehenden mittleren Bildungsgänge (Realschulen und entsprechende Bildungsgänge der Gesamtschulen, Mittelschulen usw.) um den Anschluß an die weiterführende Bildung hatten zur Folge, daß die neuen Länder auch die Grundzüge der westdeutschen Curriculumstruktur mit übernahmen. Somit wurde der polytechnische Unterricht, der in der Umbruchszeit zuletzt als das Fach „Technik" geführt worden war, ersetzt durch die vielgestaltigen Konzeptionen des westdeutschen Lernbereichs „Arbeit/Technik/Wirtschaft/Hauswirtschaft" (Arbeitslehre). Damit wurde die nach dem Umbruch in der DDR selbst heftig geführte Diskussion, was an der DDR-Polytechnik „bewahrenswert" (z.B. der hohe Praxisanteil) und was als ideologische Verirrung zu beseitigen sei (z.B. die einseitige Orientierung auf die industrielle Produktion), auf einen Schlag gegenstandslos. Die Übernahme der westdeutschen Lehrplanstruktur bedeutete insbesondere, daß Technik/Wirtschaft aus dem Pflichtbereich der Sekundarstufe I des Gymnasiums verschwand, dafür aber z.B. ein profilbildendes Fach bzw. ein Schwerpunkt vor allem in den *Hauptschulzweigen* der sächsischen Mittelschule bzw. der Sekundarschule Sachsen-Anhalts wurde. Damit steht aber die arbeitsorientierte Bildung auch im zweigliedrigen System der südostdeutschen Bundesländer in Konkurrenz zum sprachlichen Profil, das in der Regel die Voraussetzung für weiterführende Bildung ist. Nur in Brandenburg wurde bisher das Fach Arbeitslehre vom Schuljahr 1993/94 an auch in der Pflichtstundentafel des Gymnasiums verankert, so daß dort der Lernbereich Arbeitslehre im Sinne der nicht zustande gekommenen Empfehlung der KMK von 1987 verpflichtendes Curriculumelement für alle Schularten der Sekundarstufe I ist. In den anderen neuen Ländern sind es – wie im Westen – vor allem die Vertreter des Gymnasiums, die sich im Namen der wissenschaftspropädeutischen Funktion gymnasialer Bildung und der ohnehin überlasteten Lehrpläne gegen die Einführung eines neuen Lernbereichs Technik/Arbeitslehre sträuben – ohne im übrigen wahrzunehmen, daß sich mit der quantitativen Expansion der Gymnasien zwangsläufig bereits ein Funktionswandel des Gymnasiums vollzogen hat, der eigentlich auch eine Neubestimmung gymnasialer Bildung im Hinblick auf eine stärkere praktische Lebensvorbereitung erforderlich machen würde.

Trotz dieser vorläufig scheinbar negativen Bilanz der Suche nach dem Erbe der Polytechnik lassen sich einige Innovationsimpulse auch im Westen wahrnehmen. Das Land Hessen führte zeitlich parallel zu Brandenburg vom Schuljahr 1993/94 an ebenfalls Arbeitslehre als Pflichtfach aller Schularten der Sekundarstufe I (einschließlich der Gymnasien) ein. Allerdings, so räumten Vertreter der Schulaufsicht ein, bestehe noch eine bedeutende Diskrepanz zwischen dem Anspruch des Rahmenplans und der Schulwirklichkeit. Besonders die traditionsreichen Gymnasien wehren sich gegen eine Einführung dieses Fachs (Wulfers 1995).

Trotz dieser Implementierungsschwierigkeiten läßt diese Entwicklung eines deutlich erkennen. In verschiedenen Bundesländern ist die Diskussion wieder aufgelebt, die den Stellenwert der Arbeitslehre als Pflichtfach nicht nur für zukünftige Blaukittel reflektiert. Sie verweist darauf, daß der „Impuls aus dem Osten" tatsächlich die 1987 eingefrorene Arbeitslehrediskussion wenigstens in bezug auf die Institutionalisierungsfrage wieder belebt hat.

V. Probleme der Berufsbildung

Ein sehr ambivalentes Bild ergibt sich, wenn man die Frage einer „interaktiven Bildungseinheit" im Bereich der beruflichen Bildung untersucht. In der Berufsbildung schien die Bildungseinheit besonders leicht erreichbar zu sein, da beide deutsche Staaten die gemeinsame Tradition der betriebsgestützten Lehrlingsausbildung gepflegt hatten. Allerdings waren die organisatorischen Rahmenbedingungen unterschiedlich. In der DDR war in den meisten Fällen die gesamte Ausbildung unter der Obhut des Betriebes, der schulische Teil der Ausbildung fand für drei Viertel der Lehrlinge in Betriebsberufsschulen statt. Ausbildungsträger waren zum größten Teil die Großbetriebe. In Westdeutschland dagegen korrespondierte die Dualität der Lernorte mit der Dualität der Träger. Die Verantwortung für den schulischen Teil der Lehrlingsausbildung lag bei den Kultusministerien der Länder. Der betriebliche Teil stand unter der direkten Aufsicht der Kammern, also der Selbstverwaltungsorgane der Wirtschaft, die selbst wiederum der Bundesregierung verantwortlich waren. Ausbildungsträger waren zu einem großen Teil Handwerks- und Kleinbetriebe.

Was bedeutete der Vollzug der Bildungseinheit im Bereich der Berufsbildung? Schon mit Beginn des neuen Schuljahres 1990/91 und damit noch vor dem Vollzug der politischen Einheit Deutschlands wurde die Gültigkeit des westdeutschen Berufsbildungsgesetzes auf das Gebiet der damals noch bestehenden DDR ausgedehnt. Die „Einheit" wurde für den Bereich der Berufsbildung vorverlegt, da die Berufsbildung viel unmittelbarer als das Schulwesen vom ökonomischen System abhängig und die Währungsunion ja schon vollzogen war. Das ostdeutsche Berufsbildungssystem wurde somit auf das „duale System" verpflichtet. Diese Festlegung konnte einerseits an die deutsche Tradition der betriebsgestützten Ausbildung anknüpfen, allerdings brachte die Übernahme des westdeutschen Organisationsmodells *bei gleichzeitigem Fehlen der entsprechenden ökonomischen Infrastruktur* eine ganze Reihe von Friktionen mit sich.

In Westdeutschland lebt das „duale System" davon, daß Handwerk und mittelständische Unternehmen über den eigenen Bedarf hinaus für die Industrie ausbilden, selbst wenn diese Lehrlinge später auch berufsferne Tätigkeiten übernehmen müssen. Gerade im Bereich des Handwerks stellt die Lehrlingsausbildung für den Betrieb nämlich nicht nur eine Investition dar, sondern die Kosten-Nutzen-Rechnung kann auch für die Zeit der Ausbildung durchaus Gewinn anzeigen. Ein solcher Tausch zwischen Handwerk und Industrie muß einen hohen Grad an Substituierbarkeit der vermittelten allgemeinen beruflichen Qualifikationen voraussetzen können – und diese scheint insofern ja auch gegeben zu sein, als das „duale System" trotz der scheinbaren Fehlausbildung in seiner Gesamtheit zumindest bis in die jüngste Vergangenheit seine Effizienz unter Beweis gestellt hat.

Das ostdeutsche Wirtschaftssystem war auf eine so geartete Kooperation im Ausbildungssystem schlecht vorbereitet. Die DDR-Großindustrie als bisherige Trägerin der Ausbildung zerfiel und stand deshalb für die Lehrlingsausbildung nicht mehr zur Verfügung. Mittelbetriebe und das Handwerk als Ausbildungsträger konnten aber nur sehr langsam Ausbildungskapazitäten aufbauen und die entstandenen Defizite nur zögernd und sehr unvollständig ausgleichen.

So konnte das Handwerk in den neuen Ländern von 1992 bis 1993 zwar die Zahl der Ausbildungsplätze um etwa 9000 Lehrlinge aufstocken. Das entspricht einer Steigerung von 31%. Damit stellt das Handwerk nunmehr 40% der gesamten Ausbildungskapazität. Da Industrie und Handel aber ihr Ausbildungsangebot im selben Zeitraum um 8% gesenkt haben, ist die Gesamtbilanz trotzdem negativ. Nur eine staatliche Intervention durch die Finanzierung von 10000 außerbetrieblichen Ausbildungsplätzen im Rahmen der „Gemeinschaftsinitiative Ost" konnte den Überhang der Nachfrage nach Ausbildungsplätzen resorbieren. Besonders verzerrt sind Angebot und Nachfrage nach Ausbildungsplätzen im kaufmännischen und im Dienstleistungsbereich. Hier zeigt sich ein gewisser Nachholbedarf, hier ist – sicher nicht zufällig – auch die stärkste

Nachfrage von seiten der Frauen zu verzeichnen (BMBW 1994: 4f.).

Eine zweite Möglichkeit des „innerdeutschen Ausgleichs" im Ausbildungsangebot besteht darin, daß eine große Zahl ostdeutscher Auszubildender ihre Lehre in den Altbundesländern macht – 1993 waren es 16 500 Jugendliche. Allerdings kehrt ein Großteil dieser jungen Leute nach ihrer Ausbildung nicht wieder in den Osten zurück, so daß dieser „Ausgleich" sich unter demographischen Gesichtspunkten als gefährlicher Bumerang erweist. Eine Folge des Exodus der Jugend aus den neuen Bundesländern ist ein katastrophales Absinken der Geburtenrate. Sie ist z.B. in Sachsen seit 1990 von einer ohnehin nicht hohen Ausgangsbasis aus um mehr als die Hälfte zurückgegangen.

Es zeigt sich also, daß die Ausdehnung des „dualen Systems" der Berufsausbildung in der westdeutschen Organisationsvariante trotz der bekannten Betonung des Betriebes als Lernort infolge der noch nicht vorhandenen wirtschaftlichen Infrastruktur nicht unbedeutende Probleme hinsichtlich des Unterangebots an Ausbildungsplätzen entstehen läßt.

In Ostdeutschland führt die Übernahme des „dualen Systems" in seiner westdeutschen Version zudem auch dazu, dessen spezifische Verknüpfungen mit dem Gesamtbildungssystem zu übernehmen. Diese Verknüpfungen haben eine doppelte Struktur: einerseits schließen viele Abiturienten nach einer abgeschlossenen Allgemeinbildung und erworbener Hochschulreife (mit oder ohne berufsbildende Elemente) eine betriebliche Berufsausbildung im „dualen System" an und erwerben dadurch eine konsekutive Doppelqualifikation in der Folge: allgemein ⇨ beruflich, andererseits schließt dieselbe Population von Jugendlichen nach abgeschlossener Berufsausbildung oft noch ein Hochschulstudium an und erwirbt dadurch eine konsekutive (Mehrfach-) Qualifikation in der Folge: allgemein ⇨ beruflich ⇨ akademisch.

Das läßt sich ganz deutlich an der Statistik aufzeigen. In den neuen Bundesländern befanden sich 22,5% der Abiturienten des Jahrgangs 1992 ein halbes Jahr später in einer betrieblichen

Ausbildung, von diesen Auszubildenden hatten aber 40% die erklärte Absicht, doch noch zu studieren, ebenso viele waren noch unentschlossen, und nur 20% hatten auf das Studium von vornherein verzichtet (BMBW 1994: 65/66 – Übersicht 43).

Diese exzessive Ausdehnung des Modells einer konsekutiven Mehrfachqualifikation auch auf die neuen Länder trägt wesentlich zu den überlangen Ausbildungszeiten bei, die wirtschaftsnahe Bildungspolitiker neuerdings im Zusammenhang mit der Debatte um den (Wirtschafts-)„Standort Deutschland" besorgt wahrnehmen.

Im Bereich der Berufsausbildung, in dem die Einheit also auf den ersten Blick am leichtesten realisierbar zu sein schien, ergeben sich somit paradoxerweise die größten Probleme, die Einheit materiell zu verwirklichen. Ein interaktives Verständnis von Einheit scheint in diesem Bereich überhaupt nicht auffindbar. Der mögliche Vorzug der Lehrlingsausbildung nach dem DDR-Modell, die bessere Koordination von Theorie und Praxis durch den einen Lernort „Betrieb" – in der fehlenden Kooperation von Schule und Betrieb liegt nach übereinstimmendem Zeugnis vieler Berufsbildungsexperten die wichtigste Schwachstelle des westdeutschen „dualen Systems" – fällt durch die neue Organisationsstruktur einfach weg, so daß eine Impulssetzung aus dem Osten zwangsläufig ausbleibt.

VI. Der Sonderfall Doppelqualifikation

Das angesprochene Phänomen der konsekutiven Mehrfachqualifikation mit seinen negativen Auswirkungen auf die Länge der Gesamtausbildungsdauer im Kontext der Diskussion um den (Wirtschafts-)„Standort Deutschland" legt die Frage nahe, ob es nicht bildungsökonomisch günstigere Alternativen gibt, die vermittelten Mehrfachkompetenzen, die offensichtlich auf dem Arbeitsmarkt geschätzt werden, in einer weniger zeitaufwendigen Weise zu erreichen. Eine solche alternative Lösung scheint in der *Berufsausbildung mit Abitur (BmA)* des DDR-Bildungswesens gegeben zu sein. Dieser Ausbildungsgang war

Anfang der 60er Jahre im Zusammenhang mit den damals entwickelten Theorien der Gleichwertigkeit allgemeiner und beruflicher Bildung eingeführt worden. Sie war sozusagen Nebenprodukt der Polytechnisierung der Schule und sollte die einzige Form der Verbindung von allgemeiner und beruflicher Bildung bleiben, die die Experimentierphase der frühen 60er Jahre überdauerte. Die BmA war formal Teil der Lehrlingsausbildung und führte in drei Jahren zu einem Facharbeiterabschluß, der mit der allgemeinen Hochschulreife verbunden war. Für den Ausbildungsgang waren 86 (anspruchsvollere) Facharbeiterberufe vorgesehen.

Lernorte waren also der Betrieb und die Betriebsberufsschule. In didaktischer Hinsicht stellte die BmA ein eher additives Modell dar: Die Lehrpläne der allgemeinbildenden Oberstufe wurden (mit wenigen Abstrichen) mit den Lehrplänen der zugeordneten Facharbeiterausbildungsgänge verbunden. Die Zuständigkeiten für beide Ausbildungsteile blieben getrennt beim Ministerium für Volksbildung bzw. dem Staatssekretariat für Berufsbildung. Die Funktion der BmA war eindeutig primär die Hochschulvorbereitung, die Komponente der Berufsausbildung war eher als Praxisfeld für Sozialisationserfahrungen im Hinblick auf spätere Leitungstätigkeit zu verstehen. Man erwartete von den doppeltqualifizierten Absolventen – etwa jeder dritte Abiturient kam über die BmA –, daß sie ein fachverwandtes Studium zur Vorbereitung auf eine spätere Tätigkeit als Ingenieur, Berufsschullehrer oder Offizier aufnahmen. Diese Hoffnung ging nicht immer in Erfüllung, denn viele Absolventen wählten eine andere Studienrichtung. Im Studienerfolg waren die BmA-Absolventen nach kurzer Anlaufzeit mit den Abiturienten, die aus der allgemeinbildenden Erweiterten Oberschule kamen, gleichwertig (Hörner 1993: 54 ff.; Klauser 1990: 291).

Mit dem politischen Umbruch wurden auch spontan Überlegungen angestellt, die Berufsausbildung mit Abitur zu verbessern und den neu entstehenden Verhältnissen anzupassen, um sie zugleich mit den westdeutschen Rahmenbedingungen kompatibler zu machen. Dazu gehörten Pläne:

- die gymnasialen Komponenten durch die Einführung von Grund- und Leistungskursen zu verstärken;
- neben der allgemeinen Hochschulreife den Erwerb der Fachhochschulreife zu ermöglichen;
- dem dominierenden Bezug auf die Hochschule durch einen stärkeren Bezug auf eine mögliche Berufstätigkeit ohne Studium gegenzusteuern;
- den Ausbildungsgang auf vier Jahre zu verlängern;
- die Anbindung an die 86 definierten Facharbeiterberufe aufzugeben.

Diese Pläne wurden von vielen Reformkräften in der DDR unterstützt. Nicht nur die letzte DDR-Regierung hätte die Beibehaltung der BmA gerne gesehen, sondern auch Kultusminister aus den neuen Bundesländern (z. B. Rehm 1991). Maßgebliche Vertreter der westdeutschen Wirtschaft (z. B. Raddatz 1991) sowie der Berufsbildungsverwaltung und schließlich auch die KMK waren gegen eine Übernahme des Modells, da es zunächst nicht in die Ausbildungslandschaft des „dualen Systems" zu passen schien (es gab z. B. keine entsprechenden Ausbildungsberufe, in denen man Facharbeiterausbildung und Abitur hätte verbinden können). Die KMK hatte in ihren Vereinbarungen zur gymnasialen Oberstufe 1987 als Doppelqualifikationen nur Berufe nach Landesrecht, nicht nach dem Berufsbildungsgesetz von 1969 anerkannt (Dehnbostel 1988: 660). Die Berufsausbildung mit Abitur lief also nach dem Einigungsvertrag einfach aus.

Aber die ausgedehntere DDR-Erfahrung mit Doppelqualifikationen blieb dennoch nicht fruchtlos. Bildungsökonomische wie berufspädagogische Überlegungen führten letztlich dazu, daß die Idee einer Verbindung eines Berufs nach dem Berufsbildungsgesetz (also des „dualen Systems") mit einer Hochschulzugangsberechtigung wieder ein bildungspolitisches Interesse fand. Doppelqualifizierende Bildungsgänge schienen angesichts eines Rückgangs der Lehrlingszahlen ein Mittel, um die Attraktivität des „dualen Systems" zu steigern und es so aus einer gewissen Krise herauszuführen.

Auch hier war es das Land Brandenburg, das in unmittelbarer Anknüpfung an das DDR-Modell einen Modellversuch doppeltqualifizierender Ausbildung (Fachhochschulreife mit Facharbeiterausbildung z. B. als Industriemechaniker oder Energieelektroniker) begann. Der Versuch wird in enger Zusammenarbeit mit dem Ausbildungsbetrieb (Lausitzer Braunkohle AG – das frühere Energiekombinat „Schwarze Pumpe", dessen Betriebsberufsschule zum Oberstufenzentrum geworden war) durchgeführt. Es hat 1993 begonnen und soll sich über fünf Jahre erstrecken (vgl. Dehnbostel 1992 und 1994).

Auch hier läßt sich ein Phänomen beobachten, das im Zusammenhang mit der Leitfrage der interaktiven Bildungseinheit von Bedeutung sein kann. Nachdem die Frage der Doppelqualifikationen in Westdeutschland lange Zeit ein parteipolitisch aufgeladener Streitpunkt gewesen war, wurde 1994 aus dem eher konservativen Bayern ein ganz analoger Modellversuch im Hinblick auf einen doppeltqualifizierenden Ausbildungsgang gemeldet, der die Fachhochschulreife mit dem Ausbildungsberuf des Energieelektronikers verbindet.[9] Während der brandenburgische Ausbildungsgang insgesamt dreieinhalb Jahre dauern soll, wird im bayerischen Modellversuch sogar eine Ausbildungszeit von insgesamt drei Jahren, einschließlich einer sechsmonatigen vollzeitschulischen Phase, für ausreichend gehalten.

VII. Fazit

Die Untersuchung der einzelnen Teilbereiche des Bildungswesens hat gezeigt, daß zwar die deutsche Vereinigung infolge des politisch-gesellschaftlichen Zwangs zur schnellen Herstellung eines Mindeststandards der formellen oder funktionalen Einheitlichkeit im Bildungssystem sicherlich nicht den Innovationsschub gebracht hat, der im ersten Eingangszitat erwartet worden war. Allerdings hat sich auch die Vermutung, daß mit den Festlegungen des Einigungsvertrages auf die KMK-Vereinbarungen sich jeglicher Reformimpetus in einer bloßen Transformation der DDR-Schule in die traditionellen westdeutschen Schul- und Curriculumstrukturen aufgelöst habe, nicht bewahrheitet. In einzelnen – aber durchaus wichtigen – Bereichen des Bildungswesens wurden entweder positive Elemente aus der Bildungstradition der DDR modifiziert in die Bildungswirklichkeit der neuen Bundesländer umgesetzt oder Reformimpulse aus dem Westen aufgegriffen, die dort selbst noch nicht bildungspolitisch verwirklicht sind. In beiden Fällen zeigt sich, daß der Innovationsimpuls auch nach Westen (zurück-) wirkt und – entgegen dem ersten Schein – zumindest die bildungspolitische Diskussion wieder belebt.

Die als Ergebnisse der Analyse herausgefilterten Reformimpulse im Sinne einer „interaktiven Bildungseinheit" mögen – gemessen an den Erwartungen der Eingangszitate – eher bescheiden anmuten. Man muß jedoch sehen, daß die politischen und gesellschaftlichen Rahmenbedingungen des Vollzugs der deutschen Einheit – die DDR als „historisch unterlegenes" gesellschaftliches System, das sein langes Überleben vor allem einem perfektionierten Repressionsapparat verdankte, tritt der Bundesrepublik Deutschland bei – eine Bildungseinheit im Sinne einer gleichberechtigten Partnerschaft von vornherein unwahrscheinlich gemacht haben, da Bildung im DDR-System selbst als ideologisch hochrelevanter Bereich angesehen wurde und damit als Ganzes mit einer schweren Hypothek belastet war. Gerade auf diesem Hintergrund sind die herausgearbeiteten Innovationsimpulse „aus dem Osten" wert, daß man sie zur Kenntnis nimmt.

Sarina Keiser

Die Familien in den neuen Bundesländern zwischen Individualisierung und „Notgemeinschaft"

Im allgemeinen steht die Bedeutung der Familie für das einzelne Individuum wie auch für die Gesellschaft als Ganzes außer Frage. Für den einzelnen spielt die Familie eine bedeutsame Rolle als Ort emotionaler Geborgenheit, zwischenmenschlicher Verläßlichkeit, gegenseitiger Hilfe und Unterstützung sowie der Gestaltung und Meisterung des Lebensalltags. Für die Gesellschaft erbringt die Familie – obgleich Privatbereich – unverzichtbare Leistungen zur Reproduktion und Sicherung des Humanvermögens, von der Nachwuchssicherung bis zur Betreuung und Pflege alter Menschen (vgl. BMFuS 1994). Dies galt für die ehemalige DDR in gleichem Maße wie für die ehemalige BRD und gilt heute für die gesamte Bundesrepublik Deutschland. Gleichwohl wurden in Ost- und Westdeutschland unterschiedliche familienpolitische Modelle und Leitbilder der Familie verfolgt und somit verschiedenartige strukturelle Rahmenbedingungen für Familien geschaffen, die bis heute den Familienalltag im Spannungsfeld von Erwerbsbeteiligung, Hausarbeit und Kinderbetreuung differenzierend ausgestalten.

Für die DDR charakteristisch war eine sehr hohe subjektive Wertschätzung der Familie. Familie und Beruf rangierten über Jahrzehnte auf den ersten Rangplätzen der Lebenswerte – dies bei Frauen und Männern sowie allen Altersgruppen. Die sogenannte „Normalfamilie" der Ehe mit Kind(ern) war die meist gewählte Lebensform in der DDR. Das Verhältnis Familie/Gesellschaft war einerseits dadurch bestimmt, daß der sozialistische Staat zunehmend versuchte, Aufgaben der Familie, insbesondere die Erziehung und Sozialisation der nachwachsenden

Generation, zu übernehmen und den Einfluß der Familie zurückzudrängen. Andererseits mußte die Familie in zunehmendem Maße den Mangel an sinnvollen Betätigungsmöglichkeiten sowie die restriktiven Strukturen im öffentlichen Raum kompensieren. „Das Ergebnis war ein ausgesprochen familienzentriertes Verhalten großer Teile der Bevölkerung, ein Rückzug ins Private, eine auffällige Tendenz familialer Abkapselung und Verhäuslichung" (Gysi 1990: 34). Die Familie in der DDR wurde entgegen den SED-politischen Vorstellungen immer stärker zu einer Gegenwelt zur Gesellschaft oder zu einer „Nische" in der Gesellschaft.

Seit der deutschen Vereinigung haben sich im Zuge der gesellschaftlichen Transformationsprozesse in den neuen Bundesländern in allen gesellschaftlichen Lebensbereichen gravierende Veränderungen vollzogen, mit denen Erwachsene wie auch Kinder und Jugendliche konfrontiert sind und die über die einzelnen Familienmitglieder auch den Familienalltag sowie die familialen Beziehungen beeinflussen. Erinnert sei an die Währungsunion und den damit verbundenen Zugang zu einer völlig neuen übermächtigen Konsumvielfalt, an die Veränderungen im Bereich der Kinderbetreuung sowie der Bildungsinstitutionen und nicht zuletzt an die neuen Arbeitsmarktbedingungen und -anforderungen sowie das für DDR-BürgerInnen neue Problem der Arbeitslosigkeit. Durch die Wende und die Vereinigung wurden die Familien vielfach zu einer gänzlich neuen Art der Alltagsvorsorge und Alltagsbewältigung gezwungen. Die Spezifik der Lebenssituationen von Familien in den neuen Bundesländern resultiert demzufolge sowohl aus noch bestehenden „Relikten" der DDR (wie z.B. der hohen Erwerbsbeteiligung der Frauen, der institutionellen Kinderbetreuung, der Wohnsituation, den Spezifika in Familienformen etc.) als auch aus den neuen veränderten Lebensbedingungen und Anforderungen in allen gesellschaftlichen Bereichen, mit denen sich die Familien auseinandersetzen müssen.

Im folgenden sollen einige wichtige Veränderungen und Problemfelder der Familien in den neuen Bundesländern besprochen werden, wobei kein Anspruch auf Vollständigkeit bestehen kann. Zunächst soll die Spezifik der familialen Lebensformen in den neuen Bundesländern sowie die demographische Entwicklung der letzten Jahre dargestellt werden. Im Anschluß werden Veränderungen der familialen Lebenssituationen im Zusammenhang mit den veränderten Arbeitsmarktbedingungen sowie Kinderbetreuungsmöglichkeiten aufgezeigt. Abschließend wird anhand sozio-ökonomischer Aspekte der Lebenssituation der Frage nach einer zunehmenden sozialen Differenzierung von Familien nachgegangen.

I. Familiale Lebensformen in den neuen Bundesländern

Wie bereits erwähnt, wurde in der ehemaligen DDR der Familie und Kindern ein sehr hoher Stellenwert in den persönlichen Lebensentwürfen beigemessen. Familiale Lebensformen, d.h. ein Zusammenleben mit Kindern, waren hier weit stärker verbreitet als in der ehemaligen BRD. So waren Ergebnissen des Familiensurvey des DJI[1] zufolge 1990/91 zu Beginn des Vereinigungsprozesses im Osten 70%, im Westen 64% verheiratet. Der Anteil der Haushalte mit einem bzw. mehreren Kindern betrug im Osten 64%, im Vergleich zu 52% im Westen. In die Gruppe „verheiratet mit Kind im Haushalt" fielen in den neuen Bundesländern 53%, in den alten Bundesländern 46% der Befragten. Dagegen war die Zahl der Ledigen in den neuen Bundesländern mit 19% wesentlich geringer als in den alten Bundesländern, wo eine Ledigenquote von 28% ermittelt wurde (Bertram 1992: 44). Anzumerken ist auch, daß in der DDR das durchschnittliche Alter für Frauen wie Männer bei der Erstheirat sowie bei Geburt des ersten Kindes ca. drei Jahre unterhalb des Altersdurchschnitts der westlichen Bundesländer lag. 1989 lag das Erstheiratsalter für Frauen im Durchschnitt bei 22,7 Jahren, für Männer bei 24,7 Jahren. Das Durchschnittsalter der Frauen bei Geburt des ersten Kindes lag bei 22,9 Jahren. 70% aller Kinder wurden bis zum 25. Lebensjahr ihrer Mütter geboren, und für die Mehrheit der Frauen war der Zeitraum, Kinder zu bekommen, bereits mit 30 Jahren abgeschlossen (Winkler 1990). Darüber hinaus differieren die Befragten mit Kind(ern) im Osten stärker in ihrer familialen Lebensform. Die Anteile der Ledigen und Geschiedenen mit Kind(ern), aber auch der nichtehelichen Lebensgemeinschaften mit Kind sowie der Alleinerziehenden sind in den neuen Bundesländern deutlich größer als in den alten Bundesländern. In der ehemaligen DDR wurden mehr Kinder unehelich geboren, aber auch mehr Ehen mit Kind(ern) geschieden. So hatten in den neuen Bundesländern 21% der Ledigen mindestens ein Kind, während der Anteil der Ledigen mit Kind im Westen nur bei 5% lag. Von den Geschiedenen hatten in den neuen Bundesländern 68% mindestens ein Kind, in den alten Bundesländern 47% (Keiser 1992a). Bezogen auf alle Haushalte mit mindestens einem Kind bis zu 16 Jahren, wurden im Osten 8% nichtehelich zusammenlebende Paare mit Kind sowie 11% Alleinerziehende ermittelt, im Westen lagen die entsprechenden Anteile bei 4% bzw. 6%. Auch die Zahl der Kinder, die in einer Stiefelternbeziehung aufwachsen, war demzufolge im Osten größer – insgesamt knapp 14% im Vergleich zu 9% in den alten Bundesländern (Bertram et. al. 1992). In der neuen Shell-Jugendstudie von 1991 gaben in den neuen Bundesländern 23%, in den alten Bundesländern 15% der 13- bis 17jährigen Jugendlichen an, bereits eine Scheidung/Trennung der Eltern erlebt zu haben (Jugend '92). Ähnlich wie in der ehemaligen BRD bestanden auch in der DDR beträchtliche regionale Differenzen in der Verteilung der verschiedenen familialen Lebensformen, wobei die nicht traditionellen familialen Lebensformen in den urbanen Zentren und städtischen Regionen wesentlich häufiger waren und sind.

In der nunmehr gesamtdeutschen soziologischen Theoriediskussion erfahren diese DDR-Spezifika der privaten bzw. familialen Lebensformen bis heute unterschiedliche Wertungen und Einordnungen. Zumeist wird hier das Bild der statischen Organisationsgesellschaft der DDR mit staatlich reglementierten, verplanten und vorherbestimmten individuellen Lebensläufen (Meier 1990; Pollack 1990) der Individualisierung und Pluralisierung der Lebensführung im Westen Deutschlands gegenübergestellt (Bertram 1992; Huinink/Mayer 1993; Schneider 1994). Bertram (1992) weist anhand der Daten des Familiensurvey im Rahmen seiner Analysen zu Individualisierungstendenzen und Wertewandel ähnliche Grundmuster für Ost- und Westdeutschland nach, wenn auch auf unterschiedlichem Niveau. Im Vergleich zu den Lebensbereichen Bildung, Berufsleben sowie Politik wurde der Bereich der privaten Lebensführung als „Gegenwelt zur Gesellschaft" zunehmend zum Spielraum für Individualisierungsbestrebungen. So ist zwar die Zahl der Ledigen und Kinderlosen im Osten geringer, jedoch sind hier die Lebensformen mit Kind(ern) stärker ausdifferenziert als im Westen. Schneider erklärt die starke Neigung zu Heirat und Familiengründung in der DDR durch einen „hohen Grad unreflektierter Selbstverständlichkeit der entsprechenden Orientierungs- und Handlungsmuster" (1994: 266), die zudem durch eine Vielzahl staatlicher Fördermaßnahmen Anreiz erfuhren.

Darüber, in welchem Maße sich seit 1990 die Relationen der Anteile einzelner Lebensformen verschoben haben, liegen bislang keine gesicherten Erkenntnisse vor.[2] Gysi antizipierte noch vor der deutschen Vereinigung bezüglich der Zukunft der Familie, „daß einschneidende Veränderungen in den Lebensbedingungen und Lebenswerten... Erscheinungen der Destabilität von Ehe und Familie zunächst erheblich verstärken können, daß jedoch bei länger anhaltenden Verschlechterungen der Lebensbedingungen Familien wieder stärker zusammenhalten und teilweise sogar den Charakter von ‚Notgemeinschaften' annehmen können" (Gysi 1990: 38).

Auf gewisse Destabilisierungstendenzen, d.h. auf Veränderungen im Familiengründungsverhalten, in der Wertigkeit von Kindern und Familie sowie auf zunehmende Probleme bei der Vereinbarkeit von beruflicher Karriere und Familienentwicklung deuten die gravierenden demographischen Brüche, die seit der Vereinigung in den neuen Bundesländern zu verzeichnen sind. Von 1988 bis Ende 1992 sank die Heiratsquote um etwa 60%, die Geburtenrate sogar um etwa 65% (Zapf/Mau 1993). Jedoch bleibt die Frage nach den Hintergründen dieser demographischen Brüche zunächst offen. Handelt es sich bei diesen Veränderungen im Familiengründungsverhalten um eine relativ kurzfristige Reaktion der Verunsicherung durch veränderte Lebensbedingungen? Zeichnet sich hier eine zeitliche Verschiebung des Kinderwunsches bzw. der Familiengründung in den individuellen Lebensverläufen ab, d. h. erfolgt in den neuen Bundesländern eine Angleichung an westliche Alterssequenzen der Familiengründung? Oder verfestigen sich bei jungen Menschen in den neuen Bundesländern zunehmend neue Lebensentwürfe, in denen für Kinder und Familie kein Platz mehr ist? Inwieweit vollziehen sich nunmehr in den neuen Bundesländern Pluralisierungs- und Individualisierungstendenzen, ähnlich denen der alten Bundesländer?

Neben dieser Destabilisierungstendenz ist aber zugleich auch eine gewisse zunehmende Wertschätzung von Ehe und Familie als psychosoziale Bezugsgruppe und existenzsichernde Gemeinschaft anzunehmen, wenn man die ebenfalls stark rückläufigen Scheidungszahlen mit in Betracht zieht. Im Vergleich zu 1988 sind die Scheidungszahlen ebenfalls um ca. 80 % zurückgegangen (Zapf/Mau 1993), was inzwischen nicht mehr nur auf die rechtlichen Veränderungen – insbesondere das Trennungsjahr – zurückgeführt werden kann. Wird die Familie also doch zur „Notgemeinschaft", die in einer Zeit gravierender Veränderungen in allen übrigen Lebensbereichen „ein Stück" materielle, soziale und emotionale Sicherheit und Stabilität gewährt?[3]

Die demographischen Brüche lassen sich auch in Zusammenhang bringen mit Veränderungen auf der Einstellungsebene, die eine Umkehrung in der Rangfolge der Dimensionen Partnerschaft/Familie und Arbeit/Beruf beinhalten (Meyer 1994; Jugend in Sachsen). Noch 1990 war einer Umfrage zufolge die Familie in den neuen Bundesländern für 38 % der Befragten der wichtigste Lebensbereich und lag somit an erster Stelle der Rangreihe, vor dem Beruf (27 %), dem Einkommen (15 %) und der Freizeit (13 %). Bei einer Wiederholungsbefragung 1992 rangierte die Familie mit 26 % der Nennungen bereits an dritter Stelle der Rangreihe nach dem Beruf (35 %) und dem Einkommen (27%). Zugleich war eine gewisse Umorientierung in der relationalen Bedeutung von Kindern und Partnerschaft festzustellen. Ein „harmonisches Familienleben mit Kindern" wurde 1992 nur von 11% als sehr wichtiger Lebensinhalt genannt, im Vergleich zu 42% 1990. Dagegen war eine „stabile Partnerbeziehung" 1990 für 27%, 1992 bereits für 42% sehr wichtig (Haushalt und Familie 1994: 111ff.). Der starke Bedeutungsanstieg in den Wertbereichen Beruf und Einkommen spiegelt deutlich die subjektive Wahrnehmung der veränderten Arbeitsmarktbedingungen. Die gewachsene Bedeutung stabiler Partnerbeziehungen deutet offensichtlich auf ein stärkeres Bedürfnis nach Unterstützungs- und Solidarbeziehungen in einer veränderten Umwelt. Diese Thesen stützen u.a. auch Untersuchungen zur individuellen Bewältigung von Arbeitslosigkeit (vgl. Kieselbach/Voigt 1992).

Auch bezüglich dieses Einstellungswandels kann nicht eindeutig gewertet werden, inwiefern er (nur) Widerspiegelung veränderter Realitäten ist und inwieweit er künftige Verhaltensmuster prädeterminiert. Auf all die aufgeworfenen Fragen zur künftigen Entwicklung und Wertung familialer Lebensformen in den neuen Bundesländern kann erst im weiteren Zeitverlauf eine eindeutige Antwort gegeben werden.

II. Familie und Arbeitsmarkt

Die wohl entscheidendsten Veränderungen in der Lebenssituation von Familien in den neuen Bundesländern resultieren aus der veränderten Arbeitsmarktsituation. In der ehemaligen DDR waren in der Regel beide Partner berufstätig. Die Unterschiede in der Erwerbsbeteiligung von Frauen und Müttern zwischen Ost und West sind allgemein bekannt (vgl. Brinkmann/Engelbrech 1991). Im Familiensurvey von 1990/91 waren in 81% aller Partnerhaushalte beide Partner erwerbstätig und nur in 10% allein der Mann. Die Erwerbsbeteiligung der Mütter lag in den neuen Bundesländern zu diesem Zeitpunkt noch bei 78% und erreichte in Abhängigkeit vom Alter und der Anzahl der Kinder im Haushalt teilweise das doppelte Ausmaß der Erwerbsbeteiligung von Müttern in den alten Bundesländern (Bertram et. al. 1992: 82). Obgleich auch heute noch die Erwerbsbeteiligung der Frauen und Mütter in den neuen Bundesländern größer ist als in den alten Bundesländern, belegen die Statistiken seit 1990 die zunehmend schlechteren Chancen der Frauen und insbesondere der Mütter auf dem Arbeitsmarkt. Der Anteil der berufstätigen Mütter lag in Umfrageergebnissen von 1992/93 nur noch bei ca. 65%, während der Anteil arbeitsloser Frauen inzwischen auf ca. 20% gestiegen ist. Im Vergleich dazu ist die Arbeitslosenquote der Männer mit ca. 6-9% annähernd konstant geblieben. Frauen sind überproportional von Arbeitslosigkeit betroffen. Etwa zwei Drittel der Arbeitslosen sind Frauen. Bei der Vermittlung von Arbeitsplätzen durch die Arbeitsämter liegt das Verhältnis Männer zu Frauen jedoch bei ca. 70 zu 30 (Hildebrandt 1994: 38).

Im Gegensatz zu den Männern ist bei den Frauen die Erwerbssituation in starkem Maße durch die familiale Lebenssituation mitbestimmt. Frauen mit kleineren Kindern und Frauen mit drei und mehr Kindern sind signifikant häufiger arbeitslos. In welchem Ausmaß die Arbeitslosigkeit im Ostteil Deutschlands bereits in die Familien hineindrang, belegt auch ein Ergebnis der Shell-Jugendstudie. In der Erhebung, die bereits Mitte 1991 stattfand, gaben von den 13- bis 17jährigen Jugendlichen in den alten Bundesländern 6%, in den neuen Bundesländern 27% an, bereits Arbeitslosigkeit eines Elternteils erlebt zu haben (Jugend '92). In einer IAB-Studie von 1993 waren von den untersuchten Arbeitslosen mit Partner und Kind(ern) 14% durch doppelte Arbeitslosigkeit, d.h. Arbeitslosigkeit beider Partner, betroffen. Darüber hinaus bestätigte diese Studie, daß vor allem junge Familien mit Eltern zwischen 25 und 35 Jahren und kleineren Kindern sowie Alleinerziehende von Arbeitslosigkeit betroffen sind (Beckmann/Bender 1993).

Aber allein die Feststellung, wie viele Familien von Arbeitslosigkeit betroffen sind, sagt noch nichts über die tatsächlichen objektiven wie subjektiven Belastungen der familialen Lebenssituation, die damit verbunden sind. Da ergeben sich nicht nur gravierende finanzielle Einbußen, die ein Absenken des Konsumniveaus erfordern. Zu nennen sind ebenfalls die Reduzierung von Kommunikationschancen, der Verlust sozialer Kontakte, soziale Desintegration und Ausgrenzung, die Notwendigkeit neuer Zeitstrukturen im Alltag bis hin zu Prestigeverlusten, Selbstzweifeln, Depressionen und anderen psychischen Belastungen.

Eine entscheidende Frage ist, wie gehen Eltern und Kinder mit arbeitsmarktbestimmten Veränderungen im Familienalltag um? Dabei ist jedoch nicht nur nach den Auswirkungen von Arbeitslosigkeit zu fragen. Ebenso von Interesse sollten die Folgen veränderter Arbeitsanforderungen (de facto längere Arbeitszeiten, Migrationserfordernisse, Arbeitsintensität etc.) auf das Familienleben sein. Diesbezüglich liegen für die neuen Bundesländer noch kaum fundierte Forschungsergebnisse vor.

Einige Wertungsansätze lassen sich aus Schüleraufsätzen ablesen, die im Rahmen der Shell-Jugendstudie von ostdeutschen Jugendlichen im Alter von 12 bis 17 Jahren darüber geschrieben wurden, was die Vereinigung in ihrem persönlichen Leben an Veränderungen gebracht hat (vgl. Keiser 1992b). Die familiale Lebenssituation wurde dabei fast immer an vorderster Stelle genannt. Veränderungen standen hier vor allem im Zusammenhang mit der Arbeitsmarktsituation sowie den neuen Konsum-, Freizeit- und Reisemöglichkeiten. Erwähnt wurden sowohl die eigene Betroffenheit der Eltern von Arbeitslosigkeit, die Angst vor drohender Arbeitslosigkeit als auch die neuen Arbeitsanforderungen und -bedingungen, die den familialen Alltag beeinflussen. Die Arbeitslosigkeit eines oder beider Elternteile belastet das Familienklima und die sozialen Beziehungen zwischen den Partnern sowie zwischen den Eltern und Kindern. Zugleich bringt Arbeitslosigkeit weitere Probleme, Verunsicherungen und Sorgen für Eltern wie Kinder hervor. In erster Linie wurde hier ein geringes Einkommen der Eltern und somit die Sorge um die Sicherung des Lebensunterhalts der Familie genannt. Als einschränkend und ungerecht empfinden die Kinder arbeitsloser Eltern vor allem, daß sie das nunmehr vorhandene, oftmals verlockende Warenangebot aufgrund der begrenzten finanziellen Mittel der Familie nicht entsprechend ihren Bedürfnissen nutzen können. Die Kinder reflektieren deutlich, daß die angenehmen Seiten dieser neuen Gesellschaft – Reisen, Konsumangebot, neue Freizeitmöglichkeiten – nur nutzen kann, wer auch über die entsprechenden finanziellen Ressourcen verfügt. Darüber hinaus schrieben die Kinder aber auch über die mit der Arbeitslosigkeit verbundenen psychischen Befindlichkeiten und Belastungen der Eltern (wie z.B. den Verlust an Selbstvertrauen und Selbstbewußtsein oder ein Gefühl des Ausgegrenztseins), was wiederum auch die Kinder selbst belastet. Es komme häufiger zu Streit und Konflikten in der Familie, das Familienklima sei oft angespannt und gereizt.

Ähnliche Wertungen im Zusammenhang mit Arbeitslosigkeit in der Familie erbrachten auch die Ergebnisse einer Leipziger Längsschnittstudie des DJI von 1992. Eine Verschlechterung der familialen Lebensbedingungen seit der Wende wurde von den Jugendlichen zumeist im Zusammenhang mit Arbeitslosigkeit der Eltern und damit verbundenen finanziellen Einbußen angegeben. Darüber hinaus war eine Verschlechterung der familialen Lebensbedingungen sowie die Arbeitslosigkeit der Eltern gehäuft mit einer Verschlechterung der innerfamilialen Beziehungen und der gesamten Familienatmosphäre verbunden. Nur etwa ein Drittel der Jugendlichen, von denen beide Eltern beschäftigungslos waren bzw. die eine Verschlechterung der Lebensbedingungen angegeben hatten, fühlten sich zu Hause vollkommen wohl. Dagegen verneinten etwa 11 bis 13% dies. Auch die persönliche Zukunftssicht der Jugendlichen war bei Arbeitslosigkeit in der Familie pessimistischer. Während zwei Drittel der Jugendlichen mit erwerbstätigen Eltern ihre eigene Zukunft zuversichtlich und nur 4% düster sahen, so empfanden 12% der Jugendlichen mit arbeitslosen Eltern die eigene Perspektive als düster. Nur etwa die Hälfte dieser Jugendlichen sah die eigene Zukunft zuversichtlich (Reißig 1994: 92 ff.).

Aber nicht nur die direkte Betroffenheit der Eltern von Arbeitslosigkeit beeinflußt das familiäre Klima. Auch Kinder, deren Eltern noch berufstätig waren, schilderten die Sorge der Eltern um den Erhalt des Arbeitsplatzes und damit verbundene Ängste, Spannungen und Konflikte, die oft die Familienatmosphäre trüben. Häufig erwähnt wurde aber auch, daß sich die freie Zeit, die der Familie und den Kindern bzw. Jugendlichen für gemeinsame Unternehmungen zur Verfügung steht, durch gestiegene Arbeitsanforderungen erheblich verringert habe und der familiale Alltag hektischer und stressiger geworden sei. Als große Belastung empfanden die Kinder auch, wenn ein Elternteil im Westen Deutschlands arbeitet bzw. sich qualifiziert und die Familie dadurch größtenteils getrennt leben muß. Der Anteil der Familien, in denen einer der Eltern auswärts beschäftigt war und somit an den meisten Wochentagen nicht zu Hause war, lag in der bereits erwähnten Leipziger Längsschnittstudie 1992 bei 12 %, wobei 4 % in Westdeutschland und 8 % anderswo in Ostdeutschland arbeiteten. Dem Belastungsaspekt steht hier gegenüber, daß die Familien mit einer Beschäftigung in den alten Bundesländern überproportional häufig ein höheres Pro-Kopf-Einkommen aufweisen (Reißig 1994: 91).

Die dargestellten Tendenzen deuten darauf hin, daß die sozialen Beziehungen in der Familie, das Verständnis zwischen Eltern und Kindern sowie die gegenseitige Zuwendung in der Familie zum Teil erheblich durch die veränderten Arbeitsmarktbedingungen belastet, ja sogar überfordert sind. Den DDR-Familien wurde auf Grund der sozialistischen Mangelwirtschaft sowie des geringen Grades an Arbeitsteilung zwischen Familie und Gesellschaft nicht selten zugeschrieben, daß sie „immer mehr den Charakter von Versorgungs- und Erledigungsgemeinschaften annahmen und die emotionale Hinwendung der Familienmitglieder zueinander nicht selten zu kurz kam" (Gysi 1990: 36). Ausgehend von den hier beschriebenen Veränderungen seit der Vereinigung stellt sich die Frage, ob nunmehr andere gesellschaftliche Strukturbedingungen nicht das gleiche bewirken. Führen die harten Konkurrenzbedingungen auf dem Arbeitsmarkt – sei es durch höhere Arbeitsanforderungen, sei es durch Arbeitslosigkeit – nicht auch dazu, daß die Familie zu einer „Versorgungs-" oder „Notgemeinschaft" wird und die emotionalen Beziehungen ungenügende Beachtung finden?

Man könnte meinen, ein Ansatz zur Lösung des Problems liege in einer Rückkehr zum traditionellen Familienmodell mit erwerbstätigem Vater und der familienumsorgenden Hausfrau und Mutter. Weit gefehlt, denn dies wollen weder die Ost-Frauen noch die Ost-Männer. Die Erwerbsorientierung der ostdeutschen Frauen und Mütter ist nach wie vor sehr hoch. Den Lebensbereich „Beruf und Arbeit" halten 60 % der ostdeutschen Frauen für sehr wichtig, im Vergleich zu 35 % der westdeutschen Frauen. Lediglich jede zehnte erwerbstätige Frau würde ihre Berufstätigkeit aufgeben, wenn sie „das Geld nicht bräuchte" (BMFuS 1994: 168; 172).

Im Familiensurvey des DJI wurde nach den Vorstellungen zur Erwerbsbeteiligung in der Familie in Abhängigkeit vom Alter der Kinder gefragt. In den Antworten kam ebenfalls eine hohe Wertschätzung der Erwerbstätigkeit von Frauen zum Ausdruck, wobei zugleich eine hohe Übereinstimmung in den Angaben der Männer und Frauen zu verzeichnen war. Für den Fall, daß keine Kinder im Haushalt leben, stimmten 94 % für eine volle Erwerbsbeteiligung beider Partner (78 % im Westen). Für die Situation, daß ein Kind unter drei Jahren im Haushalt lebt, werden die Präferenzen zur Erwerbsbeteiligung ganz anders gesetzt. Entgegen der gelebten Realität in der ehemaligen DDR wählten in dieser Situation nur noch 9 % die volle Erwerbstätigkeit von Mann und Frau. Dagegen befürworteten 42 % der Befragten das Modell der teilzeiterwerbstätigen Frau und 32 % das Hausfrauen-Modell. Im Vergleich dazu wählten im Westen 63 % die Variante der nichterwerbstätigen Mutter. Mit zunehmendem Alter der Kinder nahm in den neuen Bundesländern der Wunsch nach Erwerbsbeteiligung beider Partner wieder rasch zu, die Akzeptanz des Hausfrauen-Modells dagegen auf nur noch 2 % rapide ab. Unter der Bedingung, daß Kinder zwischen drei und sechs Jahren im Haushalt leben, bevorzugten 19 % die volle Erwerbstätigkeit beider Partner und 56 % eine Teilzeitbeschäftigung der Frau. Mit Schulkindern im Haushalt wünschte bereits ein Drittel der Befragten die volle

Erwerbsintegration beider Partner und 47% eine Teilzeitarbeit der Frau (Dannenbeck/Keiser/Rosendorfer 1995). Als Fazit läßt sich formulieren: Ostdeutsche Frauen (und Männer) möchten wohl mehr Zeit für Kinder und Familie, jedoch nicht um den Preis der vollständigen Aufgabe der Erwerbstätigkeit. Das Hausfrauen-Modell ist jedenfalls für ostdeutsche Frauen wie Männer keine Alternative. Das sollte die Diskussionen von Politik und Wirtschaft über familienfreundliche flexible Teilzeitmodelle für Männer und Frauen mit sozialer Absicherung wieder etwas auffrischen – ein Thema, das ja in der Bundesrepublik Deutschland nicht neu ist.

III. Kinderbetreuungsinstitutionen und Schule

Eine wesentliche Voraussetzung für die Erwerbsbeteiligung von Müttern und zugleich ein hochgeschätztes „Relikt" der Familienpolitik der DDR war und ist die institutionelle Betreuung von Klein- und Vorschulkindern.[4] Auch in diesem Bereich wurden seit der deutschen Vereinigung gravierende Einschränkungen und Schließungen sowie strukturelle und inhaltliche Umgestaltungen durchgesetzt. Nach dem Familiensurvey des DJI besuchten 1990/91 63% der unter dreijährigen und 94% der drei- bis sechsjährigen Kinder eine Betreuungseinrichtung. Im Vergleich dazu sei erwähnt, daß Ende der 80er Jahre in der ehemaligen BRD 87% der Kinder unter drei Jahren keine außerhäusliche Betreuung erhielten. Von den älteren Kindern besuchten aber ebenfalls 87% einen Kindergarten (Keiser 1992a). Neuere Untersuchungen in den neuen Bundesländern belegen, daß sich der Anteil der Kinder der jeweiligen Altersgruppen, die eine öffentliche Einrichtung besuchen, trotz der Schließung zahlreicher Krippen und Kindergärten nur geringfügig verändert hat. Der allgemein zu verzeichnende Bedarfsrückgang an Kinderbetreuungsplätzen ist somit in erster Linie auf den Geburtenrückgang zurückzuführen und nicht – wie mancherorts behauptet – durch ein rückläufiges Interesse an Kinderbetreuung oder durch das Abdrängen der Mütter aus dem Erwerbsleben verursacht. Auch von den arbeitslosen Müttern geben ca. 80 % ihr Kind in eine Einrichtung, von den nicht erwerbstätigen Müttern (Mütterjahr, Hausfrauen) ebenfalls etwa ein Drittel. Immer noch ist der Anteil institutionell betreuter Klein- und Vorschulkinder in den neuen Bundesländern deutlich größer als in den westlichen Bundesländern. Der Rechtsanspruch auf einen Kindergartenplatz, der bundesweit 1996 in Kraft treten soll und nach wie vor umstritten ist, ist in den neuen Bundesländern zumeist bereits realisiert. Dennoch ergeben sich auch hier Probleme, die nicht ohne Folgen für Familien mit kleineren Kindern sind. Durch die überproportionale Schließung von Kinderkrippen haben sich die Betreuungsmöglichkeiten für Kleinkinder im Vergleich zu Vorschulkindern verschlechtert. Öffnungszeiten haben sich zum Teil verändert, und häufig müssen jetzt längere Wege in Kauf genommen werden, was zu zeitlichen Problemen in Verbindung mit der Erwerbstätigkeit führt. Besonders betroffen von diesen Veränderungen sind Familien in ländlichen Regionen. Und obgleich die Notwendigkeit einer finanziellen Selbstbeteiligung der Familien an der Kinderbetreuung nicht in Abrede gestellt werden soll, ist doch offensichtlich, daß die Betreuungsgebühren zum Teil als indirekte Bedarfsregulative fungieren. Trotz der einkommensabhängigen Abstufungen der Betreuungsgebühren ist ein Teil der Familien, insbesondere Familien mit mehreren Kindern und/oder Familien mit arbeitslosen Eltern bzw. Alleinerziehende, nicht in der Lage, diese Gebühren aufzubringen.

Verwiesen sei an dieser Stelle noch auf die ideologiebehaftete Wertung institutioneller Kinderbetreuung. Während in der DDR – bei allen Problemen, die nicht in Abrede gestellt werden sollen – die Kinderbetreuungseinrichtungen eine Selbstverständlichkeit waren und seitens der Eltern eine hohe Akzeptanz erfuhren, standen in der ehemaligen BRD Bemühungen um öffentliche Kinderbetreuung stets einer konservativen Mütterideologie gegenüber. Obgleich inzwischen empirische Forschungsergebnisse und theoretische Abhandlungen über die Folgen mütterlicher Erwerbstätigkeit vorliegen, die belegen, daß eine pauschale Abwertung der Berufstätigkeit von Müttern sowie der institutionellen Kinderbetreuung nicht gerechtfertigt ist (Zwiener 1994), sind es insbesondere ökonomische Krisensituationen, die solche Wertungen immer wieder aufkommen lassen. Den besten Beleg dafür bilden eben jene Kontroversen, die nach der Vereinigung lange Zeit um die institutionelle Kinderbetreuung geführt wurden.[5] Dennoch, die Akzeptanz und positive Bewertung von Kinderbetreuungseinrichtungen ist in den neuen Bundesländern nach wie vor deutlich stärker ausgeprägt als im Westen Deutschlands. In der IPOS-Studie von 1992 waren z.B. 66% der ostdeutschen Befragten der Meinung, daß eine Ganztagserziehung im Kindergarten den Kindern nützt. Dagegen sagten 47% der westdeutschen Befragten, daß eine Ganztagserziehung im Kindergarten den Kindern schade (Hildebrandt 1994: 34).

Was für die Eltern die neue Arbeitsmarktsituation, für die kleineren Kinder Krippe und Kindergarten, ist für die älteren Kinder und Jugendlichen die Schule bzw. die Berufsausbildung. Die Auflösung des einheitlichen Bildungssystems der DDR und die Bildungsreformen in den neuen Bundesländern, die bis in die Gegenwart zu laufenden Veränderungen führen,[6] haben ebenfalls den Alltag der Familien nicht unberührt gelassen. Die Kinder müssen sich mit neuen Arbeitsanforderungen und -stilen, mit höheren Leistungsanforderungen und neuen Unterrichtsmethoden auseinandersetzen. Durch die Umgestaltung der Schultypen mußten sie sich vielfach an neue Schulen, Lehrer und Klassenkollektive gewöhnen. Auch hieraus ergaben und ergeben sich familiale Konfliktfelder, die die Beziehungen zwischen Eltern und Kindern betreffen. Einerseits stellen Eltern heute häufig sehr hohe Anforderungen an die schulischen Leistungen ihrer Kinder und überfordern diese nicht selten. Etwa die Hälfte der Eltern strebt das Abitur für ihre Kinder an. Schulversagen und Enttäuschungen sind damit für einen Teil der Kinder vorprogrammiert. Andererseits können die Eltern bzgl. der schulischen Anforderungen heute kaum noch auf ihre eigenen Schulerfahrungen aus der DDR zurückgreifen und ihren Kindern entsprechende Hilfe und Unterstützung geben. Hier besteht die Gefahr, daß Eltern an Beratungskompetenz und Vorbildwirkung für ihre Kinder verlieren. Doch deuten neuere Forschungsergebnisse darauf hin, daß die elterliche Hilfe bei der Bewältigung von schulischen Problemen und beruflichen Orientierungsprozessen seitens der Jugendlichen nach wie vor gesucht wird (Schröpfer 1994).

Darüber hinaus sind die Eltern in den neuen Bundesländern heute stärker mit rechtlichen Anforderungen und Verantwortlichkeiten als Erziehungsinstanz konfrontiert, während ihnen durch das Bildungs- und Erziehungssystem der DDR viele Entscheidungen abgenommen wurden. Gemeint sind z.B. solche Entscheidungsprozesse wie die Wahl des Schultyps, die Wahl und Organisation der Berufsausbildung der Kinder, die Organisation von Möglichkeiten der Freizeitbetätigung für die Kinder bis hin zur eigenverantwortlichen Organisation der notwendigen Schutzimpfungen im Kindesalter. Inwiefern durch diese Veränderungen ein Teil der Familien, der Eltern wie Kinder, in ihrer Leistungskapazität überfordert ist, bleibt zunächst eine offene Frage.

IV. Sozio-ökonomische Situation der Familien

Die Währungsunion brachte der DDR-Bevölkerung die bis dahin „heiß begehrte" Deutsche Mark. Seit der Vereinigung sind die Löhne und Gehälter in den neuen Bundesländern langsam, aber kontinuierlich gestiegen – wodurch es jedoch schwierig ist, aktuelle Angaben über die gegenwärtigen Einkommensverhältnisse zu ermitteln. Insgesamt ist im Vergleich zu 1990 – trotz der noch bestehenden Einkommensunterschiede zu den alten Bundesländern – eine deutliche Einkommensverbesserung zu verzeichnen. Zur Veranschaulichung der Veränderungen sei ein Beispiel aus dem Fünften Familienbericht der Bundesregierung herausgegriffen: Hatten Anfang 1991 noch 52% der Privathaushalte ein Haushaltsnettoeinkommen von bis zu 1800 DM, so hatte sich dieser Anteil im Oktober 1991 auf 43% verringert. Dagegen war im gleichen Zeitraum der Anteil der Haushalte mit einem Haushaltsnettoeinkommen von mehr als

2500 DM von 6 % auf 11 % gewachsen. Dem gegenüber standen in den alten Bundesländern 21 % der Haushalte mit einem Einkommen bis zu 1800 DM und immerhin 51 % mit 2500 DM und mehr. Von den Haushalten mit mindestens einem Kind hatten in den neuen Bundesländern ca. 60 % ein Einkommen bis zu 3000 DM im Monat, während in den alten Bundesländern ca. 69 % dieser Haushalte mehr als 3000 DM zur Verfügung hatten (vgl. BMFuS 1994: 123). Dabei ist noch zu erwähnen, daß das Haushaltsnettoeinkommen der ostdeutschen Familien immer noch zu knapp zwei Dritteln aus der Erwerbsbeteiligung beider Partner resultiert. Das Haushaltsnettoeinkommen gibt jedoch nur begrenzt Aufschluß über die tatsächliche Versorgungssituation der Familien. Angemessener erscheint dagegen das Pro-Kopf-Einkommen, eine nach der Anzahl der Haushaltsmitglieder gewichtete Bewertung des Haushaltseinkommens. Hier zeigen sich – bei bestehenden Niveauunterschieden zwischen alten und neuen Bundesländern – gleiche Zusammenhänge. Familien mit zwei und mehr Kindern haben zwar durchschnittlich ein höheres Haushaltsnettoeinkommen, das Pro-Kopf-Einkommen liegt aber durchweg niedriger als bei Familien mit einem Kind und bei kinderlosen Paaren. Mit zunehmender Kinderzahl verringert sich das zur Verfügung stehende Pro-Kopf-Einkommen der Familien beträchtlich (vgl. Weidacher 1992: 308f.).

Bei einer Beschreibung der sozio-ökonomischen Situation ostdeutscher Familien sind neben den Einkommensverhältnissen auch die gravierenden Veränderungen im Ausgabenbereich einzubeziehen. Der Einkommenssteigerung gegenüber steht nicht nur das neue „verlockende" Warenangebot im Konsumbereich, sondern auch die kontinuierlich steigenden Preise für Wohnraum, öffentliche Verkehrsmittel, Strom, Wasser, Müllentsorgung, Theater, Kino und andere Kultur- und Freizeitstätten, Kinderbetreuung etc. Insbesondere für Familien mit Kind(ern) hat sich die Situation gravierend verändert. Zu Zeiten der DDR hatten die Eltern nur etwa ein Viertel der notwendigen materiellen Aufwendungen für Kinder privat zu tragen. Etwa drei Viertel der materiellen Versorgungsleistungen wurden vom Staat getragen – z.B. durch kostenlose Kinderbetreuung und erhebliche Subventionen für Mittagessen-Versorgung der Kinder oder Kinderbekleidung, Spielwaren etc. Nunmehr haben sich die Proportionen im Finanzierungsverhältnis umgekehrt, und die Eltern müssen selber Sorge tragen für die Organisation der Betreuung und Finanzierung ihrer Kinder.

Auf diesem Hintergrund gewinnt die von Walper (1991: 351 f.) für die ehemalige BRD formulierte These, wonach Kinder zunehmend zu einer neuen Ursache sozialer Armut werden, für die neuen Bundesländer besondere Relevanz. Alleinerziehende Mütter sowie Familien mit drei und mehr Kindern stellen sich schon jetzt in den neuen Bundesländern zunehmend als soziale Problemgruppen dar. So sind alleinerziehende Mütter stärker als andere Frauen auf eine Erwerbsbeteiligung zur Sicherung des täglichen Lebensunterhaltes angewiesen. Die Arbeitslosenquote erreicht jedoch eben in dieser Gruppe ihren Höhepunkt. In regionalen Erhebungen im Rahmen des Familiensurvey waren 1992 ca. 35% der Alleinerziehenden arbeitslos bzw. nahmen an Umschulungsmaßnahmen teil. Daß sich somit auch die ökonomische Situation der Alleinerziehenden viel problematischer als bei anderen Familienformen darstellt, ist nicht nur eine logische Folgerung, sondern inzwischen durch die Sozialhilfe-Statistik belegt. An dieser Stelle sei noch auf die spezifische Situation vieler geschiedener alleinerziehender Mütter in den neuen Bundesländern verwiesen. Viele dieser Frauen geraten heute (z.B. bei Arbeitslosigkeit oder Arbeitsunfähigkeit) in finanzielle Schwierigkeiten, da sie – nach DDR-Recht geschieden – selbst keinen Anspruch auf Unterhaltszahlungen durch den geschiedenen Partner haben und auch die Anpassung der Unterhaltszahlungen für die Kinder an die nunmehr geltenden Regelsätze oftmals ein problem- bzw. konfliktbelasteter Prozeß ist.

Auch die Familien mit drei und mehr Kindern sind überproportional häufig von Arbeitslosigkeit betroffen. Die vorliegenden Forschungsergebnisse belegen ein deutlich geringeres Pro-Kopf-Einkommen dieser Familien, eine schlechtere Wohnsituation sowie höhere finanzielle Aufwendungen zur Sicherung des täglichen Lebensunterhalts. In diesem Zusammenhang ist auch die Erwerbsbeteiligung der Mütter für viele Familien in den neuen Bundesländern eher als eine ökonomische Notwendigkeit zu sehen, als unter dem Aspekt der Selbstverwirklichung der Frauen. Zudem befinden sich Familien mit drei und mehr Kindern hinsichtlich der Versorgungs- und Sozialisationsanforderungen häufiger in einer Überforderungssituation. Jugendliche aus kinderreichen Familien haben häufiger Schulprobleme und sehen ihre Zukunftschancen weniger zuversichtlich (Reißig 1994: 83 f.).

Die Wohnsituation und Wohnungsversorgung ist in den neuen Bundesländern in nahezu jeder Hinsicht wesentlich ungünstiger als in Westdeutschland. Auf Grund der Wohnungspolitik der DDR mit staatlich geregelter Wohnungsvergabe sind die Anteile an Haus- und Wohneigentum in den neuen Bundesländern nach wie vor deutlich geringer. Während in den alten Bundesländern etwa 80 % der Wohnungen Privateigentum sind, befanden sich 1991 in den neuen Bundesländern ca. 48 % in privatem Besitz. Nur jede zehnte Familie hatte 1991 in Ostdeutschland ein eigenes Heim, in den alten Bundesländern dagegen fast jede zweite Familie (BMFuS 1994: 137).

Auch die zur Verfügung stehende Wohnfläche – insgesamt sowie pro Kopf – ist in den neuen Bundesländern erheblich kleiner. Im Familiensurvey lag der mittlere Wohnflächenwert (Median) für die neuen Bundesländer bei 23 qm pro Person, im Vergleich zu 33 qm in den alten Bundesländern (Weidacher 1992b: 318). Nach jüngsten Umfrageergebnissen leben 56 % der Drei-Personen-Haushalte, 41 % der Vier-Personen-Haushalte und 14 % der Fünf-Personen-Haushalte in Wohnungen mit 50 bis 70 qm (BMFuS 1994: 137). In Abhängigkeit von der Familienform verfügen laut Familiensurvey zwischen 38 % und 48 % der Haushalte mit Kindern über weniger als ein Zimmer pro Person und nur zwischen 8 % und 16 % über mehr als ein Zimmer pro Person. Von den Familien mit einem Kind haben in den neuen Bundesländern 18 % (im Westen 2 %) kein Kinderzimmer. Insbesondere junge Familien mit Vorschul- und Schulkindern sowie Familien mit drei und mehr Kindern leben, gemessen an der Wohnfläche und der Zimmerzahl unter besonders ungünstigen Bedingungen (Weidacher 1992b: 328). Dies ist ähnlich der Situation in den alten Bundesländern.

Der Wohnungszustand und die Wohnausstattung bleiben aus den genannten Gründen deutlich hinter dem Westniveau. Der riesige Rekonstruktions- und Renovierungsbedarf im Wohnungsbereich wird in Abhängigkeit von den Wohneigentumsverhältnissen in unterschiedlichem Maße aufgearbeitet. Auffallend ist dabei jedoch, daß auf Grund der marktgemäßen Preiserhöhungen für die Nutzung wie den Erwerb von Wohnraum insbesondere junge Familien, Mehr-Kind-Familien sowie Alleinerziehende benachteiligt sind. Deren begrenzte finanzielle Ressourcen werden zunehmend zur Barriere für eine angemessene Wohnraumversorgung, denn die Zeit der billigen Mieten im Osten ist vorbei. Neueren Berechnungen zufolge wurden 1993 in den alten Bundesländern 19 % des verfügbaren Haushaltseinkommens für die Miete aufgewandt, in den neuen Bundesländern waren es bereits 14 %. Wohngeldempfänger waren im Osten 31 %, im Westen 10 % aller Haushalte (BMFuS 1994: 125). In Anbetracht dieser Tatsachen wird das Problem bezahlbaren und angemessenen Wohnraumes für Familien in den neuen Bundesländern bald gleiche, wenn nicht größere Ausmaße annehmen als in den alten Bundesländern.

Insgesamt ist für die neuen Bundesländer eine zunehmende Differenzierung in der sozio-ökonomischen Lebenssituation der Haushalte und Familien festzustellen. Bedingungsfaktoren sind dabei vor allem der Zugang zum Arbeitsmarkt, das Geschlecht, die familiale Situation wie Familienstand, Kinderzahl und Alter der Kinder sowie regionale Aspekte.[7] Dabei zeichnet sich – ähnlich der Situation in den alten Bundesländern – eine zunehmende Benachteiligung der Familien mit Kind(ern) gegenüber den Kinderlosen ab, wobei insbesondere Ein-Eltern-Familien und Mehr-Kind-Familien in den sozialen Problembereich abgedrängt werden.

V. *Familien unter Konsumzwang?*

Wende und Vereinigung brachten den Familien in den neuen Bundesländern ein Konsum- und Warenangebot auf dem hohen Niveau der alten Bundesländer. Das eröffnete „unbegrenzte" Möglichkeiten, den individuellen und familialen Alltag angenehmer, die Freizeit abwechslungsreicher zu gestalten. Der „Nachholbedarf" ostdeutscher Familien – im Vergleich zu westlichen Haushalten – kam in den letzten Jahren z.B. in deutlich höheren Ausgaben für langlebige Gebrauchsgüter (Möbel, Fernseher, Heimelektronik etc.) und Güter für die Haushaltsführung (Küchengeräte, Werkzeuge etc.) zum Ausdruck (vgl. BMFuS 1994: 125).

Zugleich muß aber in diesem Zusammenhang erwähnt werden, daß im Zuge der Vereinigung zahlreiche gesellschaftlich organisierte Freizeitmöglichkeiten für Kinder und Jugendliche (Jugendclubs, Pionierhäuser, Sportclubs, Arbeitsgemeinschaften an Schulen etc.) wegfielen und nicht zuletzt die Familie als Ausgleichsraum gefordert war. Bezüglich der Auswirkungen von veränderten Freizeit- und Konsumbedingungen auf den Familienalltag zeigen sich insbesondere zwei problembeladene Tendenzen:

Erstens, die weggebrochenen außerfamilialen Freizeitmöglichkeiten der ehemaligen DDR für Kinder und Jugendliche werden zum Teil kompensiert durch eine zunehmende häusliche Ausstattung und Nutzung von Medienelektronik. Mit Ausnahme von Computern sind Familien und insbesondere auch Kinder und Jugendliche in den neuen Bundesländern inzwischen ähnlich gut mit Medientechnik ausgestattet wie in den alten Bundesländern (vgl. Stiehler/Karig 1993). Die Fernsehdauer von Kindern und Jugendlichen wie auch die gemeinsam in der Familie vor dem Fernseher verbrachte Zeit hat seit 1990 – v.a. im Zusammenhang mit der Anzahl der Fernsehsender – stetig zugenommen. Hier besteht die Gefahr einer sukzessiven Abnahme aktiver Freizeitgestaltung in der Familie zu Gunsten eines passiven Medienkonsums. Noch problematischer stellt sich diese Tendenz dar, wenn man sie in Zusammenhang bringt mit der bereits erwähnten Verringerung von gemeinsam verbrachter Freizeit in der Familie aufgrund der gestiegenen Arbeitsanforderungen. Die Fragwürdigkeit und Wirkung einzelner Fernsehinhalte (z.B. Gewalt), die in letzter Zeit gehäuft Gegenstand politischer und öffentlicher Diskussion war, ist dabei ebenfalls nicht außer acht zu lassen.

Zweitens spiegelt sich insbesondere im Freizeit- und Konsumbereich die zunehmende soziale Differenzierung und Ungleichheit der Familien in den neuen Bundesländern. Durch die Medien und insbesondere die Werbung werden verlockende Angebote gemacht sowie Standards gesetzt, die die ökonomischen Mittel vieler Familien übersteigen (Bsp.: Reisen, Autos, Markenkleidung für Kinder etc.). Die Chancen und Sicherheiten, das vorliegende Güterangebot auch in Anspruch nehmen zu können, sind in den neuen Bundesländern zunehmend ungleich verteilt. Auf dem Hintergrund der relativ geringen sozio-ökonomischen Statusdifferenzen in der ehemaligen DDR mag dies für viele Familien besonders schmerzhaft sein. Die bereits erwähnten Schüleraufsätze zeigen, als besonders ungerecht und belastend wird empfunden, daß von den Vorteilen der neuen Gesellschaft (wie Reisefreiheit und Konsum) nur profitieren kann, wer von den Nachteilen (wie Arbeitslosigkeit, geringes Einkommen) nicht betroffen ist. Hinzu kommt, daß die soziale Bewertung und subjektive Statuszuschreibung von Erwachsenen wie Kindern und Jugendlichen in sozialen Alltagsbeziehungen heute stärker als früher durch äußere, konsumbestimmte Aspekte beeinflußt sind. Ohne diese Veränderungen in ihren Folgen und ihrer Bedeutung pauschalisieren zu wollen, so ist doch auch hierin eine Ursache für zunehmende Unzufriedenheit, Stigmatisierung und nicht zuletzt auch für abweichendes und aggressives Verhalten bei Kindern, Jugendlichen und Erwachsenen zu sehen.

Resümiert man abschließend statistische Berechnungen und Umfrageergebnisse, so sind das Lebensniveau und die Lebenssituation für die Mehrheit der Familien in den neuen Bundesländern nach der Vereinigung nicht schlechter als vor 1990. Meyer unterteilt auf der Basis einer Familienbefragung von

1992 drei Hauptgruppen von Familien: Eine deutliche Mehrheit der Familien (54%) zeigt trotz ambivalenter Wertungen eine insgesamt ausgeglichene Lebensbilanz, die durch einen hohen Aktivitätseinsatz im Erwerbsbereich und in der Familie erreicht wird. Etwa ein Drittel der Familien hat durch die veränderten Bedingungen „neue Lebensimpulse" erhalten und eine Verbesserung der ökonomischen wie psycho-sozialen Lebenssituation erfahren. Für etwa 15% der Familien bedeuten die neuen Verhältnisse insbesondere infolge der Erfahrung von Arbeitslosigkeit eine Verschlechterung der Lebenslage (Meyer 1994: 162).

Dennoch verdecken sowohl Durchschnittswerte als auch grobe Typologien die zunehmend großen Differenzierungen der Zugangschancen von unterschiedlichen Familienkonstellationen zum Arbeitsmarkt sowie zu anderen Ressourcen. Die Vielschichtigkeit und jeweilige Spezifität familialer Problemfelder und Problembewältigung kommen in diesen Prozentwerten nur unzureichend zum Ausdruck.

Karl Lenz

Die „zweite Generation" der DDR auf dem Weg in eine andere Gesellschaft. Jugendliche nach der Wende

Die DDR wurde 40 Jahre alt. Kurz vor dem Zusammenbruch wurde das 40jährige Staatsjubiläum gefeiert, bereits überschattet von Massenflucht und wachsenden Protestaktionen als Ausdruck einer sich in Auflösung befindlichen Massenloyalität. 40 Jahre Bestand heißt, daß ein großer Teil der Bevölkerung bereits in diesem neugegründeten Staat geboren wurde und dort aufgewachsen ist. Nimmt man die unmittelbaren Nachkriegsjahre, in der sich die politische Weichenstellung in Richtung der Teilung Deutschlands vollzogen hat, hinzu, dann läßt sich feststellen, daß es sich bei den Jugendlichen der späten 80er Jahre um die erste Jugendgeneration gehandelt hat, deren Eltern selbst bereits im Rahmen dieser politischen und wirtschaftlichen Ordnung aufgewachsen sind. Die Jugendlichen aus der ehemaligen DDR erlebten und erleben als „zweite Generation" den Zusammenbruch des alten Systems und eine rasche Übernahme westdeutscher Vorgaben in nahezu allen Lebensbereichen. Weggebrochen ist ein großes Maß an sozialer Kontrolle und Fremdbestimmung, das für das Aufwachsen in der DDR kennzeichnend war und das im Ergebnis zu einer weitgehend standardisierten Normalbiographie geführt hat. Dies mag zwar von vielen als Einengung und Begrenzung erlebt worden sein, aber daraus resultierte nichtsdestotrotz eine hohe Planbarkeit und Berechenbarkeit des eigenen Lebens, was im nachhinein zumindest manchmal vermißt wird. Der Transformationsprozeß hat den alltäglichen Lebenszusammenhang der ostdeutschen Jugendlichen nachhaltig verändert. Egal in welcher konkreten Lebenssituation die Jugendlichen von dieser Kette historischer Ereignisse überrascht wurden, mußten sie die Erfahrung machen, daß viele lebensbiographisch sedimentierten Selbstverständlichkeiten und Lebensroutinen quasi von heute auf morgen an Geltung und Brauchbarkeit verloren haben. Eine Neuorientierung in allen Lebensbereichen wird dadurch erzwungen, eine Aufgabe, für die den Jugendlichen selbst über die Schiene des Eltern-Kind-Verhältnisses kein Orientierungswissen verfügbar ist. Auch ihre Eltern kannten aus eigenem Erleben nur die Gegebenheiten der DDR-Gesellschaft.

Um diesen Bruch durch das „Neue" für diese „zweite Generation" sichtbar zu machen, ist es erforderlich, von den Lebensbedingungen der Jugendlichen in der Endphase der DDR auszugehen. Zugleich soll dabei ein Vergleich zwischen den ost- und westdeutschen Jugendlichen unternommen werden. Dieser Vergleich drängt sich auf, da es durch die Übernahme der Rahmenbedingungen naheliegend erscheint, daß eine Reihe von Tendenzen, die in der Westjugend vorhanden sind, auch im Osten auftreten werden. Fünf Jahre nach der Wende ist es ansatzweise bereits möglich zu prüfen, inwieweit dieser Angleichungsprozeß schon fortgeschritten ist. Geboten ist dieser Vergleich aber auch, da es zwar in beiden Teilen eine rege Jugendforschung gab, die sich aber weitgehend nicht oder nur in einem stimmigen Zerrbild zur Kenntnis nahm. Die Wende machte augenfällig, wie wenig man über die Jugend im anderen Teil wußte. Erst mit dem Mauerfall – aus der West-Perspektive formuliert – setzte ein Informationsschub über die ostdeutsche Jugend ein. Den Anfang markierte eine Fülle meist von ostdeutschen Forschern und Forscherinnen verfaßter Publikationen, die auf der Grundlage vorliegender eigener, z.T. bislang geheimgehaltener Forschungsergebnisse die DDR-Jugend in verschiedenen Facetten beleuchteten (vgl. z.B. Burkart 1990; Friedrich/Griese 1991; Hennig/Friedrich 1991). Noch vor der Vereinigung im Oktober 1990 wurden dann bereits die ersten empirischen Vergleichsstudien mit ost- und westdeutschen Jugendlichen durchgeführt.

I. Schule und Beruf

1. Zunehmende Verschulung und veränderter Schulalltag

Im Vergleich war die Jugendphase Ende der 80er Jahre in der DDR deutlich weniger als in der BRD durch die Schule bestimmt. Mit den unterschiedlichen Bildungssystemen gingen Unterschiede in der Verweildauer der Jugendlichen in den allgemeinbildenden Schulen einher. Der Regelabschluß im DDR-Schulsystem war der Abschluß der 10. Klasse der Polytechnischen Oberschule (POS), den fast 90 % der Schüler/innen eines Jahrgangs erreichten. Für die große Mehrzahl markierte der POS-Abschluß auch das Ende der Schulzeit. Nur knapp 14 % eines Altersjahrgangs erwarben die Hochschulreife, und zwar durch den zweijährigen Besuch der Erweiterten Oberstufe (etwa ⅔) oder durch die dreijährige Berufsausbildung mit Abitur (etwa ⅓) (vgl. Arbeitsgruppe Bildungsbericht 1994). In der Bundesrepublik endet die Vollschulpflicht je nach Bundesland nach der 9. oder 10. Klasse. Die längere Verweildauer in der Schule wird im Westen vor allem bewirkt durch den deutlich höheren Anteil von Jugendlichen, die die Hochschulreife erwerben. Ende der 80er Jahre machte ein Drittel eines Jahrgangs das (Fach-)Abitur.[1] Daß die Jugendzeit in der DDR im geringeren Maße als im Westen Schulzeit war, wird auch sichtbar anhand der kumulierten Häufigkeit für das Alter beim Schulabgang, die im Rahmen der Shell-Studie „Jugend '92" ermittelt wurde: Von ostdeutschen 21- bis 29jährigen geben 64 % an, daß sie mit 16 Jahren die Schule bereits verlassen hatten, von den westdeutschen nur 43 %. Dieser Vorsprung verschwindet erst – wie das Schaubild 1 zeigt – im Alter von 20 Jahren.

Die Wende hat für die ostdeutschen Jugendlichen die Chance eröffnet, ein Mehr an Bildungsqualifikation zu erwerben. Dies gilt vor allem für Jugendliche aus einem „bildungsfernen" Sozialmilieu. Aufgrund der starken sozialen Schließungstendenzen der höheren Bildung in der Endphase der DDR – knapp 80 % der Studentenschaft stammten aus der neuen Klasse der

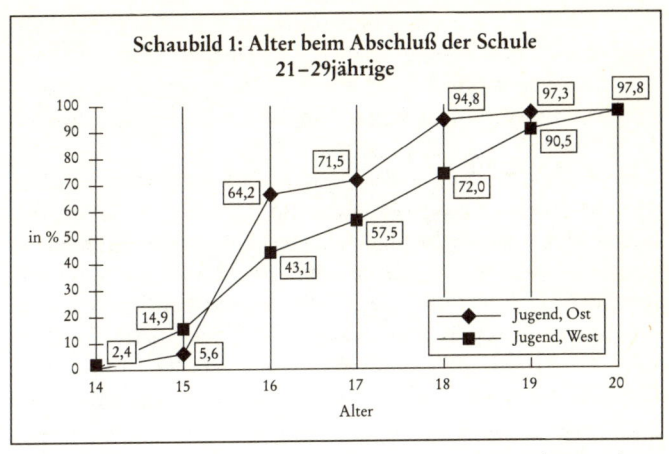

**Schaubild 1: Alter beim Abschluß der Schule
21–29jährige**

(Diagramm: Prozentanteile nach Alter, Jugend Ost und Jugend West)

Alter	Jugend, Ost	Jugend, West
14	2,4	—
15	5,6	14,9
16	43,1	64,2
17	57,5	71,5
18	94,8	72,0
19	97,3	90,5
20	97,8	—

Quelle: Jugendwerk der Deutschen Shell (1992), eigene Berechnung, eigene Darstellung.

„sozialistischen Intelligenz" (vgl. Geißler 1992: 227) – waren sie vom Bildungserwerb weitgehend ausgeschlossen. Inzwischen ist der Anteil der ostdeutschen Jugendlichen, die einen höheren Schlußabschluß anstreben, stark angestiegen und übertrifft sogar den der westdeutschen. Nach den Ergebnissen des Arbeitsmarkt-Monitors möchten 48 % aller Schüler/innen der 9. und 10. Jahrgangsstufe das Abitur machen und fast ebenso viele den Realschulabschluß. Der Hauptschulabschluß wird in den neuen Bundesländern nahezu nicht angenommen, lediglich 5 % der 9.- und 10.-Kläßler geben sich damit zufrieden. Auch die Übertrittsquoten in die 11. Klasse des Gymnasiums bestätigen diesen Trend. 1992 und 1993 wechselte knapp die Hälfte aller Schüler/innen der 10. Klasse in die 11. Klasse über (vgl. Schober 1994).

Dieses starke Streben der ostdeutschen Jugendlichen nach höheren Bildungsabschlüssen hat zur Folge, daß auch hier die Jugendzeit immer mehr zur Schulzeit wird. Allerdings wird das Abitur in den neuen Bundesländern – mit Ausnahme von Brandenburg – weiterhin in zwölf Jahren statt in 13 Jahren wie in den alten Bundesländern erworben (vgl. auch Hörner in diesem

Band), und zudem ist die Studienneigung bei den ostdeutschen Abiturient/innen bislang kleiner. Auch hat es den Anschein, daß der Studienabschluß in Ostdeutschland von den dort Studierenden zügiger angestrebt wird, als es im Westen vielfach der Fall ist.

Die Schule in der DDR war sehr stark an Disziplin, Fleiß und Faktenwissen ausgerichtet, verlangt wurden das Nachvollziehen und Wiedergeben des Vorgegebenen, nicht dagegen eigenständiges Denken und kritisches Nachfragen. Da Zensuren vor allem als Spiegelbild der Leistungen der Lehrkräfte galten, läßt sich in der DDR geradezu eine Zensureninflation feststellen. 1988 hatten 48% aller Absolvent/innen das Abitur „mit Auszeichnung" bzw. mit „sehr gut" geschafft (vgl. Hoffmann 1991). Die Wende brachte den schulfreien Samstag, die Erweiterung der Notenskala um die Note 6 und den Wegfall bestimmter Unterrichtsfächer und -inhalte (z.B. Wehrerziehung). Das Schulsystem wurde umgestellt, wobei in den meisten Bundesländern versucht wurde, eigenständige Wege in der Umgestaltung zu gehen (vgl. Hörner in diesem Band). Der Umbruchprozeß hatte auf seiten der Schüler/innen eine weitreichende Entwertung ihres Rezeptwissens zur Bewältigung ihres Schulalltags zur Folge. Parallel dazu ereignete sich bei den Lehrkräften eine hohe Verunsicherung infolge einer großen Entlassungswelle und auch aufgrund der Infragestellung der gängigen pädagogischen Konzepte durch den Systemwechsel. Der Wegfall der starken Akzentuierung von Disziplin und Ordnung im Schulalltag schuf für die Schüler/innen Freiräume, die, ohne diese zu überdehnen, erst durch neu anzueignende Verhaltensweisen ausgefüllt werden müssen. In der Schule lassen sich deutliche Informalisierungstendenzen feststellen (vgl. Kirchhöfer 1995). Dennoch sind gleichzeitig die Leistungsanforderungen angestiegen und der Aufwand für gute Zensuren angewachsen. Drei Viertel aller Schüler/innen geben in der im Auftrag des 9. Jugendberichts durchgeführten IPOS-Studie an, daß seit der Wende höhere Schulanforderungen an sie gestellt werden (vgl. BMFSFJ 1994: 94).

2. Umbrüche im Berufseinstieg

Das Recht und die Pflicht, einen Beruf zu erlernen, hatte in der DDR Verfassungsrang (Art. 25), und alle Schulabgänger/innen konnten sicher sein, einen, wenn auch nicht unbedingt den gewünschten, Ausbildungsplatz zu bekommen. Der Übergang von der Schule in den Beruf war in der DDR Sache einer zentralisierten staatlichen Steuerung, bei der z. T. bis zur Ebene der Schulklassen Planungsgrößen ausgerechnet wurden (vgl. Stock/Tiedtke 1992, Hille 1990). Schon frühzeitig, meist schon im 6. Schuljahr, setzte die Berufsvorbereitung und -lenkung ein, die dazu beitragen sollte, die Berufswünsche und Berufsinteressen der Schüler/innen in Richtung des prognostizierten Bedarfs zu beeinflussen, durchaus mit Erfolg (vgl. Mansel et al. 1992: 63; Bertram 1994). Unter den Bedingungen der freien Berufswahl wird die Lehrstellensuche weitgehend der Eigeninitiative der einzelnen überlassen. Die Erfolgsaussichten werden nachhaltig durch die Angebot-Nachfrage-Relation von Lehrstellen und Bewerber/innen bestimmt. Dies führt dazu, daß sich bei Lehrstellenknappheit oder gar -mangel einige notgedrungen vergeblich um eine Lehrstelle bewerben und viele andere dazu gezwungen sind, Überbrückungsmaßnahmen und Warteschleifen zu durchlaufen und Zugeständnisse in ihrer Berufsplanung zu machen.

Noch vor der Vereinigung wurde durch Beschluß der Volkskammer das westdeutsche Berufsausbildungssystem übernommen. Für die ostdeutschen Jugendlichen ist dadurch die Quasi-Automatik im Übergang von Schule in den Beruf weggefallen. Lehrstellen wie Arbeitsplätze wurden zu einem „knappen Gut" und der Übergang zu einer äußerst schwierigen Wegstrecke, für deren Bewältigung kein mitgebrachtes Handlungs- und Orientierungswissen verfügbar ist. Unmittelbar und nachhaltig betroffen von dieser Umstellung waren diejenigen Jugendlichen, die zu diesem Zeitpunkt bereits in der beruflichen Ausbildung waren. Für die meisten von ihnen verlängerte sich die Ausbildungszeit von zwei Jahren, wie es in der DDR üblich war, auf drei oder dreieinhalb Jahre. Einige Ausbildungsberufe sind ganz verschwunden. Alle Auszubildenden mußten sich während der Lehre auf neue Ausbildungsordnungen und -anforderungen, neue Lehr- und Lernmethoden wie auch auf veränderte betriebliche Organisationsformen und Arbeitsbedingungen umorientieren. Ein nicht kleiner Teil dieser Jugendlichen verlor sogar den Ausbildungsplatz durch Konkurs des Ausbildungsbetriebes und Entlassung. Viele dieser sog. „Konkurslehrlinge" konnten ihre Ausbildung nur durch den Wechsel in eine überbetriebliche Ausbildungsmaßnahme fortsetzen. Tiefgreifende Umstellungen mußten auch die Jugendlichen meistern, die die Neustrukturierung der Ausbildungswege an Fachschulen oder Hochschulen miterlebten.

Aber die Auswirkungen reichen über den Kreis der unmittelbar Betroffenen hinaus. Der Wegfall der Berufsvorbereitung und -lenkung durch die Schule wird vielfach als Orientierungsverlust wahrgenommen, und dies gegenüber einer fundamental veränderten und unüberschaubaren Arbeitswelt, in der ein Mehr an Orientierungshilfe dringend geboten wäre. Die Jugendlichen sehen sich in dieser nunmehr äußerst schwierigen Lebenssituation plötzlich auf sich gestellt und alleingelassen. Aufgrund der tiefgreifenden Veränderungen der Ausbildungswege kommen auch die Eltern als Beratungsinstanz kaum in Frage. Folglich ist die Unsicherheit über die eigene berufliche Zukunft hoch, deutlicher höher als bei westdeutschen Jugendlichen (vgl. Mansel et al. 1992: 65).

Der wirtschaftliche Zusammenbruch hat zu einer drastischen Verringerung der Ausbildungskapazitäten geführt. Das jährliche Neuangebot an Lehrstellen, das zu DDR-Zeiten (je nach Jahrgangsstärke) zwischen 140 000 und 160 000 lag, reduzierte sich bis 1991 auf knapp 82 000. Seither werden zwar wieder mehr Lehrstellen angeboten, aber dieses Angebot reicht angesichts zunehmender Bewerber/innenzahlen bei weitem nicht aus. 1993 lag die Relation zwischen den angebotenen betrieblichen Ausbildungsplätzen und den Bewerber/innen bei 0,58, 1994 mit leicht rückläufiger Tendenz. D.h. nur für gut jeden zweiten Jugendlichen, der eine Lehre machen wollte, stand ein Ausbildungsplatz in einem Betrieb zur Verfügung (vgl. Schober

1994; BMFSFJ 1994). Etwas aufgebessert werden konnte diese negative Bilanz nur durch das Bereitstellen von außerbetrieblichen Ausbildungsplätzen, wodurch es möglich wurde, daß in den Jahren 1991, 1992, 1993 und 1994 jeweils etwa zwei von drei Bewerber/innen eine Lehre beginnen konnten. Hinter diesen Durchschnittszahlen verbergen sich krasse regionale Unterschiede. In den dünn besiedelten Gebieten mit hohem Landwirtschaftsanteil oder mit einer industriellen Monostruktur zu DDR-Zeiten sowie in den Grenzregionen zu Polen und zur Tschechischen Republik ist die Lehrstellenversorgung noch erheblich schlechter. Wenig Lehrstellen gibt es bislang im Dienstleistungssektor. Während im Westen 46% der Ausbildungsstellen in diesem Sektor angesiedelt sind, sind es im Osten nur etwa 30%. Dagegen sind es schon deutlich mehr ostdeutsche Jugendliche, die im zukunftsträchtigen Dienstleistungssektor beruflich tätig werden wollen. Schneller als in der realen Ökonomie hat sich offensichtlich der anstehende Strukturwandel der Wirtschaft in den Köpfen der Jugendlichen vollzogen (vgl. Bien und Lappe 1994). Ein Teil der ostdeutschen Jugendlichen ist dieser Ausbildungskatastrophe entflohen, indem sie in den alten Bundesländern eine Lehrstelle annahmen. 1991 pendelten 18% aller ostdeutschen Auszubildenden in Richtung Westen, im Ausbildungsjahr 1993/94 ist dieser Anteil auf 10–12% zurückgegangen, was aber immer noch eine hohe Mobilitätsbereitschaft darstellt.

Junge Frauen haben auf dem ostdeutschen Ausbildungsmarkt deutlich mehr Probleme als die jungen Männer (vgl. Schober 1994). Trotz des knappen Lehrstellenangebots hatten zwei Drittel der männlichen Lehrlinge keine Schwierigkeiten bei der Lehrstellensuche, bei den weiblichen Auszubildenden dagegen nur jede zweite. Sie müssen sich öfter bewerben und erhalten mehr Absagen. Junge Frauen müssen auch häufiger Konzessionen bei der Berufswahl machen. Während von den männlichen Auszubildenden 57% angeben, daß ihr Lehrberuf ihr Wunschberuf ist, sagen das von den jungen Frauen in Ausbildung nur 37%. In den von jungen Frauen gewünschten Ausbildungsberufen (z.B. Floristin, Hotelfachfrau, Bankkauffrau,

Rechtsanwaltsgehilfin oder Arzthelferin) klafft eine besonders große Deckungslücke. In diesen genannten Berufen gab es in den letzten Jahren nur für ein Drittel bis ein Viertel der Bewerber/innen Angebote. Stärker noch als die jungen Männer müssen die jungen Frauen in überbetriebliche Lehrstellenangebote ausweichen.

Die Übernahme nach der Ausbildung durch den Ausbildungsbetrieb war in der DDR eine Selbstverständlichkeit. Neben der Lehrstellensuche ist nunmehr auch die Aufnahme der vollen Erwerbstätigkeit nach Ausbildungsabschluß, die sog. 2. Schwelle, für die Jugendlichen mit einem hohen Risiko der Arbeitslosigkeit verbunden. Von den in Ausbildung Stehenden werden die eigenen Übernahmechancen überwiegend pessimistisch beurteilt. Von den Jugendlichen, die 1992 ihre Lehre erfolgreich abschlossen, waren am Ende des Jahres nur noch 42 % in ihrem Ausbildungsbetrieb beschäftigt, 65 % überhaupt erwerbstätig und 21 % arbeitslos (vgl. BMFSFJ 1994: 270). Die tiefgreifende wirtschaftliche Umgestaltung erschwert für die Jugendlichen den Berufseinstieg nachhaltig. So kann es auch nicht verwundern, daß die Jugendlichen in den neuen Bundesländern – wie die IPOS-Studie zeigt – die Veränderungen ihrer beruflichen Möglichkeiten eher skeptisch beurteilen. Nur ein Drittel sieht bislang für sich eine Verbesserung, ein Drittel dagegen eher eine Verschlechterung und das letzte Drittel sieht im Vergleich zur DDR-Zeit keine Veränderungen (vgl. BMFSFJ 1994: 92).

II. Familie, Freizeit und Peers

1. Hoher Stellenwert der Familie

Übereinstimmend erheben die Jugendlichen aus Ost und West schon frühzeitig den Anspruch auf ein selbstbestimmtes Leben. Sie geben sich als „autonom Handelnde" zu erkennen, die bei den verschiedensten Handlungsproblemen schon in jungen

Jahren ein hohes Maß an Eigenverantwortlichkeit und Selbststeuerung an den Tag legen (vgl. Behnken und Zinnecker 1992). In beiden Teilen erwerben die Mädchen zügiger als die Jungen das Recht, ihr Aussehen selbst zu bestimmen. Dagegen erwerben die Jungen schneller – die ostdeutschen noch etwas geschwinder als die westdeutschen – das Recht, wegzugehen und heimzukommen, wann sie wollen. Bei den Mädchen zeigen sich hier nahezu keine Ost-West-Unterschiede. Deutlich früher als die westdeutschen durften die ostdeutschen Jugendlichen zumindest in DDR-Zeiten in Diskotheken gehen (vgl. Lenz 1995b). Bei diesem Vorsprung darf allerdings nicht außer Betracht bleiben, daß Diskos in der DDR in aller Regel im Rahmen des Schulclubs und/oder der FDJ stattfanden und es sich dabei – anders als im Westen mit einem hohen Anteil an „kommerziellen" Diskotheken – um eine „behütete" Öffentlichkeit gehandelt hat. Diese unterschiedlichen Formen der Öffentlichkeit müssen überhaupt bei den Selbstbestimmungsrechten beim Weggehen berücksichtigt werden. Die ostdeutschen Eltern haben ihren Kindern das Weggehen in einer anderen Öffentlichkeit erlaubt, die das Erlauben leichter gemacht hat.

Von der großen Mehrheit der Jugendlichen wird der elterliche Erziehungsstil in beiden Teilen positiv beurteilt. Übereinstimmend geben sie an, daß sie von ihren Eltern nachsichtig erzogen wurden (vgl. Behnken et al. 1991). Anhand von Retrospektivfragen zeigt Karl-Heinz Reuband (1995), daß in Ost- und Westdeutschland in einem weitgehend identischen langfristigen Trend die Zahl der Befragten abgenommen hat, die im Alter von 16 Jahren keinen Einfluß auf Familienentscheidungen haben und sich nicht trauen, sich bei Mißfallen zu beschweren. Parallel dazu hat in beiden Teilen die strenge Erziehung immer mehr abgenommen und das Lob als Erziehungsmittel zugenommen. Die hohe Zufriedenheit mit der eigenen Erziehung kommt auch darin zum Ausdruck, daß in den neuen wie in den alten Bundesländern zwei Drittel der Jugendlichen angeben, ihre eigenen Kinder genauso bzw. ungefähr so erziehen zu wollen, wie sie selbst erzogen wurden (vgl. Melzer et al. 1991).

Vieles spricht dafür, daß die ostdeutschen Jugendlichen eine höhere Familienorientierung aufweisen als die westdeutschen (vgl. Waldmann und Straus 1992; Büchner 1993). Die ostdeutschen Eltern haben im Urteil ihrer Kinder in verschiedenen Lebensbereichen eine höhere Beratungskompetenz als die westdeutschen (vgl. Behnken et al. 1991). Die ostdeutschen Eltern üben einen stärkeren Einfluß aus auf die Berufswahl ihrer Kinder. Für etwas mehr als die Hälfte der westdeutschen Jugendlichen sind die Eltern bzw. ein Elternteil Vertrauenspersonen, an die sie sich bei persönlichen Problemen wenden. Dieser an sich schon hohe Anteil wird von den ostdeutschen Jugendlichen noch deutlich übertroffen: Hier nennen sogar zwei Drittel der Jugendlichen die Eltern oder einen Elternteil als „Anlaufstelle" (vgl. Veen 1994). Sie finden auch – wie die IPOS-Studie ermittelte (vgl. BMFSFJ 1994) – in einem höheren Umfang bei persönlichen Problemen Unterstützung bei ihren Eltern. Ostdeutsche Jugendliche bezeichnen häufiger als westdeutsche mindestens einen Elternteil als sehr wichtig für ihr gegenwärtiges Leben (vgl. Oswald 1992). Im Osten übertrifft die gegenwärtige biographische Relevanz der Eltern (75%), wenn auch nur geringfügig, die der gleichaltrigen Freunde und Freundinnen (72%). Anders dagegen in Westdeutschland: Hier messen die Jugendlichen den Peers (74%) eine höhere Wichtigkeit für ihr gegenwärtiges Leben zu als ihren Eltern (66%) (vgl. Oswald 1992).

Diese hohe Familienorientierung der ostdeutschen Jugendlichen wird auch in meinem noch laufenden Projekt zum Alltag von Jugendlichen vor und nach der Wende bestätigt. In dieser qualitativen Studie wurde den Befragten im Alter von 18 bis 22 Jahren eine in Anschluß an Florian Straus (1990) gestaltete Netzwerkkarte (vgl. auch Gmür und Straus 1994) vorgelegt. Sie wurden aufgefordert, in diese Karte mit dem Ich im Zentrum und sechs konzentrierten Kreisen in Abstufung nach ihrer Relevanz diejenigen Personen einzutragen, die ihnen besonders nahestehen. In allen untersuchten 16 Fällen, in denen die Eltern noch leben, wurden die Eltern bzw. ein Elternteil an die 1. oder 2. Stelle plaziert. Eine ganz herausragende Stellung

kommt dabei der Mutter zu, die elfmal an erster bzw. mit an erster Stelle gesetzt wurde. Bei den anschließenden Nachfragen zu den Netzwerkeintragungen wird immer wieder die Selbstverständlichkeit dieser Plazierung deutlich, die sich eigentlich eines Begründungsbedarfs völlig entzieht. Stellvertretend der 19jährige Peter:
„Warum? Na, mein Gott, also, es, jeder liebt seine Mutter, denke ich. Also, das ist normal, daß jeder seine Familie liebt. Ist für mich normal."
Die hohe Arbeitslosigkeit, die sich im Gefolge des Transformationsprozesses in Ostdeutschland als bislang unbekanntes soziales Problem ausbreitete, stellt für die Kinder und Jugendlichen in den Familien eine hohe Belastung dar (vgl. Keiser 1992, auch in diesem Band). Dennoch berichtet – wie die Studie von Dagmar Meyer (1994) zeigt – die große Mehrzahl der Eltern, daß sich seit der Wende die Beziehung zu den Kindern (86%), der Familienzusammenhalt und das Familienklima (jeweils fast 80%) nicht verändert haben. Diese Sicht wird offensichtlich auch von der Kindergeneration geteilt. Aus Schulaufsätzen aus 7. bis 9. Klassen zum Thema „Wie sehe ich mich in meiner Familie – heute und im Vergleich zur Zeit vor der Wende", die begleitend zur Familienbefragung geschrieben wurden, kommen ganz überwiegend (90%) positive Urteile über die Beziehung zu den Eltern zum Vorschein. Diese Ergebnisse finden auch eine Bestätigung in der Befragung der Jugendlichen. 80% der Jugendlichen geben an, daß ihre Eltern sich ebenso wie vor der Wende um sie kümmern. 77% meinen, daß ihre Eltern sie jetzt ebenso viel brauchen wie vorher. Knapp drei Fünftel kommen zu dem Schluß, daß ihre Probleme mit ihren Eltern nun genauso viel oder wenig sind wie zu DDR-Zeiten. Ein knappes Viertel konstatiert eine Verminderung der Probleme und nur ein Achtel eine Vermehrung.
Verfehlt wäre es sicherlich, aus diesen Ergebnissen den Schluß ziehen zu wollen, daß alles nur halb so schlimm sei. Sie vermögen nicht das Bild der hohen Problembelastung, der die Jugendlichen und ihre Familie infolge des Transformationsprozesses ausgesetzt sind, zu revidieren bzw. zu relativieren. Diese

Ergebnisse machen vielmehr darauf aufmerksam, wie hoch die Bewältigungskapazitäten der ostdeutschen Familien sind. Trotz eines immensen Problemdrucks durch (drohende) Arbeitslosigkeit und der Erfahrung tiefgreifender Umgestaltungen in nahezu allen Lebensbereichen bewältigt die Mehrzahl der Familien diesen, ohne daß die Eltern-Kind-Beziehungen offenkundig Schaden nehmen. Allerdings darf dabei nicht außer Betracht bleiben, daß es neben dieser Mehrzahl von Fällen auch Familien gibt, die überfordert werden, deren Bewältigungskapazitäten zu gering sind bzw. deren Problembelastung ein Ausmaß angenommen hat, daß selbst an sich hohe Kapazitäten nicht ausreichen.

In Ost wie in West kommt der Herkunftsfamilie der Jugendlichen für ihre materielle Sicherung eine hohe Relevanz zu. Bei den 13- bis 16jährigen nennen nahezu alle Jugendlichen die Eltern als die Hauptbezugsquelle für ihren Lebensunterhalt. Dann fangen aber Unterschiede an: Während die 17- bis 20jährigen in Westdeutschland jeweils knapp zur Hälfte den eigenen Lebensunterhalt primär durch die eigene Erwerbsarbeit oder durch die Eltern beziehen, nehmen die Eltern in Ostdeutschland mit 14% nur noch den dritten Rangplatz ein. Mehr als die Hälfte dieser Altersgruppe finanziert sich bereits selbst. Hierin wird deutlich, daß die ostdeutschen Jugendlichen schneller eine materielle Selbständigkeit erwerben (vgl. Vaskovics et al. 1992). Noch vor den Eltern rangiert als Einkommensquelle bei dieser Altersgruppe der 17- bis 20jährigen im Osten die staatliche Unterstützungsleistung: 22% dieser Altersgruppe und sogar 38% der 21- bis 24jährigen nennen staatliche Transferleistungen wie z.B. Stipendium, Arbeitslosengeld als Hauptquelle ihres Lebensunterhalts (vgl. Jugend '92, Bd. 4: 212; BMFSFJ 1994). Überhaupt zeigt sich, daß die ostdeutschen Jugendlichen nur in einem geringeren Umfang als die westdeutschen mit regelmäßigen finanziellen Unterstützungen durch die Eltern rechnen können. Diese Unterschiede zeigen sich bereits bei den noch nicht volljährigen Jugendlichen und nehmen in den höheren Altersgruppen dann noch stärker zu (vgl. Vaskovics 1992). Unterschiede bestehen auch in der Ausstattung mit materiellen Ressourcen. Noch relativ gering sind die Differenzen bei den unter 21jährigen, sie vergrößern sich dann aber deutlich zugunsten der westdeutschen.

2. Von der FDJ zur kommerziellen Freizeit

Jenseits ihrer Familien waren die Jugendlichen zu DDR-Zeiten in ihrer Freizeit in erster Linie auf die von Staat, Partei und FDJ etablierten Angebote angewiesen. Für einen informellen Peer-Kontext war in der geschlossenen DDR-Gesellschaft nur wenig Raum. Der größte Teil der Freizeiteinrichtungen und der entsprechenden Angebote lag in den Händen der FDJ. Die staatliche Jugendorganisation veranstaltete Ferienlager, verfügte über das einzige Jugendreisebüro und verwaltete die vom Staat zur Verfügung gestellten Jugendclubs, Jugendclubhäuser und Schulclubs. Im Anschluß an die Mitgliedschaft in der Pionierorganisation, als der sozialistischen Kinderorganisation der FDJ, erfolgte der Eintritt in die FDJ im Übergang von der 7. zur 8. Klasse. Mit 87% erreichte der Organisationsgrad in der FDJ 1987 den Höchststand (vgl. Zilch 1992). Eine Besonderheit der DDR war die enge Verbundenheit dieser organisierten Freizeitangebote mit der Schule bzw. z.T. auch mit dem Betrieb der Eltern. So war die Schulklasse die Basisgruppe der FDJ. Auch der Klassenlehrer war in dieser Gruppe beratend und anleitend tätig (vgl. Giessmann 1992). Diese enge Anbindung an die Schule sicherte eine Kontrolle der jugendlichen Aktivitäten durch Erwachsene und wirkte dem entgegen, daß die Jugendlichen ihre Angebote stärker in Eigenregie in Anspruch nehmen konnten.

Gleichwohl waren diese Angebote für die Jugendlichen wichtig, und ihr Wegbrechen durch die Wende hat in die Freizeitmöglichkeiten der Jugendlichen eine Lücke gerissen. Weit jenseits aller ideologischen Vorgaben und auch der institutionalisierten Erwachsenen-Kontrolle hatten die Jugendlichen gelernt, die Einrichtungen und Angebote für die Realisierung ihrer altersspezifischen Wünsche und Bedürfnisse in Anspruch zu nehmen. Durch die Wende wurden sie aber geschlossen und eingestellt, vielfach ohne daß ein Ersatz an ihre Stelle trat (vgl. Karig 1994). Im Zuge des Transformationsprozesses haben sich jedoch für die Freizeit der Jugendlichen neue Möglichkeiten ergeben. Bevor diese sich allerdings als ein „Zugewinn" erweisen können, müssen sie von den Jugendlichen in ihrer Attraktivität erkannt und als Bestandteil in ihren Lebenszusammenhang eingebunden und angeeignet werden. An die Stelle der staatlich vorgegebenen Angebote ist inzwischen eine breite konsumorientierte Freizeitindustrie getreten. Für 43 % der Jugendlichen haben sich durch diese Veränderungen ihre Freizeitmöglichkeiten verbessert (vgl. BMFSFJ 1994). In allen Altersgruppen sehen die jungen Männer mehr Verbesserungen als die jungen Frauen. Große Verbesserungen berichten vor allem die über 18jährigen. Bei den Jüngeren sieht zwar auch eine Mehrheit Verbesserungen, aber der Abstand zu denjenigen, die eher Verschlechterungen wahrnehmen, ist deutlich geringer. Es sind vor allem die Jüngeren, denen die nichtkommerziellen Angebote fehlen. Die neuen Freizeitmöglichkeiten sind vielfach an Geld gebunden. Zwei Drittel der ostdeutschen – und nur ein Drittel der westdeutschen – Jugendlichen sehen sich durch das fehlende Geld in den Freizeitmöglichkeiten eingeschränkt (vgl. BMFSFJ 1994: 55).

Die ostdeutschen Jugendlichen haben weniger Freizeit als die westdeutschen (vgl. Lüdtke 1992), was sich nicht zuletzt durch ihre stärkere Mitwirkung im Haushalt ergibt (vgl. Behnken und Zinnecker 1992). Eine Mehrheit der Jugendlichen (42 %) berichtet, daß sie seit der Wende in ihrer Freizeit weniger mit ihren Eltern zusammen unternehmen (vgl. Meyer 1994). Dazu dürfte die Angebotserweiterung im Freizeitbereich für die Jugendlichen beigetragen haben, die ihnen neue Möglichkeiten schafft, ihre Freizeit ohne die Eltern zu gestalten. Unter den veränderten Rahmenbedingungen findet eine tendenzielle Abwanderung der Jugendlichen in ihrem Freizeitverhalten aus den Familien statt. Allerdings kann der Rückgang der familiengebundenen Freizeitgestaltung auch durch eine höhere berufliche Inanspruchnahme der Eltern bewirkt werden.

Trotz der nunmehr kürzeren wöchentlichen Regelarbeitszeit (in der DDR: 43,75 Std.) wird von Jugendlichen vielfach berichtet, daß ihre Eltern jetzt berufsbedingt weniger Freizeit haben. Umstellungsprobleme bei der beruflichen Neuorientierung, Mehrarbeit infolge eines gesteigerten Konkurrenzdrucks, längere Fahrtwege wie auch eine vollständigere Ausschöpfung der „eigentlichen" Arbeitszeit, was vorher zumindest nicht immer der Fall war, lassen sich als mögliche Gründe hierfür anführen.

3. Mehr Radio, mehr Fernsehen

Ein fester Bestandteil jugendlicher Freizeitpraxis ist ein hoher Medienkonsum. Schon lange Zeit vor dem Fall der Mauer hatten das Westfernsehen und auch Rock- und Popmusik einen festen Platz im Lebensalltag der ostdeutschen Jugendlichen inne. Im Mai 1989 gaben die befragten Schüler/innen der 10. Klasse an, daß 88 % nahezu täglich oder mehrmals in der Woche westdeutsche Rundfunk- oder Fernsehsendungen nutzten, um sich über politische Ereignisse zu informieren. Nur 29 % von ihnen benutzten zu diesem Zweck DDR-Sender (vgl. Friedrich und Förster 1994). In der Medienausstattung der ostdeutschen Jugendlichen gibt es wenige Jahre nach der Wende nahezu keine Unterschiede mehr zu den westdeutschen. Besonders große Zuwächse haben sich seither bei den Videorecordern und Computern vollzogen, die im persönlichen Besitz der Jugendlichen sind oder zur Haushaltsausstattung gehören. Schon vor der Wende stand etwa in einem Drittel der Kinderzimmer ein Fernsehgerät zur Eigennutzung (vgl. Karig 1994). Schon damals zeichnete sich – wie im Westen – ein Trend einer zunehmenden Nutzungsindividualisierung ab, der sich inzwischen weiter verstärkt hat (vgl. BMFSFJ 1994: 170).

Aufgrund eines abgekoppelten, schmalen Tonträger-Marktes waren die ostdeutschen Jugendlichen – trotz Lockerungen in den 80er Jahren – sehr stark auf das Hören westdeutscher Radiosender angewiesen. Die ostdeutschen Jugendlichen sind nach wie vor – wie die Media-Analyse '94 zeigt – sehr eifrige Radiohörer und -hörerinnen (vgl. Baldauf und Klingler 1994). Die Jugendlichen im Alter von 14 bis 19 Jahren übertreffen mit 144 Minuten täglicher Hördauer ihre westdeutschen Altersgenossen, die nur 113 Minuten aufweisen, deutlich. Bei den 20- bis 29jährigen sind die Unterschiede mit 201 Minuten bzw. 160 Minuten noch größer. Bei der täglichen Tonträgernutzung weisen dagegen die westdeutschen 14- bis 19jährigen einen geringen Vorsprung (+ 8 Min.) auf, die 20- bis 29jährigen nur einen minimalen Vorsprung (+ 2 Min.). Dadurch wird die größere Nutzungsdauer auditiver Medien im Osten nur etwas verringert, nicht aber aufgehoben. Unterschiede zeigen sich außerdem in den Musikpräferenzen: Deutsche Schlager, Kirchenmusik oder Big-Band-Musik stehen ganz oben in der Topliste der Jugendlichen aus den neuen Bundesländern. Von den westdeutschen Jugendlichen werden diese Musikgenres dagegen mehrheitlich abgelehnt, ihre Gunst gilt Musikrichtungen wie Jazzrock, Blues/Soul usw. (vgl. Georg 1993). Hier werden Unterschiede ersichtlich, die sich mit den von Gerhard Schulze (1992) eingeführten Kategorien des „Trivialschemas" und des „Spannungsschemas" als Stilmuster fassen lassen.

Auch der Fernsehkonsum hat für die ostdeutschen Jugendlichen einen höheren Stellenwert als für die westdeutschen – ein Unterschied, der sich übrigens auch in der Gesamtbevölkerung zeigt. Die 14- bis 29jährigen Ostdeutschen weisen eine über 40 Minuten längere tägliche Sehdauer auf als die westdeutsche Altersgruppe (vgl. Darschin und Frank 1994). Daß die ostdeutschen Jugendlichen einen höheren Anteil ihrer Freizeit mit Medienkonsum verbringen, ist allem Anschein nach nicht erst ein Phänomen der Nach-Wende-Zeit. Dies dürfte damit in Verbindung stehen, daß die ostdeutsche Jugend in der DDR-Zeit und fortgesetzt – trotz rückläufiger Tendenzen – auch nach der Wende sich durch einen höheren Grad an Häuslichkeit und Familiengebundenheit in ihrem Freizeitverhalten auszeichnet (vgl. auch Kirchhöfer 1995; Baldauf und Klingler 1994).

Dem entspricht, daß die Gleichaltrigen (Peers) für die ostdeutschen Jugendlichen im Vergleich ein niedrigeres Gewicht besitzen als im Westen. Zwar weist die Integration in den informellen Peer-Kontext hohe Werte auf, aber dennoch niedrigere als in den alten Bundesländern. Von den West-Jugendlichen geben 42% an, regelmäßig in einem Kreis junger Leute beisammen zu sein, der sich zusammengehörig fühlt, von ostdeutschen Jugendlichen dagegen nur 34% (vgl. Oswald 1992: 322). Das Zusammensein mit Freunden/Bekannten wird von den ostdeutschen Jugendlichen auch deutlich seltener als beliebte Freizeitaktivität genannt, wobei – wie aus dem Schaubild 2 ersichtlich ist – diese Differenzen bei den Altersgruppen der 17- bis 20jährigen und den 21- bis 24jährigen besonders ausgeprägt sind. Diese Feststellung findet auch Bestätigung durch die von Werner Georg (1993) durchgeführte Korrespondenzanalyse mit den Daten aus „Jugend '92". In den Lebensstilmerkmalen der westdeutschen Jugendlichen dominieren Freizeitaktivitäten, die sich auf Geselligkeit und Vergnügen in der Öffentlichkeit beziehen, während von ihnen familiengebundene Aktivitäten eher vernachlässigt werden. Gerade umgekehrt ist es bei den ostdeutschen Jugendlichen: Die Familie steht hoch im Kurs, während die jugendkulturelle Öffentlichkeit eher selten aufgesucht wird.

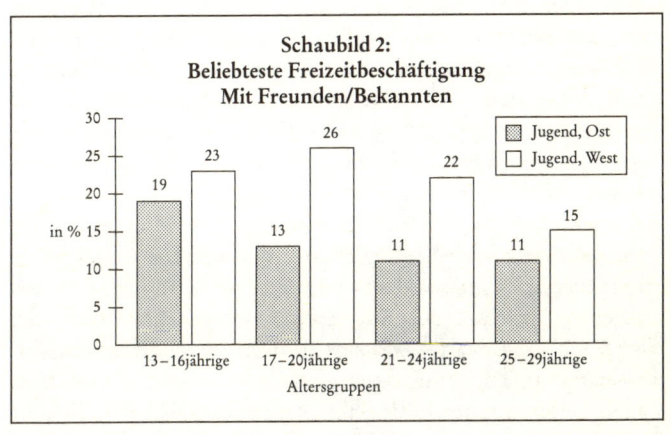

Schaubild 2: Beliebteste Freizeitbeschäftigung Mit Freunden/Bekannten

Altersgruppen	Jugend, Ost	Jugend, West
13–16jährige	19	23
17–20jährige	13	26
21–24jährige	11	22
25–29jährige	11	15

Quelle: Jugendwerk der Deutschen Shell (1992), Bd. 4: 125, eigene Darstellung.

4. Verbindlichkeitsvorsprung im privaten Bereich

Nicht nur, wie bereits gezeigt, im beruflichen Bereich, sondern auch im privaten Bereich war zumindest zu DDR-Zeiten das jugendliche Moratorium der ostdeutschen Jugendlichen kürzer als das der westdeutschen. Die ersten Schritte zur Aufnahme von Zweierbeziehungen werden von den ost- und westdeutschen Jugendlichen biographisch frühzeitig und weitgehend zeitgleich unternommen. Im weiteren Ablauf nehmen dann die Unterschiede jedoch deutlich zu, da die Zweierbeziehungen der ostdeutschen Jugendlichen in einem biographisch früheren Alter einen höheren Verbindlichkeitsgrad erreichen. Es wurde früher geheiratet als in der BRD, die Paare haben schneller einen gemeinsamen Haushalt gegründet, und auch die Familiengründung, vielfach noch vor der Heirat, fand in einem niedrigeren Alter statt (vgl. Lenz 1995b). Bereits in jungen Jahren Kinder zu haben, wurde von den meisten ostdeutschen Frauen und Männern als „normal" betrachtet und galt als wünschenswert. Es scheint deshalb durchaus angemessen, von einer Existenz einer Norm der frühen Geburt zu sprechen. Daß „man" und „frau" mindestens ein Kind hatte, war in der DDR – im Unterschied zu Westdeutschland – weitgehend ungebrochen eine kulturelle Selbstverständlichkeit, wie der im Vergleich zum Westen deutlich niedrigere Verbreitungsgrad von Kinderlosigkeit deutlich macht. Elternschaft war in den Lebensläufen als ein selbstverständlicher Fixpunkt fest eingeplant und wurde – soweit keine Infertilität dem entgegenstand – fast immer auch realisiert; Kinderlosigkeit war keine biographische Option.

Zu fragen bleibt, ob sich in der schnellen Übernahme der Verbindlichkeit in Zweierbeziehungen inzwischen Änderungen abzeichnen. Der massive Geburtenrückgang wird häufig als ein zeitlicher Aufschub des Kinderwunsches gedeutet. Dennoch bleibt noch abzuwarten, ob sich in diesem Geburtenrückgang langfristig ein Trend zur späteren Geburt und mehr Kinderlosigkeit etabliert. Auf der Einstellungsebene haben Familie und Familienleben bei den Ostdeutschen weiterhin einen höheren Stellenwert (vgl. Störtzbach 1994). Stark rückläufig ist ebenfalls die Heiratshäufigkeit, aber auch hier ist offen, ob dies langfristig zu einer stärkeren Abkehr von der Ehe führt. Bislang ist nicht auszuschließen, daß es sich hierbei lediglich um krisenbedingte demographische Einbrüche handelt, nicht um dauerhafte neue Verhaltensmuster.

5. Gestaltunterschiede in der Jugendphase

Es hat den Anschein, daß Tendenzen der Destandardisierung der Jugendphase bislang im Westen ausgeprägter sind als im Osten. In Westdeutschland hat sich die biographische Selbstdefinition, erwachsen zu sein, stärker als im Osten vom Erreichen der Statuspassagen der Heirat und der vollen Erwerbstätigkeit abgekoppelt (vgl. Meulemann 1992). In den alten Bundesländern treten deutlicher Tendenzen einer Ausbildung einer „Zwischenexistenz" in Erscheinung, die als Postadoleszenz oder als Phase des jungen Erwachsenen bezeichnet wird. Selbst wenn die ökonomische Unselbständigkeit noch andauert, wird in diesem Lebensabschnitt der Selbständigkeitsstatus in allen Lebensbelangen in Anspruch genommen. Ein Single-Dasein, ein zeitlich befristetes Alleinleben von Jugendlichen und jungen Erwachsenen, das in Westdeutschland weit verbreitet ist, gab es in der DDR nahezu nicht und scheint sich auch jetzt nur langsam auszubreiten.

Das Vorhandensein des Trivialschemas in den Musikpräferenzen wie auch die stärkere Familienorientierung deuten darauf hin, daß in den Biographieverläufen der ostdeutschen Jugendlichen zu DDR-Zeiten und auch noch heute ein „Konformitätsmodell" stärker verbreitet ist, das es ihnen möglich macht, diese Lebensphase im hohen Maße entlang den gesellschaftlichen Vorgaben, in Übereinstimmung mit den Erwartungen ihrer Eltern und anderer Institutionen zu leben. In ihrer Selbstbeschreibung wird von vielen Jugendlichen aus dem Osten ihre Normalität, ihre Unauffälligkeit sowie ihre Übereinstimmung mit den anderen herausgestellt (vgl. Waldmann und Straus 1992). In den Biographieverläufen der westdeutschen Jugendlichen findet sich dagegen deutlich häufiger ein „Konfrontationsmodell", bei dem die Selbstbehauptung, das Sich-Anlegen, das Aufbegehren, eine gewisse Anti-Haltung zu den Vorgaben und Erwartungen für dieses Stück Leben eine hohe, jugendphasengestaltende Relevanz besitzen (vgl. Lenz 1995b).

III. Wende, Politik und Gewalt

Massive Umbruchprozesse scheinen es mit sich zu bringen, daß die politischen Orientierungen der nachwachsenden Generation zum herausragenden Objekt wissenschaftlicher Begierde aufsteigen. Dies hat sich in der frühen Nachkriegszeit in Westdeutschland gezeigt und im Gefolge des Zusammenbruchs der DDR eindrucksvoll wiederholt. Kein anderes Thema als das Verhältnis der Jugendlichen zur Politik hat seither die Jugendforschung dominiert und dominiert sie weiterhin. Die vorliegenden Jugendstudien der Nach-Wende-Zeit weisen einen ausgeprägten Bias zugunsten dieser Thematik auf. Neben der übergreifenden Integrationsproblematik, der Frage nach der bereits vorfindbaren Loyalität gegenüber dem neuen politischen System, haben zu dieser Fokussierung auch Gewalttätigkeiten gegen ausländische Mitbürger/innen nachhaltig beigetragen.

1. Wende und Einstellungen zur DDR

Die ostdeutschen Jugendlichen stellten im Herbst 1989 keine führende oder gar treibende Kraft im Umbruchprozeß dar. Nur wenige waren zu risikoreichem Protestverhalten bereit. Vor allem fällt auf, daß die Studierenden keine aktive Rolle innehatten, sondern sich weitgehend auf eine distanzierte Beobachterposition beschränkten. Zentren des Protests waren nicht die Hochschulen, sondern viel eher die Kirchen. Im Schutze vor allem der evangelischen Kirche sammelten sich die oppositionellen Kräfte. Das Friedensgebet in der Leipziger Nikolaikirche war der Ausgangspunkt für die Montagsdemonstrationen, die dann zum Symbol für den sich artikulierenden Bürger/innenwillen wurde. Zu DDR-Zeiten waren es nur einige sehr wenige, die den Mut zur Opposition hatten, wobei diese Gruppen in der angepaßten Bevölkerungsmehrheit kaum Unterstützung fanden. Die wachsende Unzufriedenheit der großen Mehrheit wurde nicht offen artikuliert. Stärker noch als im politischen Protest kam diese Unzufriedenheit durch eine breite Flucht- und Abwanderungsbewegung bzw. -bereitschaft zum Ausdruck, die vor allem junge Menschen erfaßte.

Daten aus dem Leipziger Zentralinstitut für Jugendforschung, die zu DDR-Zeiten „streng geheim" waren, zeigen eine seit Mitte der 80er Jahre rasch fortschreitende Abkehr der Jugendlichen von den propagierten Werten des realsozialistischen Systems (vgl. Friedrich 1990; Förster 1991). Fühlten sich 1985 noch 51% der Lehrlinge sowie 70% der Studierenden mit der DDR eng verbunden, so waren dies kurz vor dem Zusammenbruch noch 16% der Lehrlinge (Okt. 1988) und 34% der Studierenden (Feb. 1989). Die Identifikation mit dem Marxismus-Leninismus und der SED wie auch der Glaube an die Überlegenheit des Sozialismus waren ebenso stark rückläufig. Auch das offiziell vermittelte Geschichtsbild wurde immer weniger „geglaubt" (vgl. Schubarth 1991). Diese Abkehr setzte dabei bei den Lehrlingen und berufstätigen Jugendlichen früher ein und war stärker ausgeprägt als bei den Studierenden. Immer weniger erlebten den Sozialismus so, wie er in den Reden der Partei- und Staatsführung gepriesen wurde. Eine tiefgreifende Desillusionierung breitete sich aus (vgl. auch Förster 1991: 149).

Trotz dieses Erosionsprozesses des alten Regimes haben die ostdeutschen 15- bis 24jährigen kurz nach der Maueröffnung noch nicht mehrheitlich für die Vereinigung votiert. Es überwogen noch die Einheitsgegner (55%) gegenüber den -befürwortern (45%). Wie in der DDR-Gesellschaft insgesamt ereignete sich jedoch dann auch in der Jugendgeneration ein rascher Stimmungsumschwung, der aus dem „Wir sind *das* Volk" ein

„Wir sind *ein* Volk" werden ließ. Anfängliche Hoffnungen auf einen reformierbaren Sozialismus bzw. auf einen „Dritten Weg" haben sich schnell verflüchtigt. Schon im Februar 1990 befürworteten dann knapp 80 % der Jugendlichen die Vereinigung. Trotz dieser Werte fällt die Zustimmung zur Vereinigung geringer aus als bei den höheren Altersgruppen (vgl. Friedrich und Förster 1994). Obgleich sich viele Erwartungen, die anfänglich an die Vereinigung gestellt wurden, (bislang) nicht erfüllt haben, ist die Zustimmung weiterhin sehr hoch. In der IPOS-Studie von 1993 geben 71 % der Jugendlichen aus den neuen Bundesländern an, daß die Entscheidung für eine politische Ordnung nach westlichem Vorbild richtig war (vgl. BMFSFJ 1994).

Dieser hohe Loyalitätseinbruch gegenüber der DDR bei den Jugendlichen darf nicht in einer Weise verstanden werden, daß nunmehr alles, was die DDR-Gesellschaft auszeichnete, auf den Komposthaufen der Geschichte gehöre. Diese Zahlen zeigen Tendenzen einer wachsenden Abkehr auf. Sie schließen aber nicht aus, daß es bis zuletzt und auch noch anschließend durchaus junge Menschen gegeben hat und noch gibt, die zumindest von der hinter dem SED-Regime stehenden Idee überzeugt sind (vgl. Veen und Jaide 1994). Keineswegs alle Jugendlichen, die zur 40-Jahres-Feier nach Ost-Berlin gekommen sind, haben dies mit Widerwillen und innerer Distanz getan. Aber auch Jugendliche, die sich von diesem Staat bereits weiter abgekehrt hatten, waren keineswegs völlig unzufrieden mit den Lebensverhältnissen in der DDR. Detlef Oesterreich (1993; 1994) hat in einer Studie, die 1991 und als Wiederholungsstudie 1993 durchgeführt wurde, aufgezeigt, daß die Ost-Berliner Jugendlichen das Leben in der DDR in vieler Hinsicht durchaus positiv fanden. Herausgestellt wird eine große soziale Sicherheit, die hohe Solidarität untereinander, daß man sich keine Zukunftssorgen machen mußte, daß viel für Kinder und Jugendliche getan wurde, daß wer sich anpaßte, nicht schlecht gelebt hat. Schon 1991 fanden diese Statements eine Zustimmung zwischen 58 % und 85 %, zwei Jahre später stimmten noch mehr zu. In der Einschätzung der Lebenssituation werden von den

Jugendlichen aber auch eine Reihe negativer Aspekte erinnert (z.B. „Die Menschen fühlen sich eingesperrt", „Die Menschen haben anders gedacht, als sie offiziell geredet haben"). Zu ihrer Wirklichkeitswahrnehmung der alten Verhältnisse gehören beide Seiten, die Stärken ebenso wie die Schwächen. Im Vergleich dazu haben die West-Berliner Schüler/innen eine deutlich negativere Einschätzung vom DDR-Alltag. Die Ost-Berliner Jugendlichen nennen auch eine Reihe von Einrichtungen, die hätten erhalten werden sollen: das Babyjahr, das Recht auf Wohnung, Schulhorte, Recht auf Arbeit, Fristenregelung, Polikliniken, subventionierte Fahrpreise sowie das Sekundärrohstoff-Erfassungssystem – alle diese Einrichtungen finden eine Zustimmung von mehr als 80% (vgl. Oesterreich 1993), eine Zustimmung, die auch nach zwei Jahre weitgehend unverändert geblieben ist.

2. Politisches Interesse und politische Einstellungen

In ihrem politischen Interesse übertreffen die ostdeutschen Jugendlichen ihre westdeutschen Altersgenossen (vgl. Hoffman-Lange et al. 1993). Diese Unterschiede ergeben sich vor allem durch die Mädchen und jungen Frauen, die im Osten deutlich stärker der Politik zugewandt sind als im Westen (vgl. auch Kühnel 1992). Offensichtlich hat die politische Sozialisation in der DDR zu einer stärkeren Politisierung vor allem der Frauen beigetragen. Über eine längere Zeit betrachtet, zeigt sich, daß das Politikinteresse der westdeutschen Jugendlichen angestiegen ist. Dies hat aber nicht zu einer Erhöhung der Wahlbeteiligung geführt. Im Gegenteil: die Wahlbeteiligung der Jungwähler und Jungwählerinnen ist rückläufig und im Vergleich mit allen anderen Altersgruppen überhaupt die geringste. Im Osten führt das stärkere Politikinteresse der Jugendlichen auch nicht zu einem höheren Beteiligungsgrad bei den (freien) Wahlen. Bei den ersten gesamtdeutschen Bundestagswahlen 1990 beteiligten sich von den 18- bis 24jährigen in den alten Bundesländern 65%, in den neuen dagegen nur 55% (vgl. Veen und Jaide

1994: 97). Diese beiden – zumindest für Westdeutschland konstatierbaren – unterschiedlichen Tendenzen deuten an, daß zunehmend auch politisch Interessierte nicht wählen gehen. Übereinstimmend wird in Ost und West eine verbreitete Distanzierung Jugendlicher von den traditionellen politischen Institutionen sichtbar. Dieser Rückzug aus der offiziellen Politik geht einher mit deutlichen Tendenzen einer Entfremdung von politischen Institutionen und deren Vertretern (vgl. Kühnel 1992). Ost- und westdeutsche Jugendliche meinen ganz überwiegend,
– daß es in der Politik ums Geld geht (Zustimmung von 85 % bzw. 82 %),
– daß die Bevölkerung von den Politikern betrogen wird (84 % bzw. 81 %),
– daß bald keine Partei mehr gewählt wird (65 % bzw. 70 %),
– daß die Politik dem kleinen Mann selten nutzt (70 % bzw. 68 %) sowie
– daß die Abgeordneten kein Probleminteresse haben (61 % bzw. 64 %).

Trotz dieser „herben" Kritik wird dennoch von einer großen Mehrheit die parlamentarische Demokratie als ein sinnvolles Modell der politischen Interessenregulierung anerkannt. In den alten Bundesländern sind nach der IPOS-Umfrage 76 %, in den neuen Bundesländern 69 % mit diesem Modell zufrieden. Allerdings sind im Westen nur knapp die Hälfte und im Osten weniger als ein Drittel mit der Verwirklichung der Demokratie zufrieden (vgl. BMFSFJ 1994: 183). Nicht außer acht sollte bei diesem Vergleich gelassen werden, daß diese durchaus ähnlichen Werte auf der Grundlage unterschiedlicher Erfahrungszusammenhänge zustande kommen. Während die westdeutschen Jugendlichen bereits in fest etablierte demokratische Strukturen hineingewachsen sind, die Kritik gerade auch – wenngleich nicht nur – aufgrund des erreichten Standes provozieren, ist die parlamentarische Demokratie für die ostdeutschen Jugendlichen ein Neuland, das sie noch wenig kennen und zu dem sie Vertrauen erst noch aufbauen müssen. Ihr Politikverständnis stammt aus einem politischen System, das auf einer zwingenden Übereinstimmung von kollektiven und individuellen Interessen beruhte, eine Interessenvielfalt nicht kannte, Dissens und Konflikte zwischen Interessengruppen verbannte. Politische Vorgaben kamen in DDR-Zeiten „von oben" und konnten von einzelnen nicht zur Disposition gestellt werden. Alle Formen von Demokratie als gesellschaftlicher Diskurs konnten in diesem System nicht und brauchten auch nicht stattfinden. Mit dem Wegfall der politischen Institutionen der DDR haben sich die in diesem Rahmen erworbenen Verhaltensmuster und Einstellungen nicht automatisch verflüchtigt, sondern bestehen auch unter den neuen Gegebenheiten noch fort.

3. Gewalt und Gewaltakzeptanz

Seit 1991 hat sich im vereinten Deutschland eine Fülle von Gewalttätigkeiten gegen Ausländer/innen und Asylbewerber/innen mit der ganz überwiegenden Beteiligung junger Männer ereignet (vgl. Willems 1993), die sich in der medialen Präsentation zu einem Bild einer zunehmend gewalttätigen Jugend verdichtet hat. Auch aus dem Lebensbereich Schule und im Verhältnis untereinander wird ein Anwachsen der Gewalt berichtet. Da ältere Vergleichsstudien weitgehend fehlen, tut sich die Wissenschaft schwer, die Gültigkeit dieser These zu prüfen. Bei einer insofern nur unsicheren Erkenntnislage lassen sich nach Jürgen Mansel und Klaus Hurrelmann (1994) dennoch in den letzten zehn Jahren Trends zu einer Verbreitung des Spektrums aggressiver und gewalttätiger Verhaltensweisen und zu einer zunehmenden Brutalisierung in Auseinandersetzungen finden. Es hat also den Anschein, daß die Gewalt(neigung) tatsächlich angestiegen ist, aber bei weitem nicht in dem Umfang, wie es die mediale Berichterstattung nahelegt.

Die vorliegenden Jugendstudien zeigen auch, daß Gewalthandlungen nur von einer relativ kleinen Gruppe der Jugendlichen befürwortet werden. Nach der IPOS-Studie antworten 85 % der ostdeutschen und 86 % der westdeutschen Jugendlichen ablehnend auf die Frage, ob es in demokratischen Gesellschaften Konflikte gibt, die mit Gewalt ausgetragen werden müssen. Unterschiede zwischen Ost und West zeigen sich aber bei der Frage, ob es Gründe gibt, die Gewalt rechtfertigen. Bejahend antworten 34% der ostdeutschen und 28% der westdeutschen Jugendlichen. Während die Ost-West-Unterschiede bei der weiblichen Population gering sind, wird diese Differenz vor allem durch höhere Werte der ostdeutschen jungen Männer hervorgebracht. Bei dieser Differenz ist jedoch zu beachten, daß bei den Ostdeutschen defensive Rechtfertigungsgründe (Selbstverteidigung, Verteidigung anderer) ein deutliches Übergewicht aufweisen (vgl. BMFSFJ 1994: 192 ff.).

Übereinstimmend zeigen mehrere Studien, daß eine ausländerfeindliche wie auch rechtsextremistische Haltung bei den Jugendlichen aus den neuen Bundesländern stärker verbreitet ist als im Westen (vgl. z.B. BMFSFJ 1994; Melzer et al. 1991; Oesterreich 1993). Obgleich die ganz überwiegende Mehrheit der Jugendlichen sich gegen die ausländerfeindlichen Übergriffe wendet, sind es im Westen immerhin 9% und im Osten gar 18%, die dafür Verständnis äußern (vgl. BMFSFJ 1994). In dieser höheren Anfälligkeit der ostdeutschen Jugendlichen für Ausländerfeindlichkeit wie auch für Rechtsextremismus kommt zum einen eine Erblast des SED-Staates zum Ausdruck, der durch seine undemokratischen Strukturen und einen „verordneten" Antifaschismus die Herausbildung autoritärer Denk- und Verhaltensweisen gefördert hat. Hierin kommt zum anderen aber auch die durch den rasanten Wandel bewirkte tiefe Unsicherheit und Desorientierung zum Vorschein, die ein Teil der Jugendlichen durch die Suche nach Sündenböcken und Feindbildern zu bewältigen versucht (vgl. auch Schubarth 1993).

IV. Fazit

Fünf Jahre nach der Wende haben die Jugendlichen, die als die zweite Generation der DDR aufgewachsen sind, erst ein Wegstück in eine andere Gesellschaft zurückgelegt. Sie sind unterwegs, aber noch längst nicht angekommen. So schnell auch die Übernahme von Institutionen möglich ist, die habitualisierten individuellen Verhaltens- und Orientierungsmuster lassen sich nicht in diesem Tempo auswechseln. Für das „Ankommen" dieser Generation ist es eine vordringliche Aufgabe, daß ihre Chancen einer beruflichen Integration nachhaltig verbessert und damit attraktive Lebensperspektiven eröffnet werden. Wichtig ist auch der Auf- und Ausbau einer neuen Jugendarbeitsinfrastruktur, um den Jugendlichen wieder stärker auch nichtkommerzielle Freizeitangebote bereitzustellen und zugleich damit einen Beitrag zu einer Milieubildung (vgl. Böhnisch 1994) zu leisten. Weit über die Gewaltprävention hinaus sind hierzu vom „Aktionsprogramm gegen Gewalt und Aggression" der Bundesregierung bereits wichtige Impulse ausgegangen (vgl. Böhnisch et al. 1994), aber diese wie auch andere Förderungsmaßnahmen brauchen dringend eine Verlängerung. Für ihr „Ankommen" ist es auch unerläßlich, daß Raum gelassen wird für das Einbringen der eigenen, „anderen" Erfahrungen in das neue Gemeinwesen. So nur wird es möglich sein, daß das unter den Ostdeutschen verbreitete Gefühl, nur Deutsche 2. Klasse zu sein, sich verflüchtigt. Nur dann ist ein Zusammenwachsen möglich.

Chronik*
(unter Mitarbeit von *Susanne Wagner*)

	Politik	Wirtschaft	Gesellschaft
1989	7.5. Kommunalwahlen in der DDR. Anzeige wegen vermuteter Wahlfälschung. 8.6. Eine Stellungnahme der Volkskammer bewertet das Massaker auf dem Platz des Himmlischen Friedens in Peking als „Niederschlagung einer Konterrevolution". 12.6. Besuch Gorbatschows in der BRD. Erklärt „Strich unter die Nachkriegszeit" zu ziehen. 7.10. **Die offiziellen Feierlichkeiten zum 40. Jahrestag der DDR** werden von den größten Protestkundgebungen seit dem 17. Juni 1953 begleitet. 8.10. In der DDR gründet sich die „Sozialdemokratische Partei" (SPD).	Ein deutsch-deutscher Vergleich (Stand: soweit nicht anders angegeben 1988) |	BRD	DDR
---	---	---
Bevölkerung	61 Mio.	17 Mio.
BSP	2,13 Bio.	336 Mrd.
Pro-Kopf-Einkommen	35000 DM	19500 DM
Inflation	1,2%	2-3%
Exporte	568 Mrd.	50 Mrd.
Importe	440 Mrd.	46 Mrd.
Bildungsausgaben	9%	6%
Autos (pro 100 Haushalte)	83	48
Farbfernsehgeräte (pro 100 Haushalte)	86	39		6.2. DDR-Grenzsoldaten erschießen den 20 Jahre alten Chris Gueffroy beim Versuch, von Ost- nach West-Berlin zu flüchten. 2.5. Ungarn beginnt mit dem **Abbau des Eisernen Vorhangs** an der österreichisch-ungarischen Grenze. 7.6. In Berlin (Ost) wird eine Protestversammlung gewaltsam aufgelöst. 8.8. Ständige Botschaft Ostberlin wird wegen Überfüllung mit DDR-Ausreisewilligen geschlossen. 13.8. Die deutsche Botschaft in Budapest wird wegen Überfüllung mit DDR-Ausreisewilligen geschlossen. 19.8. An der österreichisch-ungarischen Grenze nutzen rund 900 DDR-Bürger das „Paneuropäische

* Zahlreiche Daten (insbesondere aus dem Bereich „Wirtschaft") sind den IWD-Informationen, herausgegeben vom Institut der deutschen Wirtschaft, entnommen. Als Quellen herangezogen wurden u. a. auch „Die Zeit" und „Das Parlament".

	Politik	Wirtschaft		Gesellschaft
1989	18.10. Rücktritt Honeckers: Egon Krenz neuer Generalsekretär der SED. Kündigt „Wende" an.

27.10. Staatsrat der DDR verkündigt Amnestie für Personen, die sich in der Vergangenheit der „Republikflucht" schuldig gemacht haben.

7.11. Ministerrat der DDR beschließt seinen Rücktritt.

8.11. Politbüro der SED tritt geschlossen zurück. Kohl zu umfassender Hilfe bereit bei grundlegender Reform der DDR.

9.11. Die Grenzen zur Bundesrepublik werden geöffnet („Fall der Mauer") Volksfestartige Verbrüderungsszenen. In den nächsten drei Tagen kommen zwei Mio. Menschen zu Besuch in den Westen.

13.11. Modrow neuer Ministerpräsident.

16.11. Regierungserklärung Kohls: | | BRD | DDR |
|---|---|---|
| Telefone (pro 100 Haushalte | 92 | 7 |
| Frauen je 100 Erwerbstätige | 38,8 | 48,6 (1989) |
| Durchschnittliche Wochenarbeitszeit (in Stunden) | 38,5 (1989) | 42,9 (1989) |
| Durchschnittlicher Jahresurlaub (in Arbeitstagen) | 30,7 (1990) | 21,9 (1990) |
| Erwerbstätigenquote (in %) | 44,5 | 53,5 |
| Anteil der Energieträger am Verbrauch
– Mineralöl
– Kohle
– Gas
– Kernenergie | 42,0
27,3
16,0
12,0 | 11,5
73,6
11,4
2,5 | | | Picknick", um in den Westen zu fliehen: größte Massenflucht aus der DDR seit dem Bau der Mauer.

23.8. Die deutsche Botschaft in Prag wird geschlossen.

10.–11.9. Ungarn öffnet seine Westgrenze für DDR-Flüchtlinge. Bis Ende September kommen auf diesem Weg über 25 000 Übersiedler in die Bundesrepublik.

11.9. DDR-Regimekritiker gründen die Reformbewegung „Neues Forum", die erste landesweite Oppositionsgruppe.

19.9. Die deutsche Botschaft in Warschau wird wegen Überfüllung geschlossen.

30.9. Alle DDR-Bürger, die sich in den Botschaften der Bundesrepublik in Prag und Warschau aufhalten, dürfen ausreisen.

2.10. In Leipzig demonstrieren |

1989

Politik

Der DDR wird wirtschaftliche Hilfe zugesagt, die jedoch von einem „grundlegenden Wandel des politischen und wirtschaftlichen Systems" abhängt.

17.11. Neue DDR-Regierung: 28 Minister, darunter drei Frauen. Stellvertreter Modrows ist der CDU-Vorsitzende Lothar de Maizière. Modrow schlägt der Bundesregierung in seiner Regierungserklärung eine „Vertragsgemeinschaft" vor.

28.11. Kohl legt **Zehn-Punkte-Plan** vor, der für eine Übergangsphase „konföderative Strukturen" im Verhältnis beider deutscher Staaten und schließlich eine „Föderation" vorsieht. Das Ausland reagiert skeptisch bis ablehnend.

1.12. Volkskammer der DDR streicht Führungsanspruch der SED aus der Verfassung.

Wirtschaft

	BRD	DDR
Energieverbrauch je Einwohner (in t SKE)	6,3	7,7
Jährlicher Schwefeldioxidausstoß (in kg je Einwohner)	35,6	29
Jährlicher Stickoxidausstoß (in kg je Einwohner)	48,6	59
Waldschäden (in % der Waldfläche)	52,4	44,4

21.7. In DDR-Medien wird auf die schlechte Versorgungslage im Land verwiesen.

4.12. Der Staatssekretär im Außenwirtschaftsministerium der DDR, Schalck-Golodkowski, flieht nach Berlin (West) und stellt sich hier der Polizei.

Gesellschaft

20000 Menschen für Reformen in der DDR. Mehrere Demonstranten werden von Sicherheitsorganen festgenommen.

4.10. Sonderzüge der DDR-Reichsbahn transportieren etwa 7600 DDR-Flüchtlinge, die in der bundesdeutschen Botschaft in Prag Zuflucht gesucht hatten, über das Territorium der DDR in die Bundesrepublik. Bahnhöfe und Gleise in der DDR werden gesperrt, um zu verhindern, daß weiter Menschen auf die Züge aufspringen.

5.10. In Magdeburg und Dresden werden Massendemonstrationen durch Sicherheitsorgane gewaltsam aufgelöst.

7.10. Mehrere 10000 demonstrieren in Ost-Berlin und 8 weiteren Städten der DDR für politische Veränderungen. Größte Protestkundge-

	Politik	Wirtschaft	Gesellschaft
1989	3.12. Krenz legt Amt des DDR-Staatsratsvorsitzenden nieder. 7.12. DDR-Parteien und Oppositionsgruppen vereinbaren am „Runden Tisch" Ausarbeitung einer neuen Verfassung und Neuwahlen (6.5.90). 8.12. Der außerordentliche SED-Parteitag in Ost-Berlin lehnt Parteiauflösung ab und wählt den Rechtsanwalt Gregor Gysi zum Parteivorsitzenden. Der Parteiname erhält den Zusatz „Partei des demokratischen Sozialismus" (PDS). Ab 4.2.91 heißt die Partei nur noch PDS. 14.12. In der DDR wird das Amt für Nationale Sicherheit, das kurze Zeit die Nachfolge des Ministeriums für Staatssicherheit (MfS) darstellte, aufgelöst. 17.12. SED-Blockparteien und	Die Haushalte der „alten" Bundesrepublik besaßen 1989 ein Geldvermögen von 2,5 Billionen DM (DDR: 184 Mrd. DM). Die Haushaltsausstattung mit wichtigen Konsumgütern befindet sich in der DDR quantitativ etwa auf dem westdeutschen Niveau der 70er Jahre. In der DDR sind 21 % der industriellen Maschinen älter als 20 Jahre, 29 % der industriellen Anlagen wurden in den 70er Jahren angeschafft. Im Westen sind 40 % der Anlagen neuwertig, also höchstens 5 Jahre alt. Nur 2,4 % des Wasservorkommens der DDR haben Trinkwasserqualität. Nur 58 % der Haushalte sind an Kläranlagen angeschlossen. Die Ausgaben der DDR für das Gesundheits- und Sozialwesen lagen 1988 nur bei 6,7 %. Damit lag die DDR unter vergleichbaren Industrieländern an vorletzter Stelle.	bungen seit dem 17. Juni 1953. Brutaler Polizeieinsatz. 9.10. In Dresden empfängt der SED-Oberbürgermeister Wolfgang Berghofer eine Abordnung der Demonstranten, die ihm einen Forderungskatalog übergibt. Am 10.10. werden in Dresden 500 inhaftierte Demonstranten freigelassen. 23.10. 300000 demonstrieren in Leipzig – größte Protestkundgebung in der DDR. „Montagsdemonstrationen" brachten am 9.10. 70000, am 16.10. 150000 auf die Straße. 30.10. 400 000 Menschen in DDR-Städten demonstrieren (Leipzig wieder 300000). 4.11. **1 Million demonstrieren in Ost-Berlin** für Meinungs- und Versammlungsfreiheit. 6.11. Hunderttausende bei Mon-

	Politik	Wirtschaft	Gesellschaft
1989	neue Oppositionsgruppen formieren sich als neue Parteien. 19.12. Erster offizieller DDR-Besuch von Bundeskanzler Kohl in Dresden. Beratungen mit Modrow über eine sogenannte Vertragsgemeinschaft.		tagsdemonstrationen in Leipzig und in anderen DDR-Städten. 27.11. Auf der Leipziger Montagsdemonstration fordern Transparente die Wiedervereinigung. 28.11. Eine Resolution 30 namhafter DDR-Bürger plädiert dafür, die DDR als sozialistische Alternative zur Bundesrepublik zu entwickeln. 22.12. Das Brandenburger Tor, seit 28 Jahren Symbol der deutschen Teilung, ist wieder offen. Modrow und Kohl würdigen das Ereignis als historische Zäsur. 31.12. 1989 kamen 343 854 DDR-Übersiedler in die Bundesrepublik (1988: 39 832).

	West	Ost
Arbeitslosenquote (im Jahresdurchschnitt)	7,9%	0,0%

Staatsverschuldung (insg.): 916,4 Mrd.

	Politik	Wirtschaft	Gesellschaft
1989					West	Ost
			|---|---|---
				Ehe-schließungen[1]:	398 608	130 989
					+0,3 %	–10,4 %
				Ehe-scheidungen	126 628	50 063
					–1,6 %	+2,0 %
				Lebend-geborene	681 537	198 922
					+0,7 %	–7,4 %
			[1] Die erste Zeile gibt jeweils die absoluten Zahlen an, die zweite Zeile die Veränderung gegenüber dem Vorjahr in Prozent.
1990	13.1. Sozialdemokraten der DDR bekennen sich zur Einheit Deutschlands und ändern den Parteinamen in „Sozialdemokratische Partei Deutschlands" (SPD) um. 28.1. Der „Runde Tisch" vereinbart Vorverlegung der Volkskammerwahl auf den 18.3.1990. 30.1. Nach Gespräch mit Gorbatschow in Moskau konzipiert Modrow sein Programm „Deutschland	13.2. Eine Regierungsdelegation der DDR unter Leitung von Ministerpräsident Hans Modrow führt in Bonn Gespräche über die Einsetzung einer Kommission, die die Voraussetzungen einer Währungsunion prüfen soll. 20.2. Expertenkommission beider deutscher Staaten berät über Währungsunion und Wirtschaftsgemeinschaft.	15.1. In Ost-Berlin stürmen rund 2000 Demonstranten die Zentrale des Staatssicherheitsdienstes der DDR. 100 000 demonstrieren vor dem Gebäude. 31.1. Im Januar sind 58 043 DDR-Bürger in die Bundesrepublik übergesiedelt. 12.2. Die Arbeitsgruppe Sicherheit des „Runden Tisches" der DDR stellt in ihrem Abschlußbericht fest,

	Politik	Wirtschaft	Gesellschaft
1990	einig Vaterland", das er am 1. Februar der Volkskammer vorlegt. 5.2. Die Volkskammer in Berlin (Ost) verabschiedet einen Beschluß zur Gewährleistung der Meinungs-, Informations- und Medienfreiheit. 5.2. Bildung der konservativen „Allianz für Deutschland", ein Wahlbündnis der „Christlich Demokratischen Union" (CDU), des „Demokratischen Aufbruchs" (DA) und der „Deutschen Sozialen Union" (DSU). 7.2. In Bonn wird ein Kabinettsausschuß „Deutsche Einheit" unter dem Vorsitz von Bundeskanzler Helmut Kohl gebildet. 7.2. In Vorbereitung auf die Volkskammerwahl wird das „Bündnis 90" durch Zusammenschluß der Bürgerbewegungen „Initiative für Frieden und Menschenrechte",	1.3. **Gründung der Treuhandanstalt** (zur Verwaltung des Volkseigentums) durch die Regierung Modrow. (4,1 Mio. Beschäftigte = 50 % der Arbeitsplätze in der DDR). DDR-Ministerrat beschließt Umwandlung der Kombinate in Kapitalgesellschaften. 2.3. In Briefen an Gorbatschow sowie an Kohl bringt Modrow den Willen seiner Regierung zum Ausdruck, die Eigentumsverhältnisse in der DDR bei der Vereinigung zu bewahren. 5.3. Der „Runde Tisch" einigt sich in Berlin (Ost) auf eine Sozialcharta, die am 7.3. von der Volkskammer angenommen wird. Auf ihr soll die Währungs- und Wirtschaftsunion basieren. 23.4. Vereinbarung über die Umstellung von Löhnen und Gehältern im Verhältnis 1:1.	daß der Staatssicherheitsdienst der DDR weitgehend aufgelöst und nicht mehr arbeitsfähig sei. 21.2. Erste Erleichterung im Transitverkehr zwischen Berlin und der BRD. Pässe werden nicht mehr gestempelt und auch die Fahrzeugpapiere nicht mehr kontrolliert. 5.3. Die bundesdeutschen Großverlage Springer, Burda, Gruner+Jahr und Bauer beginnen mit der Auslieferung ihrer Produktionen im Osten Deutschlands. Insgesamt 73 Titel, darunter „Der Spiegel", „Die Welt", „Die Zeit", die „Frankfurter Allgemeine Zeitung" und die „Süddeutsche Zeitung", halten Einzug in der DDR. Besucherströme nach Öffnung der Mauer allein im März 1990 11,5 Mio. Fahrzeuge (März 1989: 0,4 Mio.). 9.3. Konstitution einer gemeinsamen Kulturkommission in Berlin.

	Politik	Wirtschaft	Gesellschaft
1990	„Demokratie jetzt" und „Neues Forum" gegründet. 10.2. Kohl und Genscher sprechen mit Gorbatschow über die Herstellung der deutschen Einheit. Gorbatschow besteht nicht mehr auf Neutralität des geeinten Deutschland. Den Weg zur Einheit Deutschlands sollen beide deutsche Staaten untereinander und mit den vier Siegermächten des Zweiten Weltkrieges in einer Folge von Konferenzen beraten (Zwei-plus-Vier). 20.2. Verabschiedung des neuen DDR-Wahlgesetzes: 400 Abgeordnete sollen für vier Jahre in freier, allgemeiner, gleicher, direkter und geheimer Wahl gewählt werden. 21.2. Volkskammer bekennt sich zur Einheit Deutschlands. 1.3. Die konservative „Allianz für Deutschland" verkündet, daß sie die Einheit Deutschlands durch den	24.4. Bundeskanzler Kohl und Ministerpräsident de Maizière vereinbaren Einführung einer Wirtschafts-, Währungs- und Sozialunion in Deutschland 9.5. Freier Deutscher Gewerkschaftsbund (FDGB) beschließt Auflösung. (9,6 Mio. Mitglieder. Zum Vergleich: DGB 7,9 Mio. Mitglieder.) Aus einer Untersuchung des ifo-Instituts geht hervor, daß 15 % der Arbeitsplätze in der DDR überbesetzt sind. Besonders hoch ist der Anteil in der Metallindustrie. 16.5. Ein **Fonds „Deutsche Einheit"** mit einem Volumen von 115 Milliarden DM von Bund und Ländern zur Unterstützung der DDR wird geschaffen. 21.–30.6. In Leipzig findet die erste und letzte Automobilausstellung der DDR, »Auto-Vision«, statt.	Auf der Grundlage von Expertengruppen soll die Zusammenarbeit auf unterschiedlichen Gebieten beraten und organisiert werden. Dazu gehören rechtliche Grundsatzfragen, kulturelle Infrastrukturen wie auch die gemeinsame Pflege des kulturellen Erbes. 23.3. In Ost-Berlin wird bekannt, daß in den vergangenen Wochen mehr als 100 Richter aus politischen Gründen abgelöst wurden. Juni 1990. In den großen westdeutschen Zeitungen erscheinen Rezensionen zu Christa Wolfs „Was bleibt". Die damit verbundene Verurteilung der Schriftstellerin als „Staats- (und Stasi-)dichterin" ist Anlaß zu einem deutsch-deutschen Literaturstreit. 6.6. Die mutmaßliche RAF-Terroristin Susanne Albrecht wird in Ost-Berlin verhaftet, wo sie seit

	Politik	Wirtschaft	Gesellschaft
1990	Beitritt zur Bundesrepublik nach Artikel 23 des Grundgesetzes angestrebt. 12.3. Der „Runde Tisch" lehnt die Übernahme des Grundgesetzes der Bundesrepublik für die DDR ab. 18.3. In der DDR finden **Volkskammerwahlen** statt. Die „Allianz für Deutschland" gewinnt mit 40 % der Stimmen. Die SPD erhält 21,9 %, FDP 5,3 %, B90/Grüne 4,9 % und die PDS 16,4 %. 12.4. Die DDR-Volkskammer wählt eine Koalitionsregierung aus Mitgliedern der „Allianz für Deutschland" (CDU, DA, DSU), der SPD und den Liberalen. Ministerpräsident wird Lothar de Maizière (CDU). 27.4. Erste offizielle Verhandlungsrunde zum deutsch-deutschen Staatsvertrag in Ostberlin. DDR-Justizminister Kurt Wünsche kün-	1.7. In der DDR tritt die **Wirtschafts-, Währungs- und Sozialunion** in Kraft. Die DM wird offizielles Zahlungsmittel. Zugleich: Ende der Planwirtschaft und Wegfall der Kontrollen an innerdeutschen Grenzen. 13.7. Steigende Preise in der DDR führen zu Protestdemonstrationen. Wirtschaftsstruktur der DDR gegenüber BRD 25 Jahre im Rückstand, Strukturwandel erfaßt 1,4 Mio. Arbeitsplätze. Westdeutsche Handelsketten in der DDR bieten Waren zu weit überhöhten Preisen an. 69% der Ostdeutschen sind unzufrieden mit der finanziellen Absicherung bei Arbeitslosigkeit. Es besteht Einigkeit, daß der Aufbau von neuen Verwaltungen durch die Menschen im Osten geleistet werden muß. Dazu sind allerdings weitgehende Maßnahmen zur Qualifizierung und Fortbildung notwendig. Problematisch ist auch die Vergangenheit eines großen Teils der Mitarbeiter.	1980 lebte. In den kommenden Wochen werden acht weitere mutmaßliche, mit Hilfe der MfS in der DDR untergetauchte Mitglieder der RAF festgenommen. 13.6. In Berlin wird mit dem endgültigen Abriß der 47 km langen Mauer begonnen. Nur an 4 Stellen sollen Reste als Mahnmal erhalten bleiben. 22.6. Der Grenzübergang Checkpoint Charlie – Symbol der Teilung Deutschlands und des kalten Krieges – wird mit zeremoniellem Akt abgebaut. 51 % der ostdeutschen Bürger hoffen, daß der Rückstand zur BRD in 5 Jahren aufgeholt sein wird, 46 % rechnen mit 5-10 Jahren und 23 % mit mehr als 10 Jahren.

	Politik	Wirtschaft	Gesellschaft		

			Gesellschaft	
			West	Ost
		Eheschließ.	414475 +4,0%	101913 -22,2%
		Ehescheid.	122869 -3,0%	31917 -36,2%
		Lebendgeb.	727199 +6,7%	178476 -10,3%

| 1990 | digt Rehabilitierung aller wegen politischer Delikte verurteilten DDR-Bürger an.

2.5. Staatsbesuch Weizsäckers in Polen. Die Unantastbarkeit der Oder-Neiße-Linie als deutsch-polnische Grenze wird ausdrücklich bestätigt.

5.5. Beginn der **„Zwei-plus-vier-Gespräche"** der Außenminister der vier Siegermächte und beider deutscher Staaten über die äußeren Aspekte der deutschen Einheit in Bonn.

6.5. Kommunalwahlen in der DDR. Die CDU kann sich als stärkste Partei trotz Stimmverlusten durchsetzen.

31.5. Die DDR-Volkskammer beschließt die Entfernung des Staatswappens (Hammer und Zirkel) von allen öffentlichen Gebäuden innerhalb einer Woche. | Aus- und Übersiedler besetzen viele Stellen im Bau und in Krankenhäusern, die von den westdeutschen Arbeitslosen (2 Mio.) nicht akzeptiert werden.

Bundespost und Post der DDR investieren Milliarden in den schnellen Ausbau des Telefonnetzes (Gesamtaufwand wird auf 30 Mrd. geschätzt).

26.9. Bei Zwickau wird der Grundstein für die sechste Produktionsstätte des Modells „Golf" der Volkswagen-AG Wolfsburg gelegt. Bis 1994 sollen 3 Milliarden DM investiert werden.

Deutsche Währungsunion führt zu 140000 Betrugsfällen.

Landwirtschaft der DDR steht vor dem Zusammenbruch, da eigene Bevölkerung Westware bevorzugt; Regierung kauft Lebensmittel auf.

Deutschland 1990 „Exportweltmeister"; größter Überschuß der Leistungsbilanz weltweit vor Japan. | | | |

	Politik	Wirtschaft	Gesellschaft
1990	1.6. Bundeswehr und NVA nehmen offizielle Beziehungen auf.	Modernisierungsbedarf der DDR-Verkehrsinfrastrukturen auf 260 Mrd. veranschlagt.	
	9.6. Auf einem Sonderparteitag der DDR-SPD wird Wolfgang Thierse zum Parteivorsitzenden gewählt. Sein Vorgänger Böhme war wegen Stasi-Verstrickungen zurückgetreten.	Kosten für Sanierung der Energieversorgung und Umwelt mindestens 130 Mrd. DM.	
		Bau von Wohnungen leidet unter Anstieg von Zinsen und Baupreisen.	
	21.6. Volkskammer und Bundestag verabschieden den Staatsvertrag sowie die Erklärung zur **Endgültigkeit der polnischen Westgrenze.** Der Bundesrat stimmt am 22.6. ebenfalls zu.	Sanierungsbedarf für Altbausubstanz zwischen 200–300 Mrd. DM.	
		Erhöhung der Durchschnittswohnfläche auf Westniveau verlangt Investitionen von ca. 230 Mrd. DM.	
	15.–16.7. In Gesprächen mit Kohl in der UdSSR billigt Gorbatschow dem vereinigten Deutschland volle Souveränität und die NATO-Mitgliedschaft zu.	Der durchschnittliche monatliche Bruttoverdienst je Beschäftigten liegt in der zweiten Jahreshälfte 1990 in Ostdeutschland bei DM 1350. Das sind 36 % des Westverdienstes.	
		West Ost Arbeitslosenquote: 7,2 % 2,6 % (im Jahresdurchschnitt)	
	22.7. Volkskammer beschließt **Wiederherstellung der 1952 aufgelösten Länder.**	West Ost Gesamt Arbeitslose (in Mio.) 1,9 0,2 2,1	
		Staatsverschuldung (insges.): 1092,7 Mrd. (∆Zunahme von 176,3 Mrd.) Nettokreditaufnahme d. Bundes: 46,7 Mrd.	

	Politik	Wirtschaft	Gesellschaft
1990	23.8. Volkskammer beschließt den Beitritt der DDR zur Bundesrepublik nach Artikel 23 GG zum 3.10. 31.8. Bundesinnenminister Schäuble und Günther Krause, Staatssekretär beim DDR-Ministerpräsidenten, unterschreiben in Berlin (Ost) den Einigungsvertrag. 12.9. Zwei-plus-Vier-Gespräche in Moskau beendet: Vertrag über die äußeren Aspekte der deutschen Vereinigung, Erklärung der Alliierten, Deutschland ab 3. Oktober 1990 volle Souveränität zuzubilligen. 2.10. Die Volkskammer der DDR beschließt ihre Auflösung. 3.10. **Mit dem Beitritt zur Bundesrepublik Deutschland endet die 41jährige Geschichte der DDR. Deutschland erhält seine volle Souveränität.** Der Besatzungsstatus Berlins wird beendet.		

	Politik	Wirtschaft	Gesellschaft
1990	9.10. Regierungsabkommen zwischen BRD und Sowjetunion. Die BRD stellt 13 Milliarden DM für den Aufenthalt der sowjetischen Truppen in der ehemaligen DDR und deren Abzug bereit. 14.10. Landtagswahlen in der ehemaligen DDR. Sieg der SPD in Brandenburg, der CDU in den anderen 4 Ländern. 2.12. Die ersten gesamtdeutschen Bundestagswahlen gewinnt die Regierungskoalition unter Bundeskanzler Helmut Kohl. Bei einer Wahlbeteiligung von 77,8% erhält die CDU 43,8%, die SPD 33,5%, FDP 11,0%, B90/Grüne 3,8% und die PDS 2,4%. Insgesamt sind jetzt 622 Abgeordnete im Bundestag (1987: 497).		

	Politik	Wirtschaft	Gesellschaft
1991	1.1. In den neuen Bundesländern gelten jetzt das bundesdeutsche Steuerrecht und große Teile der Sozialgesetzgebung. 17.1. Der gesamtdeutsche Bundestag wählt Helmut Kohl (CDU) zum Bundeskanzler. Damit beginnt er seine vierte Amtsperiode. 23.4. Das Bundesverfassungsgericht entscheidet, daß die Enteignungen in der ehemaligen sowjetischen Besatzungszone nicht rückgängig zu machen sind. 25.4. CDU, CSU, FDP und SPD einigen sich auf Regeln für den Umgang mit den Stasi-Akten der DDR. Stasi-Opfer sollen ihre Akten einsehen können (Stasi-Unterlagengesetz). 7.6. Bundestag verabschiedet 1. gesamtdeutschen Bundeshaushalt (Ausgaben 400 Mrd. DM).	20.2. In den neuen Bundesländern demonstrieren 100000 Menschen für den Erhalt ihrer Arbeitsplätze. 8.3. Kabinett beschließt **„Gemeinschaftswerk Aufschwung Ost"** und Steuererhöhung. 18.3. 10000 demonstrieren am 1. Jahrestag der 1. freien Volkskammerwahl der DDR gegen die wirtschaftliche Misere. 1.4. Übernahme der westdeutschen Lohn- und Gehaltsstrukturen. Die Anpassung des Lohnniveaus erfolgte schrittweise im Rahmen der Wirtschafts- und Sozialentwicklung. 1.4. Der Chef der Berliner Treuhandanstalt und ehemalige Vorstandsvorsitzende von Hoesch, Detlev Karsten Rohwedder, wird in seiner Villa erschossen. Am 13.4. wird Birgit Breuel (CDU) zu seiner Nachfolgerin gewählt.	24.2. Die evangelischen Kirchenverbände West- und Ostdeutschlands, die seit 1969 getrennt waren, vereinigen sich in Berlin. 26.8. Nach 40 Jahren getrennten Erscheinens wird erstmals wieder ein gesamtdeutscher Duden herausgegeben. 2.9. Vor der 23. Großen Strafkammer des Landgerichts in Berlin beginnt der sogenannte **Mauerschützenprozeß** gegen vier ehemalige DDR-Grenzsoldaten. 17.9. Welle der **Gewalt gegen Ausländer.** In Hoyerswerda (Sachsen) greifen Rechtsradikale Ausländerwohnheime an und verletzen 17 Asylbewerber. Es kommt zu einem extremen Anstieg an ausländerfeindlichen Straftaten.

	Politik	Wirtschaft	Gesellschaft		
				West	Ost
			Eheschließ.	403762 -2,6%	50529 -50,4%
			Ehescheid.	127341 +3,6%	8976 -71,9%
			Lebendgeb.	722250 -0,7%	107769 -39,6%
1991	20.6. Der Deutsche Bundestag entscheidet sich mit 338 gegen 320 Stimmen für **Berlin als künftigen Parlaments- und Regierungssitz.** 4.11. Der Bundestag beschließt gegen die Stimmen von PDS und Bündnis 90/Grüne das **Stasi-Unterlagengesetz.** 12.12. In Moskau flieht der ehemalige DDR-Staatschef Erich Honekker in die chilenische Botschaft, um einer Auslieferung durch Rußland zu entgehen.	24.4. Bundesverfassungsgericht erklärt Suspendierung der Arbeitsverhältnisse von Hunderttausenden ehemaligen Mitarbeitern des öffentlichen Dienstes der DDR für rechtens. 17.6. Treuhandanstalt mit Privatisierung des ehemaligen volkseigenen Vermögens durch Regierung de Maizière beauftragt = Herzstück der Transformation von der Plan- zur Marktwirtschaft. 21.6. Bundestag beschließt, das bundesdeutsche Rentenrecht ab Januar 1992 auf die neuen Bundesländer zu übertragen. 30.6. 10344 Unternehmen sind im Besitz der Treuhandanstalt. 1.7. Steuererhöhungen (Einkommensteuer +7,5%). 1.10. In den neuen Bundesländern treten Mieterhöhungen von rund 250% in Kraft.			

	Politik	Wirtschaft	Gesellschaft
1991		4.12. EG-Finanzminister einigen sich darauf, daß eine gemeinsame Währung eingeführt werden soll.	
		Für 1991–2000 werden die öffentlichen Infrastrukturausgaben insgesamt (Bau, Verkehr) auf 440 Mrd. geschätzt.	
		1991 wurden 555 000 Telefonanschlüsse in den neuen Bundesländern installiert. Ostdeutscher Wohnungsmarkt: schlechte Bausubstanz und Altlasten verzögern Privatisierung. Bauland: Im Schnitt ist der m² im Westen fast 7mal teurer (14 DM : 94 DM).	
		Deutsche Exportüberschüsse (West) schrumpften von (1989) 128 Mrd. DM auf 60 Mrd. DM (1990).	
		Während im Westen 49 % der Arbeitnehmerfamilien ein eigenes Haus oder eine eigene Wohnung haben, sind es im Osten nur 21 %. Die durchschnittliche Wohnfläche liegt im Osten bei 70 m², im Westen bei 89 m².	

	Politik	Wirtschaft	Gesellschaft

1991		Lohnniveau im Osten: 60% des Westniveaus
		Transferleistungen nach Ostdeutschland: 128 Mrd.
		
		Arbeitslosenquote: West Ost
		(im Jahresdurchschnitt) 6,3% 10,3%
		                        West Ost Gesamt
		Arbeitslose (in Mio.) 1,7 0,9 2,6
		
		Staatsverschuldung: 1237,1 Mrd.
		(≙ Zunahme von 144,4 Mrd.)
		Nettokreditaufnahme d. Bundes: 52,0 Mrd.
		                                West Ost
		Anstieg der Verbraucherpreise[2]: 3,5 17,5
		
		[2] In Prozent des Vorjahres	

1992	1.1. Neuregelungen in den Bereichen Steuer-, Renten- und Sozialgesetzgebung treten in Kraft. Das Rentenrecht gilt nun auch für die neuen Bundesländer. Stasi-Unterlagengesetz tritt in Kraft. 7.2. **Unterzeichnung des Maastrichter Vertrages** über den Aus-	28.2. In **Rostock** protestieren 6000 Werftarbeiter gegen den Abbau von Arbeitsplätzen und die Zerstörung der Schiffbauindustrie in der Region. 6.3. Der ostdeutsche Kommunalpolitiker Detlef Dalök bringt sich aus Verzweiflung über die Eigentums-	1.1. Erstmals nehmen Repräsentanten der Bürgerbewegung der ehemaligen DDR Einsicht in die über sie vorhandenen Stasi-Akten. 20.1. Urteile im ersten „Mauerschützenprozeß": Eine Freiheitsstrafe von drei Jahren und sechs Monaten sowie zwei Strafen von

	Politik	Wirtschaft	Gesellschaft
1992	bau der Gemeinschaft zu einer Europäischen Union mit einheitlicher Währung sowie gemeinsamer Außen- und Sicherheitspolitik. 10.2. Prozeß gegen Mielke (ehemaliger Minister für Staatssicherheit) beginnt. Er ist angeklagt, in den 20er Jahren zwei Polizisten erschossen und einen dritten lebensgefährlich verletzt zu haben. 14.4. Anklage gegen Honecker und weitere fünf Politiker der DDR. Ihnen wird der Tod von Flüchtlingen an der innerdeutschen Grenze vorgeworfen. 17.6. Der Bundestag beschließt ein Gesetz zur Rehabilitierung und Entschädigung von Opfern der politischen Strafjustiz in der DDR. 29.7. Honecker kehrt aus Moskau zurück. Er wird verhaftet und in U-Haft gebracht.	ansprüche eines Westbürgers an seinem Haus um. 1.4. Seit 1.7.1990 wurden in der ehemaligen DDR 773 000 Arbeitsplätze privatisiert. 27.4. Nach gescheiterten Tarifverhandlungen beginnt der erste flächendeckende Arbeitskampf der ÖTV seit 1974. Dieser längste ÖTV-Streik in der Geschichte endet am 7. Mai mit einem Kompromiß. 3.5. EG- und EFTA-Länder unterzeichnen Vertrag zur Gründung des gemeinsamen Europäischen Wirtschaftsraumes (EWR). 17.6. EG-Industrieminister beschließen Abbau der ostdeutschen Werftenkapazität um 40 % bis 1995. 1.7. Treuhandanstalt bilanziert für das ehemalige produktive Vermögen der DDR (d.h. ihre Konzernbilanz) einen Verlust von 250 Mrd. DM.	zwei Jahren auf Bewährung wegen bedingt vorsätzlichen Totschlags. 19.5. Der französische Konzern Compagnie Générale des Eaux (CGE) übernimmt die traditionsreiche Deutsche Film AG (DEFA), die frühere Universum-Filmgesellschaft (Ufa), in Potsdam-Babelsberg. Seit 80 Jahren wurde hier deutsche Filmgeschichte geschrieben. 26.6. Der Bundestag verabschiedet zur Neuregelung des Abtreibungsrechts eine Fristenlösung. Sie erlaubt einen Abbruch der Schwangerschaft bis zur 12. Woche nach vorhergehender Beratung. 11.7. Intellektuelle, Künstler und Politiker der ehemaligen DDR rufen zur Gründung von „Komitees für Gerechtigkeit" auf. Die überparteiliche Bewegung will sich speziell für die Interessen der Ostdeutschen einsetzen.

	Politik	Wirtschaft	Gesellschaft

1992	25.8. In Berlin werden die „Hauptstadtverträge", die die Zuständigkeiten beim Ausbau Berlins zum Parlaments- und Regierungssitz regeln, unterzeichnet.
	
	3.11. Der Bundesgerichtshof erklärt in einem Grundsatzurteil die Verurteilung ehemaliger DDR-Grenzsoldaten wegen der Todesschüsse auf Flüchtlinge für rechtmäßig.
	
	12.11. In **Berlin** beginnt vor der Großen Strafkammer der **Prozeß gegen den früheren DDR-Staatsratsvorsitzenden Erich Honecker** und fünf weitere führende SED-Politiker.
	
	2.12. In einer Sondersitzung billigt der Deutsche Bundestag bei 17 Gegenstimmen den Vertrag von Maastricht zur Gründung einer Europäischen Union.
		Wiedervereinigung bringt Korrekturen des agrarpolitischen Leitbildes. Große rentable Betriebe im Osten erzwingen Abkehr vom bäuerlichen Familienbetrieb.
		
		Lohnniveau im Osten: 73% des Westniveaus
		
		Transferleistungen nach Ostdeutschland: 156 Mrd.
		
		Arbeitslosenquote: West Ost
		(im Jahresdurchschnitt) 6,6% 14,8%
		
		Arbeitslose (in Mio.) West Ost Gesamt
		  1,8 1,2 3,0
		
		  West Ost
		Bruttoinlandsprodukt[3] +6,2 +27,5
		Staatsverschuldung: 1474,1 Mrd.
		(∆ Zunahme von 237,0 Mrd.)
		Nettokreditaufnahme d. Bundes: 38,6 Mrd.
		  West Ost
		Anstieg der Verbraucherpreise: 4,0 11,2
		
		[3] Die Angaben geben jeweils die Veränderung des BIP (in jeweiligen Preisen) zum Vorjahr in Prozent wieder.
			22.8. In Rostock-Lichtenhagen kommt es vor einem Asylbewerberheim zu schweren Ausschreitungen rechtsradikaler Jugendlicher, die fünf Tage andauern. Zurückhaltender Einsatz der Sicherheitskräfte stößt im In- und Ausland auf heftige Kritik.
			
			26.9. Die „Jüdische Baracke" im ehemaligen Konzentrationslager Sachsenhausen wird durch einen Brandanschlag zerstört.
			
			3.10. Bundespräsident v. Weizsäcker ruft am Jahrestag der deutschen Einheit in Schwerin zu mehr Opferbereitschaft für Ostdeutschland auf.
			
			8.11. In Berlin **demonstrieren 350 000 Menschen gegen Fremdenhaß und Ausländerfeindlichkeit.** Einige hundert Teilnehmer versuchen die Protestkundgebung durch Krawalle zu stören.

	Politik	Wirtschaft	Gesellschaft
1992			23.11. In Mölln werden durch einen Brandanschlag von Rechtsextremisten zwei türkische Frauen und ein zehnjähriges türkisches Mädchen umgebracht. Zehntausende gehen auf die Straße, um gegen Ausländerhaß zu demonstrieren und Maßnahmen gegen rechte Gewalttaten zu fordern.
					West	Ost																																	
				Eheschließ.	405 196 +0,4 %	48 232 -4,5 %
				Ehescheid.	124 698 -2,1 %	10 312 +14,9 %
				Lebendgeb.	720 794 -0,2 %	88 320 -18,0 %
1993	12.1. Verfassungsgerichtshof gibt Beschwerden Honeckers wegen seines schlechten Gesundheitszustands statt. Haftbefehl wird am nächsten Tag aufgehoben.	1.1. Europäischer Binnenmarkt tritt in Kraft. Die Mehrwertsteuer steigt in Deutschland auf 15 %. 17.2. Bundeskabinett beschließt Sanierung von Bundes- und Reichsbahn durch Privatisierung.	16.5. Zwei Züge mit 425 Tonnen Giftmüll aus DDR-Produktion, der 1992 illegal nach Rumänien geschafft worden ist, treffen wieder in Deutschland ein. 27.5. In Solingen sterben bei dem

	Politik	Wirtschaft	Gesellschaft
1993	13.1. Erich Honecker ist nach 169 Tagen Untersuchungshaft aus der Justizvollzugsanstalt entlassen worden. In Santiago de Chile wird er von seiner Familie erwartet. 26.5. Der Deutsche Bundestag stimmt mit der erforderlichen Zweidrittelmehrheit für die **Änderung des Asylrechts**. 28.5. Hans Modrow und andere sind vom Landgericht Dresden wegen nur „geringer Schuld" an der Fälschung der Kommunalwahlen im Mai 1989 verwarnt worden; eine Bewährungsauflage von 20 000 DM wurde ausgesprochen. 11.8. Kabinett beschließt Verschuldung zu begrenzen; verbunden mit Kürzungen bei Sozialleistungen und Subventionen um 20 Mrd. DM. 12.10. Das Bundesverfassungsgericht billigt den Vertrag von Maastricht.	5.5. Bundesbahn und Reichsbahn weisen zusammen einen Schuldenstand von 56 Mrd. DM aus. 25.5. In ostdeutscher Metallindustrie endet dreiwöchiger Streik um höhere Löhne, vereinbart wird Angleichung der Löhne und Gehälter an Westniveau bis 1996. 1.7. Ein Hungerstreik der Bergleute im thüringischen Bischofferode beginnt. Die Bergleute wollen so gegen die geplante Schließung der Kaligrube protestieren. 22.10. Bundestag beschließt Pflegeversicherung. Sparpakete bringen Leistungskürzungen für Arbeitslose und Sozialhilfeempfänger. 28.10. 120 000 Bauarbeiter protestieren in Bonn gegen die für 1996 geplante Abschaffung des Schlechtwettergeldes. 23.11. Alteigentümer erhalten nur	bisher folgenschwersten Brandanschlag fünf Türkinnen, darunter drei Kinder. In den folgenden Tagen kommt es in vielen Städten Deutschlands zu Demonstrationen gegen Neonazismus und Ausländerhaß. 28.5. Das Bundesverfassungsgericht erklärt die vom Bundestag beschlossene Neuregelung des Schwangerschaftsabbruchs für verfassungswidrig. Abreibungen sollen künftig nicht strafbar sein, aber gesetzwidrig bleiben. 3.10. 3. Jahrestag der deutschen Einheit: Allgemein kritische Bilanz wegen der weiterbestehenden Gegensätze zwischen West und Ost. 10.10. Der frühere DDR-Bürgerrechtler Friedrich Schorlemmer wird mit dem Friedenspreis des Deutschen Buchhandels ausgestattet.

	Politik	Wirtschaft	Gesellschaft
1993	21.10. Kohl fordert in Regierungserklärung die Sicherung des Wirtschaftsstandorts Deutschland. 26.10. Ex-Stasi-Chef Erich Mielke wird wegen der Beteiligung an einem Doppelmord im Jahr 1931 zu sechs Jahren Haft verurteilt. 28.10. Die **Gemeinsame Verfassungskommission** hat ihre Arbeiten zur Reform des Grundgesetzes abgeschlossen. Damit ist ihr Auftrag aus Art. 5 des Einigungsvertrages erfüllt. 6.12. DDR-Spionagechef Markus Wolf wird in Düsseldorf wegen Landesverrats und Bestechung zu sechs Jahren Haft verurteilt.	18 Mrd. DM Entschädigung für das gesamte Eigentum der DDR. Auszahlung erst im Jahr 2004. 26.11. Bundeshaushalt beträgt 480 Mrd. DM; Neuverschuldung: 69 Mrd. DM. Bruttosozialprodukt in Westdeutschland verzeichnet stärksten Rückgang seit 1975. Gewinner des ostdeutschen Strukturwandels ist die Bauwirtschaft. Ihre Bedeutung ist doppelt so groß wie in der westdeutschen Aufbauphase der 50er Jahre: Anteil am produzierenden Gewerbe 32 % (1993), zum Vergleich 1991: 18 %. Die Investitionsgüteranteile sinken im gleichen Zeitraum von 33 % auf 21 %. In Westdeutschland ist der Anteil doppelt so hoch. Westdeutscher Handel setzte mit 652 Mrd. DM nominal 1992 2 % weniger um als 1992. Mehr als 15 000 Unternehmen gingen 1993 pleite. Lohnniveau im Osten: 80 % des Westniveaus	Subjektive Bilanz der Deutschen: 48 % der Ostdeutschen gaben 1993 an, daß sich ihre persönlichen Lebensbedingungen seit 1990 eher verbessert haben, für 23 % hatten sie sich verschlechtert und 29 % sahen keine großen Unterschiede. 8.12. Die Täter des mörderischen Brandanschlags von Mölln werden zu den Höchststrafen verurteilt.		West	Ost	|------------|----------|----------|	Eheschließ.	393 353	49 252			-2,9 %	+2,1 %		Ehescheid.	138 064	18 361			+10,7 %	+78,1 %		Lebendgeb.	717 915	80 532			-0,4 %	-8,8 %	

	Politik	Wirtschaft	Gesellschaft

1993		Transferleistungen nach Ostdeutschland: 164 Mrd.
		
		Bruttoinlandsprodukt West Ost
		                                     +1,4 +16,3
		Staatsverschuldung: 1684,5 Mrd.
		(≙ Zunahme von 210,4 Mrd.)
		Nettokreditaufnahme d. Bundes: 66,2 Mrd.
		                                             West Ost
		Anstieg der Verbraucherpreise: 4,2 8,8
		
		                            West Ost
		Arbeitslosenquote 8,2 15,8
		(im Jahresdurchschnitt)
		                          West Ost Gesamt
		Arbeitslose (in Mio.) 2,3 1,1 3,4	

1994	14.1. Eine Allparteienrunde mit Kanzler Kohl einigt sich auf Umzug von Regierung und Parlament nach Berlin bis spätestens zum Jahr 2000. Ein entsprechendes Gesetz wird am 10.3. verabschiedet. 22.3. Ampelkoalition im Land Brandenburg zerbricht, nachdem Bündnis-Fraktionschef Nocke Mi-	1.1. Von ursprünglich 2,17 Mio. **privaten Restitutions-Anträgen** für Immobilien im Osten warten noch fast 1,5 Mio. auf eine Entscheidung. Auch die Kommunen warten noch bei 800000 Grundstücken auf rechtskräftige Zuteilung. Besonders langwierig ist die Übertragung von land- und forstwirtschaftlichen Flächen.	20.1. Der erste gesamtdeutsche Armutsbericht wird vom DGB und Paritätischem Wohlfahrtsverband vorgelegt. Danach leben in Deutschland 7,25 Millionen Arme, 2,6 Millionen davon im Osten. 1.4. Ein neues Namensrecht, nach dem Eheleute nicht mehr zu einem

	Politik	Wirtschaft	Gesellschaft
1994	nisterpräsidenten Stolpe wegen früherer Stasi-Kontakte der Lüge bezichtigt hatte. 12.6. Bei der Wahl zum Europäischen Parlament wird die CDU klarer Sieger. 26.6. In Sachsen-Anhalt wird bei der Landtagswahl die bisherige CDU/FDP-Regierung durch eine Minderheitsregierung von SPD und B90/Grünen abgelöst. Ergebnis: CDU 34,4%, SPD 34,0%, PDS 19,9%, Bündnis 90/Grüne 5,1%. 1.7. Roman Herzog legt den Amtseid als Staatsoberhaupt ab. Er war am 23.5.1994 von der Bundesversammlung zum Nachfolger Richard von Weizsäcker gewählt worden. 26.7. Bundesgerichtshof spricht Mitglieder des Nationalen Verteidigungsrates der DDR wegen der Schüsse an der innerdeutschen Grenze des Totschlags schuldig.	1.1. Bundesbahn und Reichsbahn gehen in der privat betriebenen Deutschen Bahn AG auf. 1.1. Der Vertrag über die Gründung eines Europäischen Wirtschaftsraum (EWR), des gemeinsamen Marktes der EU- und der EFTA-Länder, tritt in Kraft. In Kraft tritt ebenfalls das NAFTA-Wirtschaftsabkommen zwischen den USA, Mexiko und Kanada. 4-Tage-Woche bei VW, Lohneinbußen für die Beschäftigten. Im Bereich Forschung und Entwicklung hat von 1989 bis 1994 in Ostdeutschland ein weitgehender Personalabbau stattgefunden. Die Zahl der Beschäftigten ist um 80% gesunken. In Ostdeutschland hat ein „Deindustrialisierungsprozeß" stattgefunden. 1989 waren 3,2–3,4 Mio. in der Industrie tätig. Im Feb. 1994 sind es nur noch 638 000 Menschen (einschließlich Kleinbetriebe: 1.2 Mio.). Insgesamt gingen über 70% der Arbeitsplätze verloren.	gemeinsamen Familiennamen verpflichtet sind, tritt in Kraft. 12.5. In Magdeburg machen 60 Jugendliche Jagd auf eine Gruppe von Ausländern. Die Polizei gerät wegen ihres unentschlossenen Verhaltens in die Kritik. Die Täter werden am 30.8.1994 zu Haftstrafen verurteilt. 14.7. Die Nationale Armutskonferenz klagt in einem Bericht über eine verfehlte Sozialpolitik und warnt vor einer durch Armut hervorgerufenen sozialen und politischen Zerreißprobe in Deutschland. 23.7. Eine Gruppe von 22 Skinheads überfällt und schändet die KZ-Gedenkstätte Buchenwald. Die Täter werden im Oktober und November zu Haft- bzw. Bewährungsstrafen verurteilt. 3.10. **Die Feiern zum vierten Jahrestag der deutschen Einheit** in

	Politik	Wirtschaft	Gesellschaft
1994	1.8. Bundespräsident Herzog bittet die Polen bei einer Gedenkfeier zum 50. Jahrestag des Warschauer Aufstandes um Vergebung für die Taten der Deutschen zwischen 1939 und 1945. 31.8. Die **letzten russischen Soldaten** ziehen aus Berlin ab. Binnen 4 Jahren wurden insgesamt 364 000 Soldaten nach Hause geschickt. 8.9. Streitkräfte der drei Westalliierten offiziell aus Berlin verabschiedet. 11.9. Bei Landtagswahlen in Sachsen und Brandenburg erringen die Ministerpräsidenten Biedenkopf (CDU) und Stolpe (SPD) absolute Mehrheiten. In beiden Landtagen sind künftig nur noch CDU, SPD und PDS vertreten. 16.10. Bundestagswahl: CDU-FDP-Regierung trotz Stimmenverlusten bestätigt. Ihr Vorsprung	1.2. Einigung in der Postreform: Telekom, Postdienst und Postbank werden bis 1995 in Aktiengesellschaften verwandelt. 1.3. Bundesbank befürchtet, daß die Schulden der öffentlichen Haushalte in Deutschland Ende 1994 die Schwelle von 2 Billionen DM erreichen (= 60 % der Wirtschaftsleistung und übersteigt die Grenze des Maastrichter Vertrages). 21.6. Der Schalck-Untersuchungsausschuß des Bundestages legt nach gut dreijähriger Ermittlungsarbeit seinen Abschlußbericht vor. Ergebnis: Das eng mit der SED und Stasi verflochtene KoKo-Unternehmen Schalck-Golodkowskis verschaffte der DDR teilweise illegal Deviseneinnahmen von über 29 Milliarden DM. 5.9. SPD kritisiert im Abschlußbericht des Treuhanduntersuchungs-	Bremen werden von zum Teil gewalttätigen Demonstrationen überschattet. |	West	Ost
---	---	---
Eheschließ.	385 222 -1,8 %	52 283 +6,4 %
Lebendgeb.	687 959 -3,8 %	77 893 -2,5 %	

	Politik	Wirtschaft	Gesellschaft
1994	schmilzt auf 10 Mandate. Die PDS zieht über vier Direktmandate in den Bundestag ein. CDU/CSU erhalten 41,5 % der Stimmen, die SPD 36,4 %, FDP 6,9 %, B90/Grüne 7,3 %, die PDS 4,4 %. 10.11. Stefan Heym, Schriftsteller und parteiloser Abgeordneter der PDS, eröffnet als Alterspräsident die konstituierende Sitzung des Bundestages. Seine Rede wird vom Regierungslager mit Zurückhaltung aufgenommen. Parlamentspräsidentin wird wieder Rita Süssmuth (CDU). 15.11. Bundeskanzler Kohl wird im Bundestag (338 von 671 Stimmen) wiedergewählt. Er stellt am 17.11. sein neues (fünftes) Kabinett vor.	ausschusses, daß die Treuhandanstalt einen riesigen Schuldenberg hinterlassen habe. Die Regierungskoalition hingegen sieht den Auftrag der Treuhand als erfüllt an. Kapitalstock pro Kopf wächst im Osten überaus schnell an: 1991 28 % des Westniveaus, 1993 41 %. Dabei hatten sich die realen Nettoinvestitionen auf 150 Mrd. DM summiert. Lohnniveau im Osten: 84 % des Westniveaus West Ost Arbeitslosenquote: 9,2 16,0 (im Jahresdurchschnitt) West Ost Gesamt Arbeitslose (in Mio.) 2,6 1,1 3,7 West Ost Bruttoinlandsprodukt +4,4 +11,5 Anstieg der Verbraucherpreise 3,0 3,4 Staatsverschuldung: 1927,5 Mrd. ($\triangleq$ Zunahme von 243,0 Mrd.) Nettokreditaufnahme d. Bundes: 50 Mrd.	

Politik	Wirtschaft	Gesellschaft
1994	Transferzahlungen an die neuen Bundesländer summierten sich zwischen 1991 und 1994 auf 775 Mrd. DM = 72 % des in diesem Zeitraum in Ostdeutschland erwirtschafteten Bruttoinlandsprodukts. Auf den Bund entfallen 419 Mrd. DM Transferleistungen. Bilanz der Treuhandarbeit – Die meisten der ehemals rund 8000 volkseigenen Unternehmen, deren Zahl sich zwischenzeitlich durch Teilung stark vermehrte, sind privatisiert oder liquidiert. – Arbeitsplatzbilanz: von 4 Mio. Stellen sind allenfalls 1½ Mio. übriggeblieben – ca. 1 Mio. in privatisierten Firmen und 400 000 in separat verkauften Betriebsteilen. – Geringe Beteiligung Ostdeutscher an den Unternehmenskäufen. Gemessen an der Zahl der privatisierten Arbeitsplätze beträgt ihr Anteil lediglich 6 %. – Verkaufsbilanz: ca. 14 000 privatisierte Unternehmen und Betriebsteile, 20 000 Gaststätten, Hotels und Ladengeschäfte, 41 000 nichtlandwirtschaftliche Grundstücke. Nur noch 140 Firmen sind im Angebot. – Die Treuhandanstalt hinterläßt einen Schuldenberg von 230 Mrd. DM	

	Politik	Wirtschaft	Gesellschaft
1995	1.1. Mit dem Beitritt der Länder Österreich, Schweden und Finnland wächst die Europäische Union auf 15 Mitgliedsstaaten an. 26.1. Mielke will durch Verfassungsbeschwerde seine Haftentlassung erreichen. Als Grund gibt er die Verschlechterung seines Gesundheitszustandes an. 26.1. Um „in absehbarer Zeit zu einem Schlußstrich im Strafrecht zu kommen" hat sich der Präsident des Bundesgerichtshofs für eine Amnestie von DDR-Strafen unterhalb des Bereichs von Mord, Totschlag und schwerer Körperverletzung ausgesprochen. 17.2. Präsident Havel verlangt anläßlich einer Rede in Prag einen Neuanfang im deutsch-tschechischen Verhältnis. Er erteilt auch den sudetendeutschen Forderungen nach Ersatz für die „Nachkriegsaussiedlung" eine deutliche Absage.	1.1. Solidaritätszuschlag wird erhoben. Einbezug der neuen Bundesländer in den Finanzausgleich. Das bringt ihnen ein Plus im Haushalt von 10 Mrd. DM. Bund übernimmt Treuhand-Verbindlichkeiten von 230 Mrd. DM. Damit machen die Schulden bei Bund, Ländern und Gemeinden 2 Billionen DM aus (= Verdopplung innerhalb von 5 Jahren). 14.2. Es tauchen Spekulationen auf über die Verschwendung von 65 Mrd. DM Steuergelder während der Wiedervereinigung. Die Bundesregierung wird im Haushaltsausschuß Rechenschaft über die Verwendung der Fördergelder ablegen. Transferleistungen in die neuen Bundesländer werden 1995 erstmals seit der Wiedervereinigung zurückgehen. Der Fonds „Deutsche Einheit" wird aufgelöst.	9.1. Das erste Gebäude für den Bundestag in Berlin ist fertiggestellt. Der Umbau des ehemaligen DDR-Volksbildungsministeriums von Margot Honecker kostete insgesamt 50 Mio. DM. 16.1. Die zentrale Ermittlungsstelle für Regierungs- und Vereinigungskriminalität fordert eine neue Überprüfung der Staatsdiener auf eventuelle Stasi-Mitarbeiter. 27.1. In den ehemaligen Konzentrationslagern Auschwitz und Auschwitz-Birkenau findet eine Gedenkfeier zum 50. Jahrestag ihrer Befreiung statt.

	Politik	Wirtschaft	Gesellschaft
1995	8.3. Das tschechische Verfassungsgericht hat es abgelehnt, das sogenannte Benesch-Dekret aus dem Jahre 1945 für verfassungswidrig zu erklären. Rund 80 000 tschechische Bürger hatten vergeblich die Hoffnung geknüpft, wieder in den Besitz nach dem Krieg konfiszierten Vermögens zu kommen. 17.3. Der Bundestag gedenkt der ersten freien Volkskammerwahl der damaligen DDR am 18.3. vor 5 Jahren. 21.3. Bundespräsident Herzog ruft anläßlich seines Besuchs im ostsächsischen Bautzen zu einer schonungslosen Aufarbeitung der DDR- und SED-Vergangenheit auf. 26.3. Mit dem Inkrafttreten des **Schengener Abkommens** fielen um null Uhr die Grenzkontrollen zwischen Deutschland, Frankreich, Belgien, Luxemburg, den Niederlanden, Spanien und Portugal weg.	Von den gegenwärig 145 000 Handwerksbetrieben ist jeder 2. jünger als 4 Jahre. Es mangelt an technischer Zusatzqualifikation. Gegenwärtig müßten 700 000 Mitarbeiter qualifiziert werden. 60 % der von den Betrieben beantragten Fördermittel betreffen diesen Bereich. Um die Ausstattung mit Sachvermögen für produktive Zwecke wie in Westdeutschland zu erreichen (Kapitalstock pro Kopf) müssen bis zum Jahre 2000 jährlich real und netto 60 Mrd. DM investiert werden. 1993 wurde dieser Betrag um 9 Mrd. DM verfehlt. Das durchschnittliche Geldvermögen je Haushalt in den neuen Ländern betrug 1993 35 000 DM (1990: 20 000). Die Existenzgründungen im Osten werden stärker mit Problemen der Anschlußfinanzierung konfrontiert, da die öffentlichen Mittel ausgeschöpft sind (Eigenkapitalförderungsprogramm, ERP-Mittel). Ca. 40 % der befragten Unternehmer klagen über zu schmale Eigenkapitalbasis.	

	Politik	Wirtschaft	Gesellschaft
1995	2. 4. Einigung über den Zusammenschluß der Länder Brandenburg und Berlin. Der Zeitpunkt ist noch offen. 30.4. Ende des Vietnamkrieges vor 20 Jahren 8.5. **Ende des 2. Weltkrieges** vor 50 Jahren 3.10. **5 Jahre deutsche Wiedervereinigung** Die Dokumentation wurde am 8. 5. 95 abgeschlossen.	Gesamttransferleistungen sollen im Jahr 1995 200 Mrd. DM (ca. 75 % durch den Bund) betragen. Saatsverschuldung (insgesamt): 2061,5 Mrd. ($\triangleq$ Zunahme von 143,0 Mrd.). Seit 1990 sind aus öffentlichen Kassen 1 Billion DM in den Osten geflossen.	

Anmerkungen und Literaturhinweise

Robert Hettlage/Karl Lenz: Einleitung: Zusammenwachsen – zusammen wachsen. Integrationsprobleme im vereinten Deutschland

Literaturhinweise

Hettlage, R. (Hg.) (1990), Die Bundesrepublik, Eine historische Bilanz, München.

Hradil, S. (1995), Die Modernisierung des Denkens, Zukunftspotentiale und „Altlasten" in Ostdeutschland. In: Aus Politik und Zeitgeschichte B 20: 3–15.

Lepsius, M. R. (1994), Die Institutionenordnung als Rahmenbedingung der Sozialgeschichte der DDR. In: Kaelble, H. et al. (Hg.), Sozialgeschichte der DDR. Stuttgart: 17–30.

Mayer, K. U. (1994), Vereinigung soziologisch: Die soziale Ordnung der DDR und ihre Folgen. In: Berliner Journal für Soziologie 4: 307–321.

Ryffel, H. (1974), Rechtssoziologie, Neuwied und Berlin.

Seibel, W. (1994), Das zentralistische Erbe. Die institutionelle Entwicklung der Treuhandanstalt und die Nachhaltigkeit ihrer Auswirkungen auf die bundesstaatlichen Verfassungsstrukturen. In: Aus Politik und Zeitgeschichte B 43–44/94: 3–13.

Robert Hettlage: Integrationsleistungen des Rechts im Prozeß der deutschen Einheit

Literaturhinweise

Abromeit, H. (1992), Der verkappte Einheitsstaat, Opladen.

Balla, B. (1972), Kaderverwaltung. Versuch zur Idealtypisierung der „Bürokratie" sowjetisch-volksdemokratischen Typs, Stuttgart.

Berking, H. und S. Neckel (1991), Außenseiter als Politiker. Rekrutierung und Identitäten neuer lokaler Eliten in einer ostdeutschen Gemeinde. In: Soziale Welt 42: 283–299.

Bernet, W. (1993), Gemeinden und Gemeinderecht im Regimewandel. Von der DDR zu den neuen Bundesländern. In: Aus Politik und Zeitgeschichte B36/93: 27–38.

Beyer, H.-J. et al. (1992), Ostdeutsche Kommunen im Ringen um den Wirtschaftsaufschwung. Erfahrungsbericht anhand der Stadt Eberswalde-Finow. (Institut der deutschen Wirtschaft), Köln, Berlin.

Blänsdorf, A. (1987), Zur Konfrontation mit der NS-Vergangenheit in der Bundesrepublik, der DDR und Österreich. In: Aus Politik und Zeitgeschichte B16–17/87: 3–18.

Blumenwitz, D. (1991), Wie offen ist die Verfassungsfrage nach der Herstellung der staatlichen Einheit Deutschlands? In: Aus Politik und Zeitgeschichte B49/91: 3–11.

Breuel, B. (1994), Treuhandanstalt: Bilanz und Perspektiven. In: Aus Politik und Zeitgeschichte B43–44/94: 14–20.

Busch, E. (1993), Die gemeinsame Verfassungskommission. Eine neue Institution für die Grundgesetzreform. In: Aus Politik und Zeitgeschichte B52/93: 7–11.

Czada, R. (1994), Das Unmögliche unternehmen. Die Treuhandanstalt zwischen Politik und Wirtschaft. (Teil 1 + 2). In: Gegenwartskunde 43, 1: 15–25, 2: 185–200.

Czada, R. (1994a), Schleichweg in die „Dritte Republik". Politik der Wiedervereinigung und politischer Wandel in Deutschland. In: Politische Vierteljahresschrift 35, 2: 245–270.

Czada, R. (1994b), Üblichkeitsprinzip und situativer Handlungsdruck. Vermögenszuordnung im Transformationsprozeß. In: König, R. et al. (Hg.), Vermögenszuordnung. Aufgabentransformation in den neuen Bundesländern. Baden-Baden: 153–174.

Dudek, P. (1991), „Vergangenheitsbewältigung". Zur Problematik eines umstrittenen Begriffs. In: Aus Politik und Zeitgeschichte B1–2/91: 44–53.

Enquête-Kommission des Deutschen Bundestages (1994), Aufarbeitung von Geschichte und Folgen der SED-Diktatur in Deutschland. 12. Wahlperiode, Drucksache 12/7820, Bonn.

Fricke, K. (1992), Das Instrument des Überwachungsstaates – Der Staatssicherheitsdienst in der DDR. Akademie für politische Bildung, Tutzing. Zur aktuellen Diskussion H. 8, Tutzing.

Fricke, K.-W. (1994), Kein Recht gebrochen? Das MfS und die politische Strafjustiz der DDR. In: Aus Politik und Zeitgeschichte B40/94: 24–33.

Glaeßner, G.-J. (1991), Der schwierige Weg zur Demokratie. Vom Ende der DDR zur deutschen Einheit. Opladen: 137–148.

Greiffenhagen, M. und S. (1981), Ein schwieriges Vaterland. Zur politischen Kultur Deutschlands, Frankfurt.

Guggenberger, B. et al. (1991), Eine Verfassung für Deutschland. Manifest – Text – Plädoyers, München.

Hartwich, H-H. (1990), Der Verfassungstypus „westliche Demokratie" und die DDR. In: Gegenwartskunde 39, 2: 149–164.

von Ihering, Rudolf (1872), Der Kampf ums Recht.

Institut für Theorie des Staates und des Rechts der Akademie der Wissenschaften der DDR (1975) (Hg.), Marxistisch-leninistische Staats- und Rechtstheorie. Lehrbuch, Berlin (Ost).

Kißler, L. (1984), Recht und Gesellschaft. Einführung in die Rechtssoziologie. Opladen.

König, K. (1993), Administrative Transformation in Eastern Germany. In: Public Administration 71, Spring/Summer: 135–149.

Laufer, H. und U. Münch (1992), Die Neugestaltung der bundesstaatlichen Ordnung. In: Jesse E. und A. Mitter (Hg.), Die Gestaltung der deutschen Einheit, Bonn und Berlin: 215–245.

Leisner, W. (1991), Verfassungsreform des öffentlichen Dienstrechts? In: Aus Politik und Zeitgeschichte B49/91: 29–36.

Lembruch, G. (1991), Die andere Vereinigung: Strukturen und Strategien. In: Politische Vierteljahresschrift 32, 585–604.

Lipp, W. (1994), Institutionen, Entinstitutionalisierung, Institutionenneugründung. Über die Bedeutung von Institutionen, zumal im gesellschaftlichen Transformationsprozeß. In: Papalekas, J. Chr. (Hg.), Institutionen und institutioneller Wandel in Südosteuropa. (Südosteuropa Jahrbuch, 25), München: 19–34.

Lübbe, H. (1983), Der Nationalsozialismus im politischen Bewußtsein der Gegenwart. In: Broszat, M. (Hg.), Deutschlands Weg in die Diktatur, Berlin.

von Mangoldt, H. (1990), Rechtliche Probleme, die die deutsche (Wieder)vereinigung aufwirft. In: Wehling, H.-G. (Hg.), Wiedervereinigungsprozeß in Deutschland, Stuttgart u.a.: 9–23

von Mangoldt, H. und F. Klein (1957[2]), Das Bonner Grundgesetz, Kommentar Band I, Berlin.

Mitter, A. (1992), Die Aufarbeitung der DDR-Geschichte. In: Jesse E. und A. Mitter (Hg.), Die Gestaltung der deutschen Einheit. Geschichte – Politik – Gesellschaft, Bonn u. Berlin: 365–381.

NJW (1995), Heft 28: 1811 ff.

Noelle-Neumann, E. (1992), Aufarbeitung der Vergangenheit im Schatten der Stasi. In: Frankfurter Allgemeine Zeitung am 6. 8. 1992.

Pampel, B. (1995), Was bedeutet „Aufarbeitung der Vergangenheit"? In: Aus Politik und Zeitgeschichte B1–2/95: 27–38.

Priewe, J. (1994) Die Folgen der schnellen Privatisierung der Treuhand. Eine vorläufige Schlußbilanz. In: Aus Politik und Zeitgeschichte B43–44/94: 21–30.

Reusch, U. (1991), Starthilfe für die neuen Länder: Aufgaben und Arbeit der Bund-Länder-Clearingstelle für die Verwaltungshilfe. In: Deutschland-Archiv: 230.

Roggemann, H. (1995), Fragen und Wege zur Rechtseinheit in Deutschland, Berlin.

Schäfers, B. (1995[6]), Gesellschaftlicher Wandel in Deutschland, Stuttgart.

Schmidt-Eichstaedt, G. (1993), Kommunale Gebietsreform in den neuen Bundesländern. In: Aus Politik und Zeitgeschichte B36/93: 3–17.

Schneider, H. (1993), Der Aufbau der Kommunalverwaltung und der kommunalen Selbstverwaltung in den neuen Bundesländern. In: Aus Politik und Zeitgeschichte B36/93: 18–26.

Smend, R. (1968[2]), Staatsrechtliche Abhandlungen, Berlin.

Steinbach, P. (1984), Nationalsozialistische Verbrechen in der deutschen Öffentlichkeit nach 1945. In: Weber, Jürgen und Peter Steinbach (Hg.), Vergangenheitsbewältigung durch Strafverfahren? NS-Prozesse in der Bundesrepublik Deutschland, München: 13–39.

Wassermann, R. (1991), Kann man mit DDR-Richtern einen Rechtsstaat machen? In: Aus Politik und Zeitgeschichte B29/91: 51–60.

Wassermann, R. (1992), Die Vereinheitlichung des Rechtswesens. Von der sozialistischen Rechtspflege zur Justiz des freiheitlich-demokratischen Rechtsstaats. In: Jesse, E. und Armin Mitter (Hg.), Die Gestaltung der deutschen Einheit: Geschichte, Politik, Gesellschaft, Bonn und Berlin: 246–278.

Werner J. Patzelt: Deutsche Politik unter Reformdruck

Anmerkungen

1 Ohne durch die Retrospektive verzerrt zu sein, findet sich der damalige Stand der Problemwahrnehmung und Diskussion gut dokumentiert in Mangoldt u.a. 1990. Eine diese Periode abdeckende Material- und Textsammlung gibt Süß 1992.
2 „Kommt die DM nicht zu uns, kommen wir zur DM", war die das Problem trefflich zuspitzende Parole des Frühsommers 1990.
3 Zu den analogen Problemen in den anderen ehedem realsozialistischen Staaten und zu ihrem Bewältigungsstand siehe Gerlich/Plasser/Ulram 1992 und Plasser/Ulram 1993.
4 Zum Aufbau des Verwaltungssystems siehe Seibel 1993, zur Situation des neu begründeten Parlamentarismus Patzelt 1994a.
5 Zur mentalen und sozialen Ausgangslage nach der Wiedervereinigung siehe die Daten in Spiegel Spezial 1991.

Literaturhinweise

Alemann, U. v. (1990), Parteien und Gesellschaft in der Bundesrepublik. In: Oberreuter, H. und A. Mintzel (Hg.): Parteien in der Bundesrepublik Deutschland, München.

Almond, G. und S. Verba (1965), The Civic Culture. Political Attitudes and Democracy in Five Nations, Boston.

Arnim, H. H. v. (1993), Ist die Kritik an den politischen Parteien berechtigt? In: Aus Politik und Zeitgeschichte 11/1993.

Fuchs, D. et al. (1991), Perspektiven der politischen Kultur im vereinigten Deutschland. Eine empirische Studie. In: Aus Politik und Zeitgeschichte 32/1991: 35–46.

Gerlich, P. et al. (Hg.) (1992), Regimewechsel. Demokratisierung und politische Kultur in Ost-Mitteleuropa, Wien/Köln/Graz.

Gluchowski, P. M. und C. Zelle (1992), Demokratisierung in Ostdeutsch-

land. Aspekte der politischen Kultur in der Periode des Systemwechsels. In: Gerlich/Plasser/Ulram 1992: 231–274
Gluchowski, P. und C. Zelle (1993), Vom Optimismus zum Realismus: Ostdeutschland auf dem Weg in das bundesrepublikanische politische System. In: Plasser / Ulram 1993: 133–153.
Hradil, S. (1995), Die Modernisierung des Denkens. Zukunftspotentiale und „Altlasten" in Ostdeutschland. In: Aus Politik und Zeitgeschichte B20: 3–15.
Koch, B. (1993), Post-Totalitarianism in Eastern Germany and German Democracy. In: World Affairs 156: 26–34.
Mangoldt, H. v. et al. (1989), (Wieder-)Vereinigungsprozeß in Deutschland, Stuttgart/Berlin/Köln.
Mohler, P. (1992), Auf dem Weg zur stabilen gesamtdeutschen Demokratie? Soziologische Betrachtungen zum Prozeß der deutschen Einheit. In: Aus Politik und Zeitgeschichte 41/1992: 37–45.
Patzelt, W. J. (1994), Abgeordnete und Bürger: Wechselseitige Erwartungen und Enttäuschungen. In: Sarcinelli, U. (Hg.), Öffentlichkeitsarbeit der Parlamente. Politikvermittlung zwischen Public Relations und Parlamentsdidaktik, Opladen: 85–105.
Patzelt, W. J. (1994a), Legislators of new parliaments: The case of East Germany. In: Longley, L. D. (Hg.), Working Papers on Comparative Legislative Studies, Appleton: 15–33; leicht verändert auch in Agh, A. (Hg.), (1994), The Emergence of East Central European Parliaments: The First Steps, Budapest: 108–121.
Plasser, F. und P. A. Ulram (Hg.) (1993), Transformation oder Stagnation? Aktuelle politische Trends in Osteuropa, Wien.
Rüttgers, J. (1993), Dinosaurier der Demokratie. Wege aus Parteienkrise und Politikverdrossenheit, Hamburg.
Seibel, W. et al. (Hg.) (1993), Verwaltungsreform und Verwaltungspolitik im Prozeß der deutschen Einigung, Baden-Baden.
Spiegel Spezial (1991), Das Profil der Deutschen. Was sie vereint, was sie trennt, Hamburg.
Süß, W. (1992), Ende und Aufbruch. Von der DDR zur neuen Bundesrepublik Deutschland, Frankfurt.
Weidenfeld, W. und K.-R. Korte (1991), Die pragmatischen Deutschen. Zum Staats- und Nationalbewußtsein in Deutschland. In: Aus Politik und Zeitgeschichte 32/1991: 3–12.

Friedrich Fürstenberg: Deutschlands Wirtschaft nach der Wende

Literaturhinweise

ALLBUS (1994), Hg. vom Zentralarchiv für empirische Sozialforschung in Köln.

Bauer, J. (1991), Aktivitäten des BDI in den neuen Bundesländern. In: Aus Politik und Zeitgeschichte B 13/91: 12–19.

Bialas, Ch. und Ettl, W. (1993), Wirtschaftliche Lage, soziale Differenzierung und Probleme der Interessenorganisation in den neuen Bundesländern. In: Soziale Welt 44: 52–74.

Borg, I., Braun, M. und Häder, M. (1993), Arbeitswerte in Ost- und Westdeutschland: Unterschiedliche Gewichte, aber gleiche Struktur. In: ZUMA-Nachrichten 33: 64–82.

Boss, A. et al. (1993), Bundesrepublik Deutschland: Tiefe Rezession – Belebung erst 1994. In: Die Weltwirtschaft: 131–144.

Brend, B. (1994), Treuhandanstalt: Bilanz und Perspektiven. In: Aus Politik und Zeitgeschichte B 43–44: 14–20.

Deutsches Institut für Wirtschaftsforschung (1993), Wochenbericht 13/93: Gesamtwirtschaftliche und unternehmerische Anpassungsprozesse in Ostdeutschland, Berlin.

Dietz, F., Gommlich, H. und Kar, W. (1992), Ostdeutsche Arbeitskräfte in Westdeutschland. In: MittAB 4/92: 499–518.

Eichener, V. et al. (1993), Organisierte Interessen in Ostdeutschland, Marburg: Metropolis.

Erwerbsverläufe der Deutschen in Ost und West in den Jahren 1949 bis 1989. In: DIW-Wochenbericht 60 (1993): 207–211.

Fiebiger, H. (1992), Einnahmen und Ausgaben ausgewählter privater Haushalte im früheren Bundesgebiet sowie den neuen Ländern und Berlin-Ost 1991. In: Wirtschaft und Statistik 11: 827–837.

Flassbeck, H. und W. Scheremet (1992), Wirtschaftliche Aspekte der deutschen Vereinigung. In: Jesse, E. und A. Mittler (Hrsg.), Die Gestaltung der deutschen Einheit, Bonn: Bundeszentrale für politische Bildung: 279–311.

Fürstenberg, F. (1991), Die Einführung der Marktwirtschaft – ein sozialkulturelles Entwicklungsprojekt. In: Henkel, H. A. (Hrsg.), Symposium '90 Markt und Kultur. Kölner Schriften zur Sozial- und Wirtschaftspolitik Bd. 15, Regensburg: transfer: 9–24.

Fürstenberg, F. (1992), Qualifizierungsstrategien für den Einigungsprozeß. In: Arbeit und Sozialpolitik 46: 58–62.

Geißler, R. (1992), Die ostdeutsche Sozialstruktur unter Modernisierungsdruck. In: Aus Politik und Zeitgeschichte B 29–30/92: 15–26.

Giesen, B. und C. Leggewie (Hg.) (1991), Experiment Vereinigung, Berlin.

Groser, M. (1992), Verbände im vereinigten Deutschland. In: Sonde 25: 15–24.

Häder, M. und S., Nowossadeck (1993), Anstieg der Lebenszufriedenheit in Ostdeutschland – Ergebnisse aus der Untersuchungsreihe „Leben DDR/Ostdeutschland". In: ZUMA Nachrichten 33: 25–44.

Heidenreich, M. (1993), Vom volkseigenen Betrieb zum Unternehmen. In: KZfSS 45: 76–96.

Hradil, St. (1992), Die „objektive" und die „subjektive" Modernisierung. In: Aus Politik und Zeitgeschichte B 29–30/92: 3–14.

Kleinhenz, G. (1992), Tarifpartnerschaft im vereinigten Deutschland. In: Aus Politik und Zeitgeschichte B 12: 14–24.

Kloten, N. (1993), Europäische Perspektiven nach Maastricht. In: Europa-Archiv Folge 13–14: 397–404.

Köcher, R. (1993), Die Wende im Nebel. In: FAZ 16. 12. 1993: 5.

Kühl, J. (1993), Arbeitslosigkeit in der vereinigten Bundesrepublik Deutschland. In: Aus Politik und Zeitgeschichte B 35/93: 3–15.

Krause, P. (1992), Einkommensarmut in der Bundesrepublik Deutschland. In: Aus Politik und Zeitgeschichte B 49/92: 3–17.

Monatsberichte der Deutschen Bundesbank, März 1992: Öffentliche Finanztransfers für Ostdeutschland in den Jahren 1991 und 1992.

Monatsberichte der Deutschen Bundesbank, Mai 1993: Die Bedeutung von Nebenhaushalten im Zuge der deutschen Einigung.

OECD Economic Surveys 1992–1993: Germany, Paris.

Priewe, J. (1994), Die Folgen der schnellen Privatisierung. In: Aus Politik und Zeitgeschichte B 43–44: 21–30.

Reißig, R. (1993), Transformationsprozeß Ostdeutschlands – empirische Wahrnehmungen und theoretische Erklärungen, Wissenschaftszentrum Berlin P 93-001.

Schmuck, O. (1992), Der Maastrichter Vertrag zur Europäischen Union. In: Europa-Archiv, Folge 4/1992: 97–106.

Stratemann, I. (1992), Psychologische Bedingungen des wirtschaftlichen Aufschwungs in den neuen Bundesländern. In: Aus Politik und Zeitgeschichte B 24/92: 15–26.

Sztompka, P. (1993), Civilizational Incompetence: The Trap of Post-Communist Societies. In: Zeitschrift für Soziologie 22: 85–95.

van Suntum, U. (1992), Wettbewerb und Wachstum im europäischen Binnenmarkt. In: Aus Politik und Zeitgeschichte B 7–8/92: 13–22.

Weiner, B. (1976), Theorie der Motivation, Stuttgart.

Zapf, W. (1991), Der Untergang der DDR und die soziologische Theorie der Modernisierung. In: Giesen, B. und Leggewie, C. (Hrsg.), Experiment Vereinigung, Berlin: 38–51.

Rainer Geißler: Neue Strukturen der sozialen Ungleichheit im vereinten Deutschland

Anmerkungen

1 In der klassischen Tradition stehen z. B. die neueren Studien von Krekkel 1992 und Geißler 1994.

2 Die Grundlinien des Wandels werden ausführlicher dargestellt und empirisch belegt bei Geißler (1991, 1992, 1992a, 1993a, 1993b). Vgl. auch Glatzer/Noll (1992), Geißler (1993), Wittich (1994) und Nickel/Kühl/Schenk (1994). Zur zunehmenden Ungleichheit unter alten Menschen

vgl. Schwitzer/Winkler (1993); zu den „Gewinnern" und „Verlierern" vgl. Landua, Habich u. a. (1993).

3 Bedau/Vortmann (1990: 656, 659). Die Arbeitnehmerhaushalte liegen näher an dem Westniveau als alle Privathaushalte, weil die sehr hohen Einkommen der westdeutschen Selbständigen nicht in den Vergleich einbezogen sind.

4 Lötsch hat wiederholt auf entsprechende Probleme unter geistig arbeitenden Menschen hingewiesen (z.B. 1988, 144f., 157f.). Vgl. auch Adler (1991) und Hofmann/Rink (1993).

5 Hillenbrand (1993: 662); Autorengemeinschaft (1993: 797, 201); vgl. auch Zimmermann (1992).

6 Zahlen nach Angaben der Bundesanstalt für Arbeit in der FAZ vom 6. 2. 1992 und 6. 1. 1994; vgl. auch Grünert/Lutz (1994: 3ff.) und Dahms/Wahse (199: 30ff.) Zur hohen Arbeitsmarktmobilität vgl. auch Holst/Schupp (1992) und Bender/Meyer (1993). Die psychische Situation der ABM-Betroffenen, Kurzarbeiter und Umschüler unterscheidet sich kaum von derjenigen der Arbeitslosen; dazu Autorengemeinschaft (1993: 22, 28) und Landua (1993a: 41 ff.).

7 Fuchs/Klingemann/Schöbel (1991: 40) – gemessen mit einer 7-stufigen Skala (3 Items) zur „Entfremdung" – 5 Skalenpunkte gleich leichtere, 6 oder 7 Skalenpunkte gleich stärker ausgeprägte Symptome. Vgl. auch Landua, Habich u. a. (1993: 55).

8 Zur hohen Kriminalitätsfurcht vgl. FAZ vom 10. Juli 1993, S. 4 und Babl (1993).

9 Zur höheren Feindlichkeit und Gewaltbereitschaft gegenüber Ausländern vgl. Sturzbecker/Dietrich (1993); Leenen (1992); Geißler (1993d); Goltz (1993); ipos (1993); Klinger (1993); Deutsches Jugendinstitut (1993).

10 vgl. dazu Kaiser in diesem Band.

11 Mack (1993: 756); Statistisches Bundesamt nach FAZ vom 12. 1. 1994.

12 Statistisches Bundesamt nach FAZ vom 14. 1. 1994.

13 Geschätzt nach Angaben des Statistischen Bundesamtes.

14 Statistisches Jahrbuch der DDR; Statistisches Bundesamt.

15 Autorengemeinschaft (1993: 144f., 175); auch nach dem Wohlfahrtssurvey haben sich Wohnungsqualität und -zufriedenheit zwischen 1990 und 1993 verbessert; dazu Landua, Habich u. a. (1993: 28f.).

16 Vgl. auch Moeller/Maaz (1991: 21) und Belwe (1992: 13ff.).

17 Vgl. die Umfrageergebnisse in DER SPIEGEL 12/1991, S. 55.

18 Landua (1993: 446). Vgl. auch die Umfrageergebnisse in DER SPIEGEL 8/1994, S. 43 und bei Hilmer (1994).

19 Dies ist durch eine Vielzahl von Studien dokumentiert. Vgl. z.B. Greiffenhagen (1993: 371f.) oder Kaase (1993).

20 Zu den Schwierigkeiten, die dabei für Gewerkschaften und Verbände entstehen, vgl. Hürtgen et al. (1994), Klinzing (1994), Kretzschmar/Mörbe (1994).

21 In den 32 Jahren zwischen 1960 und 1992 sanken die Realgehälter der Angestellten nur zweimal (1981, 1982) und die Reallöhne der Arbeiter nur fünfmal (1967, 1975, 1981–1983).

Literaturhinweise

Adler, F. (1991), Einige Grundzüge der Sozialstruktur der DDR. In: Projektgruppe „Das Sozio-ökonomische Panel" (Hrsg.): Lebenslagen im Wandel, Frankfurt/New York: 152–177.

Autorengemeinschaft (1993), Sozialreport 1992, Berlin.

Babl, S. (1993), Mehr Unzufriedenheit mit der öffentlichen Sicherheit im vereinten Deutschland. In: Informationsdienst Soziale Indikatoren, Nr. 9: 5–10.

Bedau, K.-D. u. H. Vortmann (1990), Die Einkommensverteilung nach Haushaltsgruppen in der ehemaligen DDR. In: DIW-Wochenbericht 57, Nr. 47: 655–660.

Belwe, K. (1991), Psycho-soziale Befindlichkeit der Menschen in den neuen Bundesländern nach der Wende im Herbst 1989. Pressespiegel. Vervielf. Man, Bonn.

Belwe, K. (1992), Zur psychosozialen Befindlichkeit der Menschen in den neuen Bundesländern ein Jahr nach der Vereinigung. In: BISS public 2: 5–24.

Bender, S. und W. Meyer (1993), Individuelle Arbeitsmarktchancen und berufliche Anforderungen im Transformationsprozeß. In: Geißler, R. (Hg.): Sozialer Umbruch in Ostdeutschland, Opladen: 119–136.

Bilsky, W. et al. (1993), Persönliches Sicherheitsgefühl, Angst vor Kriminalität und Gewalt, Opfererfahrung älterer Menschen, 2. korr. Aufl., Hannover.

Bluhm, K. (1993), Ostdeutsche Mentalität und wirtschaftliches Handeln in der Transformation, in: Mayer, J. (Hg.), Die unsichtbaren Hände, Loccum: 65–67.

Dahms, V. und J. Wahse (1994), Zur Erwerbstätigkeit in Ostdeutschland im Transformationsprozeß. In: Nickel, H.-M. (Hg.), Erwerbsarbeit und Beschäftigung im Umbruch, Berlin: 29–54.

Deutsches Jugendinstitut (Hg.) (1993), Gewalt gegen Fremde, München.

DIW (Deutsches Institut für Wirtschaftsforschung, Hg.) (1985), Handbuch DDR-Wirtschaft, Reinbek.

Fuchs, D. et al. (1991), Perspektiven der politischen Kultur im vereinigten Deutschland. In: Aus Politik und Zeitgeschichte, B 32: 35–46.

Geißler, R. (1991), Transformationsprozesse in der Sozialstruktur der neuen Bundesländer. In: Berliner Journal für Soziologie 1: 177–194.

Geißler, R. (1991a), Umbruch und Erstarrung in der Sozialstruktur der DDR. In: W. Glatzer (Hg.): Die Modernisierung moderner Gesellschaften, Opladen: 520–524.

Geißler, R. (1992), Die Sozialstruktur Deutschlands. Ein Studienbuch zur Entwicklung im geteilten und vereinten Deutschland, Opladen.

Geißler, R. (1992a), Die ostdeutsche Sozialstruktur unter Modernisierungsdruck. In: Aus Politik und Zeitgeschichte, B 29–30: 15–28.
Geißler, R. (Hg.) (1993), Sozialer Umbruch in Ostdeutschland, Opladen.
Geißler, R. (1993a), Sozialer Umbruch in Ostdeutschland. Einleitende Bemerkungen. In: R. Geißler (Hg.), Sozialer Umbruch in Ostdeutschland, Opladen: 7–29.
Geißler, R. (1993b), Sozialer Wandel. In: W. Weidenfeld und K.-R. Korte (Hg.): Handbuch zur deutschen Einheit, Frankfurt/New York: 581–593.
Geißler, R. (1993c), Die Hinterlassenschaft der realsozialistischen Sozialisation: Mitgift und Erblast zugleich. In: Mayer, J. (Hg.), Die unsichtbaren Hände, Loccum: 45–50.
Geißler, R. (1993d), Fremdenhaß – Warum es in Deutschland brennt und was wir dagegen tun können. In: Siegener Hochschulzeitung, Heft 1: 25–31.
Geißler, R. (Hg.) (1994), Soziale Schichtung und Lebenschancen in der Bundesrepublik Deutschland, 2. völlig überarb. Aufl., Stuttgart.
Geißler, R.(1994a), Soziale Schichtung und Bildungschancen, in: Geißler, R. (Hg.), Soziale Schichtung und Lebenschancen in der Bundesrepublik Deutschland, 2. völlig überarb. Aufl., Stuttgart: 111–149.
Glatzer, W. und H.-H. Noll (Hrsg.) (1992), Lebensverhältnisse in Deutschland: Ungleichheit und Angleichung, Frankfurt/New York.
Goltz, Andreas (1993), Zum Umgang mit Fremden in der Geschichte und Gegenwart, Berlin.
Gornig, M. und J. Schwarze (1990), Hohe pauschale Lohnsteigerungen in der DDR gefährden die Wettbewerbsfähigkeit. In: Deutschland Archiv 22, 1619–1624.
Greiffenhagen, M. und S. (1993) Ein schwieriges Vaterland, München.
Grünert, H. und B. Lutz: Transformationsprozeß und Arbeitsmarktsegmentation. In: Nickel, H. et al. (Hg.), Erwerbsarbeit und Beschäftigung im Umbruch, Berlin: 3–28.
Grundmann, S. (1994), Zur Akzeptanz und Integration von Beamten aus den alten in den neuen Bundesländern. In: Deutschland Archiv 27: 31–41.
Häder, M. und S. Nowossadek (1993), Anstieg der Lebenszufriedenheit in Ostdeutschland. In: ZUMA-Nachrichten, Nr. 33: 25–44.
Henrich, R. (1989), Der vormundschaftliche Staat, Reinbek.
Herdegen, G. und M. Schultz (1993), Einstellungen zur deutschen Einheit. In: W. Weidenfeld und K.-R. Korte (Hg.), Handbuch zur deutschen Einheit, Frankfurt/New York: 252–269.
Herzog, D. (1992), Politische Elite. In: U. Andersen und W. Woyke (Hg.), Handwörterbuch des politischen Systems der Bundesrepublik Deutschland, Bonn: 442–445.
Hillenbrand, O. (1993), Umweltpolitik. In: W. Weidenfeld und K.-R. Korte (Hg.), Handbuch zur deutschen Einheit, Frankfurt/New York: 656–667.
Hilmer, R. (1994), Die Wahrnehmung der Bürger – wachsen Ost und West

zusammen? Vortrag auf der Tagung der DGS-Sektion „Soziale Ungleichheit und Sozialstrukturanalyse" im MPIB Berlin.

Hofmann, M. und D. Rink (1993), Die Kohlearbeiter von Espenhain. In: Geißler, R. (Hg.), Sozialer Umbruch in Ostdeutschland, Opladen: 163–178.

Holst, E. und J. Schupp (1992), Stabilität und Mobilität auf dem Arbeitsmarkt. In: Statistisches Bundesamt (Hg.): Datenreport, Bonn 1992. S. 450–462.

Hradil, S. (1992), Die „objektive" und die „subjektive" Modernisierung. In: Aus Politik und Zeitgeschichte, B 29–30: 3–14.

Hürtgen, R. et al. (1994), Sozialpolitische Interessenvermittlungsstrukturen im Transformationsprozeß in den regionalen Zentren Frankfurt (Oder) und Jena. In: Naßmacher, H. et al. (Hg.), Politische Strukturen im Umbruch, Berlin: 17–118.

ipos (1993), Jugendliche und junge Erwachsene in Deutschland Februar/ März 1993, Mannheim.

Kaase, M. (1993), Innere Einheit. In: Weidenfeld, W. und K.-R. Korte (Hg.), Handbuch zur deutschen Einheit, Frankfurt/New York: 372–383.

Klinger, F. (1993), Soziale Konflikte und offene Gewalt. In: Deutschland Archiv 26: 147–161.

Klinzing, L. (1994), Zwischen Anpassung und Öffnung – Gewerkschaftsstrukturen im beigetretenen Teil Deutschlands. In: Naßmacher, H. et al. (Hg.), Politische Strukturen im Umbruch, Berlin: 155–180.

Koch, T. (1993), Die Ostdeutschen zwischen Einheitsschock und „doppeltem Zukunftshorizont" – Deutungs- und Handlungsmuster sozialer Akteure im Transformationsprozeß. In: Reißig, R. (Hg.), Rückweg in die Zukunft, Frankfurt/New York: 159–200.

Kreckel, R. (1992), Politische Soziologie der sozialen Ungleichheit, Frankfurt/New York.

Kretzschmar, G. und W. Mörbe (1994), Transformation der berufsständischen Interessenorganisation der Bauern. In: Naßmacher, H. et al. (Hg.), Politische Strukturen im Umbruch, Berlin: 119–154.

Landua, D. (1993), Lebensbedingungen. In: Werner Weidenfeld und Karl-Rudolf Korte (Hg.), Handbuch zur deutschen Einheit, Frankfurt a. M./ New York: 435–447.

Landua, D. (1993a), Stabilisierung trotz Differenzierung? Sozialstrukturelle Entwicklungen und wahrgenommene Lebensqualität in Ostdeutschland 1990–1992, Berlin (WZB Paper P 93–107).

Landua, D. et al. (1993), „... im Westen noch beständig, im Osten etwas freundlicher". Lebensbedingungen und subjektives Wohlbefinden drei Jahre nach der Wiedervereinigung, Berlin (WZB Paper P 93–108).

Leenen, W. (1992), Ausländerfeindlichkeit in Deutschland. In: Deutschland Archiv 25: 1039–1054.

Lillig, T. (1993), Finanzierung der deutschen Einheit. In: Weidenfeld, W. und K.-R. Korte (Hg.), Handbuch zur deutschen Einheit, Frankfurt/ New York: 289–299.

Lötsch, M. (1988), Die soziale Schicht der Intelligenz. In: Weidig, R. (Ltg. d. Autorenkoll.): Sozialstruktur der DDR, Berlin (Ost) 1988: 125–159.

Ludwig, H. (1992), Die Ergebnisse der Opferforschung im Lichte der gesellschaftlichen Veränderung. In: Kury, H. (Hg.), Gesellschaftliche Umwälzung, Freiburg i. Br.: 229–244.

Mack, B. (1993), Deutschland-Daten. In: Weidenfeld, W. und K.-R. Korte (Hg.), Handbuch zur deutschen Einheit, Frankfurt/New York: 739–773.

Marz, L. (1992), Dispositionskosten des Transformationsprozesses. In: Aus Politik und Zeitgeschichte, B 24: 3–14.

Nickel, H. et al. (Hg.) (1994), Erwerbsarbeit und Beschäftigung im Umbruch.

Noelle-Neumann, E. (1993), Wird sich jetzt fremd, was zusammengehört? In: Frankfurter Allgemeine Zeitung vom 19. Mai 1993: 5.

Noll, H. (1994), Steigende Zufriedenheit in Ostdeutschland, sinkende Zufriedenheit in Westdeutschland. In: Informationsdienst Soziale Indikatoren, Nr. 11: 1–7.

Noll, H. und F. Schuster (1992), Soziale Schichtung und Wahrnehmung sozialer Ungleichheit im Ost-West-Vergleich. In: Glatzer, W. und H. Noll (Hg.), Lebensverhältnisse in Deutschland, Frankfurt/New York: 209–230.

Moeller, M. L. und H.-J. Maaz (1991), Die Einheit beginnt zu zweit. Ein deutsch-deutsches Zwiegespräch, Berlin.

Parzinski, H. (1994), Mentalitätsunterschiede zwischen Ost- und Westdeutschen. Magisterarbeit, Siegen.

Raddatz, F.: Ich kann doch nicht mein Leben wegwerfen. Ein ZEIT-Gespräch mit Stefan Heym. In: DIE ZEIT vom 6.12.1991: 65.

Schröder, H. (1994), Wohnqualität in Ostdeutschland noch weit unter dem westdeutschen Niveau. In: Informationsdienst Soziale Indikatoren, Nr. 11: 13–19.

Schwitzer, K.-P. und G. Winkler (Hg.) (1993), Altenreport 1992, Berlin.

Solga, H. (1994), Der Elitenimport nach Ostdeutschland. Transformationstypen und Veränderungen in den Mechanismen der Elitenrekrutierung. Vortrag auf der Tagung der DGS-Sektion „Soziale Ungleichheit und Sozialstrukturanalyse" im MPIB Berlin.

Sturzbecher, D. und P. Dietrich (1993), Jugendliche in Brandenburg – Signale einer unverstandenen Generation. In: Aus Politik und Zeitgeschichte, B 2–3/93: 33–43.

Wittich, D. (Hg.) (1994), Momente des Umbruchs. Sozialstruktur und Lebensqualität in Ostdeutschland, Berlin.

Zimmermann, K. (1992), Umweltpolitische Perspektiven in den neuen Ländern. In: Aus Politik und Zeitgeschichte, B 39–40: 3–13.

Wolfgang Hörner: Bildungseinheit: Anpassung oder Reform? Die Integrationsfrage im Bildungswesen der neuen Bundesländer

Anmerkungen

1 So P. Struck in: Deutsche Lehrerzeitung Nr. 27, 1. Juliausgabe 1991, S. 1.
2 Aus dem Bericht über die Amtsübergabe nach dem Rücktritt Minister Ortlebs, zit. nach: Informationen Bildung Wissenschaft des Bundesministeriums für Bildung und Wissenschaft, 1–2/1994, S. 2.
3 Aus § 37, 4 des Einigungsvertrags vom 31. 8. 1990, zitiert nach: Vertrag zwischen der Bundesrepublik Deutschland und der Deutschen Demokratischen Republik über die Herstellung der Einheit Deutschlands – Einigungsvertrag. In: Bulletin Nr. 104 vom 6. 9. 1990, S. 887.
4 So Krzywck in: In Recht der Jugend und des Bildungswesens 39 (1991: 291).
5 Zum folgenden Waterkamp (1987); Hörner (1990); Anweiler (1990).
6 Interview des Verfassers mit Kultusministerin Marquardt vom 8. 3. 1995.
7 So W. Oehmichen in: Der Sonntag. Wochenzeitung der Evangelisch-Lutherischen Landeskirche Sachsens Nr. 14 (5. 4. 1992), S. 2.
8 Vgl. Wissenschaftsrat: Empfehlungen zur Lehrerbildung in den neuen Ländern. Düsseldorf 1991: 36 f.
9 Eine dpa-Meldung, zit. nach „Arbeit und Technik in der Schule" 6 (1995) 1:35.

Literaturhinweise

Anweiler, O. (1990) (Hg.), Vergleich von Bildung und Erziehung in der Bundesrepublik Deutschland und in der Deutschen Demokratischen Republik. Köln (Materialien zur Lage der Nation. Hrsg. vom Bundesministerium für innerdeutsche Beziehungen).
BMBW – Bundesministerium für Bildung und Wissenschaft (1994) (Hg.), Berufsbildungsbericht 1994, Bonn.
Böttcher, W. (1990), Das Schulnetz in den neuen Ländern. In: Recht der Jugend und des Bildungswesens 40: 290–304.
BWFT – Bundesministerium für Bildung, Wissenschaft, Forschung und Technologie (Hg.) (1995), Grund- und Strukturdaten 1994/95, Bonn.
Dang, K. (1992), Religionsunterricht für alle? Die offenen Fragen im „Plädoyer für einen offenen und kooperativen Religionsunterricht" von Eckart Schwerin. In: Pädagogik und Schulalltag 47, 6: 621–630.
Dehnbostel, P. (1988), Der neue KMK-Beschluß zur gymnasialen Oberstufe. Anmerkungen zur strukturellen und bildungstheoretischen Einordnung. In: Zeitschrift für Berufs- und Wirtschaftspädagogik 84, 7: 657–662.
Dehnbostel, P. (1992), Doppelqualifizierende Bildungsgänge in den neuen Bundesländern? In: Seyfried, B. und P. Wordelmann (Hg.), Neue Länder

– Neue Berufsausbildung? Berlin: 437–454 (BIBB, Berichte zur beruflichen Bildung, 153).
Dehnbostel, P. (1994), Neue Chancen für die Integration beruflicher und allgemeiner Bildung? In: Fischer, A. und G. Hartmann (Hg.), In Bewegung. Dimensionen der Veränderung von Aus- und Weiterbildung. Festschrift für Joachim Dikau zum 65. Geburtstag, Bielefeld: 314–323.
Frankiewicz, H. (1990), Polytechnischer Charakter der Schule – ja oder nein? In: Deutsche Lehrerzeitung 37, 2: 9–10.
Hörner, W. (1990), Bildung und Wissenschaft in der DDR. Bonn: Bundesministerium für Bildung und Wissenschaft.
Hörner, W. (1993), Verbindungen von beruflichem und allgemeinem Lernen im Sekundarbereich II – Reflexionen aus vergleichender Sicht. In: Diepold, P. und A. Kell (Hg.), Entwicklungen in der Berufsausbildung. Deutsche Berufsausbildung zwischen Modernisierung und Modernitätskrise im Kontext der Europäischen Integration. Stuttgart: Franz Steiner: 41–60 (Zeitschrift für Berufs- und Wirtschaftspädagogik, Beiheft 11).
Hurrelmann, K. (1988), Thesen zur strukturellen Entwicklung des Bildungssystems in den nächsten fünf bis zehn Jahren. In: Die deutsche Schule 4: 451–461.
Klauser, F. (1990), Quo vadis, Berufsausbildung mit Abitur? In: Wirtschaft und Erziehung: 290–293.
Kledzik, U. (Hg.) (1988), Lernfeld Arbeitslehre. Berlin: Pädagogisches Zentrum.
Klemm, K. und H.-G. Rolff (1998), Innere Schulreform im zweigliedrigen Schulsystem? – Eine kritische Analyse neuerer bildungspolitischer Konzepte aus der Sicht der Schulentwicklungsforschung. In: Die deutsche Schule: 462–471.
Kuhrt, W. (1991), Berufsausbildung mit Abitur. In: Die berufsbildende Schule 43: 237–256.
Kuhrt, W. (1991), Erfahrungen und Anregungen aus doppeltqualifizierenden Bildungsgängen für die künftige Gestaltung der Sekundarstufe II. In: Pädagogik und Schulalltag 46, 5: 561–568.
Leistikow, S. und H.-J. Krzyweck (1991), Der Religionsunterricht in den neuen Bundesländern. In: Recht der Jugend und des Bildungswesens 39: 308–310.
Lischka, I. (1994), Stabilität und Bewegung. Studienabsichten von Gymnasiasten der neuen Bundesländer. In: Hochschule Ost. Mai/Juni: 19–26.
Meidinger, H.-P. (1992), Vielfalt statt Vereinheitlichung. In: Die höhere Schule 6: 151–152.
Palentien, Ch./Pollmer, K./Hurrelmann, K. (1993), Ausbildungs- und Zukunftsperspektiven ostdeutscher Jugendlicher nach der politischen Vereinigung Deutschlands. In: Aus Politik und Zeitgeschichte. Beilage zur Wochenzeitung „Das Parlament". B 24/93: 3–13.
Pampus, K. (1990), Berufsbildung im vereinigten Deutschland. Fragen zum

Zusammenwachsen der Berufsbildungssysteme. In: Die berufsbildende Schule 42, 7/8: 428–443.

Pöggeler, F. (1992), Bildungsunion im vereinten Deutschland. Frankfurt/M.; Bern.

Raddatz, R. (1991), Doppelqualifikation und Gleichwertigkeit – zwei Seiten einer Medaille? In: Wirtschaft und Erziehung 6: 203–206

Regenbrecht, A. (1988), Hauptschule und Hauptschulalternativen. In: Schule heute 4: 5–9.

Rehm, S. (1991), Zukünftige Gesetzgebung aus bildungspolitischer Sicht. In: Recht der Jugend und des Bildungswesens 39: 242–245.

Rösner, E. und K.-J. Tillmann (1980), Strukturelle Entwicklungen: Auf dem Weg zur horizontalisierten Sekundarstufe I? In: Rolff, H.-G., et al. (Hg.), Jahrbuch der Schulentwicklung. Daten, Beispiele und Perspektiven. Band 1, Weinheim: 73–103.

Schäfer, D. (1992), Religionskunde in der Oberstufe. In: Recht der Jugend und des Bildungswesens 40: 324–334.

Schäfer, W. und K. Marx (1991), Berufsausbildung mit Abitur – ein hochschulvorbereitender Weg mit Doppelqualifizierung. In: Die berufsbildende Schule 43, 2: 113–115.

Schulz, D. (1993), Der „Bildungsgang Realschule" in den Ländern Sachsen, Sachsen-Anhalt und Thüringen. In: Die Realschule 101, 8: 334–341.

Schweitzer, J. (1991), Neubeginn ohne neue Ideen. Der Beitritt des DDR-Schulsystems in die gemeinsame deutsche Bildungslandschaft. In: Recht der Jugend und des Bildungswesens 39: 41–47.

Schwerin, E. (1992a), Plädoyer für einen offenen und kooperativen Religionsunterricht. Darstellung und Beschreibung eines Weges zu einem (weiteren) neuen Interpretationsmodell Artikel 7 (3) des Grundgesetzes. In: Pädagogik und Schulalltag 47, 2: 153–165.

Schwerin, E. (1992b), Die Einrichtung des Religionsunterrichts in den neuen Bundesländern. In: Recht der Jugend und des Bildungswesens 40: 311–323.

Stock, M. und M. Tiedtke (1992), Schüler erfahren die Wende. Schuljugendliche in Ostdeutschland im gesellschaftlichen Transformationsprozeß, Weinheim; München.

Waterkamp, D. (1987), Handbuch zum Bildungswesen der DDR, Berlin.

Winkel, R. (1992), Die elastische Schule für das föderative Deutschland. In: Deutsche Lehrerzeitung 39, 9:3.

Sarina Keiser: Die Familien in den neuen Bundesländern zwischen Individualisierung und „Notgemeinschaft"

Anmerkungen

1 Das Forschungsprojekt „Wandel und Entwicklung familialer Lebensformen in der Bundesrepublik Deutschland" (kurz: Familiensurvey) wird

seit 1987 vom Deutschen Jugendinstitut e. V. München im Auftrag des Bundesministeriums durchgeführt. Im Rahmen des Projektes erfolgte 1988 eine Repräsentativerhebung bei ca. 10 000 18- bis 55jährigen in den alten Bundesländern. Nach der Wende in der DDR wurde eine Replikation dieser Studie in adaptierter, aber fast identischer Form möglich. Zur Jahreswende 1990/91 erfolgte eine Repräsentativerhebung bei ca. 2000 Befragten gleichen Alters in den neuen Bundesländern (vgl. Bertram 1992).

2 Im Rahmen des Familiensurvey des DJI wurde 1994 eine zweite Erhebungswelle durchgeführt, auf deren Basis sich Veränderungen in den Verteilungen familialer Lebensformen nachweisen lassen. In den neuen Bundesländern erfolgte eine Replikation der Studie von 1990/91 mit leicht erweitertem, aber identischem Fragebogen bei ca. 4000 Befragten im Alter von 18 bis 55 Jahren. Die Daten dieser Studie werden gegenwärtig zur Auswertung aufbereitet.

3 Hier ist anzumerken, daß inzwischen nicht wenige sozialwissenschaftliche Studien die Folgen des gesellschaftlichen Transformationsprozesses für die Familie bzw. die private Lebensführung untersuchen. Dennoch dominieren hier vor allem objektive Aspekte der sozio-ökonomischen Lebenssituation. Weniger erforscht werden dagegen Veränderungen in den subjektiven Bewältigungsstrategien sowie den sozialen Beziehungsgeflechten und -inhalten (vgl. Informationszentrum Sozialwissenschaften: Gesellschaftlicher Wandel in den neuen Bundesländern. Sozialwissenschaftlicher Fachinformationsdienst).

4 Ende der 80er Jahre besuchten entsprechend der offiziellen Statistik in der ehemaligen DDR etwa 80 % „der in Frage kommenden Kinder" eine Kinderkrippe. Da von den Kindern unter einem Jahr auf Grund der staatlich gewährten und bezahlten Freistellung der Mütter nur knapp 1 % eine Krippe besuchte, lag der tatsächliche Anteil einer Krippenbetreuung bezogen auf alle unter 3jährigen bei ca. 60 % (Zwiener 1994: 15). 94 % der Kinder im entsprechenden Alter besuchten einen Kindergarten.

5 Bemerkenswert ist in diesem Zusammenhang auch die Tatsache, daß in den neuen Bundesländern zuerst pauschal alle betrieblichen Kindereinrichtungen geschlossen wurden, während in den alten Bundesländern Modelle betrieblicher Kindertagesstätten zunehmend Unterstützung finden (vgl. BMFuS 1994).

6 Vgl. dazu den Beitrag von Hörner in diesem Band.

7 Eine regional differenzierte Betrachtung der Veränderungen in der Lebenssituation ostdeutscher Familien hätte den Rahmen dieses Beitrages überschritten. Erwähnt seien jedoch einige für ländliche Regionen spezifische Bedingungen: Zusammenbruch der Landwirtschaftlichen Produktions-Genossenschaften und damit verbunden ein äußerst geringes Arbeitsmarktangebot auf dem Land; Zusammenbruch der Infrastruktur durch Schließung von Kindereinrichtungen, Schulen, Läden (KONSUM), Kinos u.a. Freizeitstätten, Einschränkungen öffentlicher Verkehrsmittel; aus ersteren resultieren größere Mobilitätserfordernisse. We-

sentlich besser als in städtischen Regionen ist die Wohnsituation der Familien auf dem Land (größerer Anteil an Wohneigentum, mehr Wohnfläche, niedrigere Mieten).

Literaturhinweise

Beckmann, P. u. S. Bender (1993), Arbeitslosigkeit in ostdeutschen Familien – Der Einfluß des Familienkontexts auf das individuelle Arbeitslosigkeitsrisiko. In: Mitteilungen aus der Arbeitsmarkt- und Berufsforschung, Heft 2: 222–235.

Bertram, H. (1992), Familienstand, Partnerschaft, Kinder und Haushalt. In: Bertram, H. (Hg.): Die Familie in den neuen Bundesländern. Stabilität und Wandel in der gesellschaftlichen Umbruchsituation, Opladen: 41–78.

Bertram, H./Dannenbeck/Keiser/Löhr/Schlemmer/Weidacher (1992), Die Familie in Deutschland-Ost und -West. In: DISKURS 2/92, München: 79–86.

BMFuS (Hg.) (1994), Familien und Familienpolitik im geeinten Deutschland – Zukunft des Humanvermögens. 5. Familienbericht. hrsg. v. Bundesministerium f. Familie und Senioren, Bonn.

Brinkmann, Chr. u. G. Engelbrech (1991), Erwerbsbeteiligung und Erwerbstätigkeit von Frauen. In: Wagner, G./B. v. Rosenbladt/D. Blaschke (Hg.), An der Schwelle zur sozialen Marktwirtschaft. Ergebnisse aus der Basiserhebung des Sozio-ökonomischen Panels in der DDR im Juni 1990 (Beiträge zur Arbeitsmarkt- und Berufsforschung 143), Nürnberg.

Dannenbeck, C./S. Keiser/T. Rosendorfer (1995), Familienalltag in den alten und neuen Bundesländern – Aspekte der Vereinbarkeit von Beruf und Familie. In: Nauck, B./N. F. Schneider/ A. Tölke (Hg.). Familie und Lebensverlauf im gesellschaftlichen Umbruch, Stuttgart: 103–118.

Gysi, J. (1990), Die Zukunft von Familie und Ehe, Familienpolitik und Familienforschung in der DDR. In: Burkhart, G. (Hg.), Sozialisation im Sozialismus. Zeitschrift für Sozialisationsforschung und Erziehungssoziologie, 1. Beiheft 1990: 33–41.

Haushalt und Familie in den neuen Bundesländern (1994); Ergebnisse einer Längsschnittuntersuchung; (1990–1993)/Forschungsstelle für Empirische Sozialökonomik. Projektbearb.: A. Schröder, Frankfurt/M.

Hildebrandt, R. (1994), Familien und Frauen in der wendegeprägten Wirtschaftslage. In: Lebenslagen in der Nach-Wende-Zeit. Dokumentation zum Fachkongreß am 25./26. April 1994 in Berlin, hrsg. v. Bezirksamt Berlin-Hellersdorf: 31–42.

Huinink, J. u. K. U. Mayer (1993), Lebensverläufe im Wandel der DDR-Gesellschaft. In: Joas, H. u. M. Kohli, Der Zusammenbruch der DDR, Frankfurt/M.: 151–171.

Jugend '92. Jugendwerk der Deutschen Shell, Opladen: Bd.4.

Jugend in Sachsen. Orientierung und Aktivität, Frustration und Gewalt,

Ziele und Hoffnungen im Jahre 1994. Prof. G. Schmidtchen, Univ. Zürich; Inst. f. Marktforschung GmbH Leipzig.

Keiser, S. (1992a), Lebensbedingungen und Lebenssituation von Kindern und Jugendlichen. In: Bertram, H. (Hg.), Die Familie in den neuen Bundesländern. Stabilität und Wandel in der gesellschaftlichen Umbruchsituation, Opladen: 151–186.

Keiser, S. (1992b), „Bei uns zu Hause hat sich viel geändert." – Familie und Vereinigung in Schüleraufsätzen 1991. In: Jugend '92. Jugendwerk der Deutschen Shell, Opladen: Bd. 3: 293–303.

Kieselbach, Th. u. P. Voigt (1992), Systemumbruch, Arbeitslosigkeit und individuelle Bewältigung in der Ex-DDR, Weinheim.

Meier, A. (1990), Abschied von der sozialistischen Ständegesellschaft. In: Aus Politik und Zeitgeschichte. Beilage zur Wochenzeitung „Das Parlament" B 16–17/1990: 3–14.

Meyer, D. (1994), Eltern-Kind-Beziehungen in den neuen Bundesländern nach der Wende. In: Büchner, P. et al., Kindliche Lebenswelten, Bildung und innerfamiliale Beziehungen. Materialien zum 5. Familienbericht/ Bd. 4, München: 143–186.

Pollack, D. (1990), Das Ende einer Organisationsgesellschaft: Systemtheoretische Überlegungen zum gesellschaftlichen Umbruch in der DDR. In: Zeitschrift für Soziologie, Heft 4: 292–307.

Reißig, M. (1994), Familiäre Lebensbedingungen aus der Sicht Jugendlicher. In: Bien, W./U. Karig/R. Kuhnke et.al., Cool bleiben – erwachsen werden im Osten, München: 79–111.

Schneider, N.F. (1994), Familie und private Lebensführung in West- und Ostdeutschland. Eine vergleichende Analyse des Familienlebens 1970–1992, Stuttgart.

Schröpfer, H. (1994), Elternrat noch gefragt? In: Bertram, H./W. Bien/Th. Gericke et.al.: Gelungener Start – unsichere Zukunft? München: 109–122.

Stiehler, H.-J. u. U. Karig (Hg.) (1993), Angekommen?! Freizeit- und Medienwelten von Jugendlichen in den neuen Bundesländern, Berlin.

Walper, S. (1991), Finanzielle Belastungen und soziale Beziehungen. In: Bertram, H. (Hg.), Die Familie in Westdeutschland. Stabilität und Wandel familialer Lebensformen, Opladen: 351–386.

Weidacher, A. (1992a), Die Einkommenssituation von Familien. In: Bertram, H. (Hg.), Die Familie in den neuen Bundesländern. Stabilität und Wandel in der gesellschaftlichen Umbruchsituation, Opladen: 287–312.

Weidacher, A. (1992b), Die Wohnsituation von Familien. In: Bertram, H. (Hg.), Die Familie in den neuen Bundesländern. Stabilität und Wandel in der gesellschaftlichen Umbruchsituation, Opladen: 313–341.

Winkler, G. (Hrsg.) (1990), Frauenreport '90, Berlin-Ost.

Zapf, W. u. St. Mau (1993), Eine demographische Revolution in Ostdeutschland? In: ISI – Informationsdienst Soziale Indikatoren; Heft 10: 1–5.

Zwiener, K. (1994), Kinderkrippen in der DDR. Materialien zum 5. Familienbericht, Bd.5, München.

Karl Lenz: Die „zweite Generation" der DDR auf dem Weg in eine andere Gesellschaft. Jugendliche nach der Wende

Anmerkung

1 Diese Unterschiede sind eine Entwicklung, die sich im Zuge der starken Bildungsexpansion der 70er und 80er Jahre eingestellt hat. In den 50er und 60er Jahren machten deutlich mehr ostdeutsche Jugendliche als westdeutsche das Abitur; ein Vorsprung, der – wenn auch weniger ausgeprägt – auch bei den Studienanfänger/innen bestand. Während durch die Modernisierung des Bildungswesens im Westen die weiterführende Schulbildung für viele Jugendliche geöffnet wurde, hat die DDR-Führung in den 70er Jahren die Quote der Abiturient/innen und der Studienanfänger/innen stark reduziert. In der ersten Hälfte der 70er Jahre weisen die westdeutschen Jugendlichen zum ersten Mal einen Bildungsqualifikationsvorsprung auf, und in den folgenden Jahren öffnet sich die Schere immer mehr (vgl. Lenz 1995a).

Literaturhinweise

Arbeitsgruppe Bildungswesen am Max-Planck-Institut für Bildungsforschung (1994), Das Bildungswesen in der Bundesrepublik Deutschland. Strukturen und Entwicklungen im Überblick, Reinbek.

Baldauf, M. und W. Klingler (1994), Hörfunk: Stabile Nutzung bei wachsendem Angebot. In: Media Perspektiven 8/94: 409–418.

Behnken, I. und J. Zinnecker (1992), Lebenslaufereignisse, Statuspassagen und biographische Muster in Kindheit und Jugend. In: Jugend '92, Bd. 2, Opladen: 127–144

Behnken, I. et al. (1991), Schülerstudie '90. Jugendliche im Prozeß der Vereinigung, Weinheim.

Bertram, B. (1994), Berufswahl in der Planwirtschaft – Auswirkungen in die Marktwirtschaft. In: B. Bertram et al., Gelungener Start – unsichere Zukunft? Der Übergang von der Schule in die Berufsausbildung, München: 53–90.

Bien, W. und L. Lappe (1994), Wege und Umwege zum Beruf – eine Einführung. In: B. Bertram et al., Gelungener Start – unsichere Zukunft? Der Übergang von der Schule in die Berufsausbildung, München: 5–24.

Böhnisch, L. (1994), Gespaltene Normalität. Lebensbewältigung und Sozialpädagogik an den Grenzen der Wohlfahrtsgesellschaft, Weinheim.

Böhnisch, L. et al. (1994), Zwischenbericht der wissenschaftlichen Begleitung des AgAG-Programms. Dresden: TU Dresden.

Büchner, P. (1993), Jugend im vereinten Deutschland. In: H.-H. Krüger (Hg.), Handbuch der Jugendforschung, Opladen: 43–62.

Bundesministerium für Familie, Senioren, Frauen und Jugend (1994), Neunter Jugendbericht. Bericht über die Situation der Kinder und Ju-

gendlichen und die Entwicklung der Jugendhilfe in den neuen Bundesländern, Bonn.
Burkart, G. (Hg.) (1990), Sozialisation im Sozialismus. Lebensbedingungen in der DDR im Umbruch. 1. Beiheft der ZSE.
Darschin, W. und B. Frank (1994), Tendenzen im Zuschauerverhalten. Fernsehgewohnheiten und Fernsehreichweiten 1993. In: Media Perspektiven 3/94: 98–110.
Förster, P. (1991), Weltanschaulich-politisches Bewußtsein. In: W. Friedrich und H. Griese (Hg.), Jugend und Jugendforschung in der DDR, Opladen: 135–150.
Friedrich, W. (1990), Mentalitätswandlungen der Jugend in der DDR. In: Aus Politik und Zeitgeschichte B 16–17: 25–37.
Friedrich, W. und P. Förster (1994), Jugendliche in den neuen Bundesländern. In: H.-J. Veen et al., Eine Jugend in Deutschland? Opladen: 119–152.
Friedrich, W. und H. Griese (Hg.) (1991), Jugend und Jugendforschung in der DDR. Gesellschaftspolitische Situation und Mentalitätsentwicklung in den achtziger Jahren, Opladen.
Geißler, R. (1992), Die Sozialstruktur Deutschlands, Opladen.
Georg, W. (1993), Modernisierung und Lebensstile Jugendlicher in Ost- und Westdeutschland. In: Aus Politik und Zeitgeschichte B 26–27: 20–28
Giessmann, B. (1992), Jugendliche an den Schulen – ein Leben als Schüler und Mitglied der FDJ. In: Jugendwerk der Deutschen Shell (Hg.), Jugend '92. Bd. 3, Opladen: 89–109.
Gmür, W. und F. Straus (1994), Die Netzwerkperspektive in der Jugendforschung – Beispiel aus der Netzwerkanalyse. In: ZSE 14: 227–244.
Hennig, W. und W. Friedrich (Hg.) (1991), Jugend in der DDR. Daten und Ergebnisse der Jugendforschung vor der Wende, Weinheim.
Hille, B. (1990), Nicht nur Blauhemden. Die Situation der Jugendlichen in der ehemaligen DDR, Melle.
Hoffmann, A. (1991), Jugend und Schule. In: W. Friedrich und H. Griese (Hg.), Jugend und Jugendforschung in der DDR, Opladen: 46–58.
Hoffmann-Lange, U., M. Gille und H. Schneider (1993), Das Verhältnis von Jugend und Politik in Deutschland. In: Aus Politik und Zeitgeschichte B 19: 3–12.
Jugendwerk der Deutschen Shell (Hg.) (1992), Jugend '92. Lebenslagen, Orientierungen und Entwicklungsperspektiven im vereinigten Deutschland, Opladen.
Karig, U. (1994), Freizeit zwischen Lust und Frust oder Jugend auf dem Markt der Möglichkeiten. In: W. Bien et al., Cool bleiben – erwachsen werden im Osten, München: 137–164.
Keiser, S. (1992), „Bei uns zu Hause hat sich viel geändert" – Familie und Vereinigung in Schüleraufsätzen 1991. In: Jugendwerk der Deutschen Shell (Hg.), Jugend '92. Bd. 3, Opladen: 293–302.
Kirchhöfer, D. (1995), Biographische Brüche im Kindes- und Jugendalter –

Risiken künftiger Entwicklung. In: H.-H. Krüger und W. Marotzki (Hg.), Erziehungswissenschaftliche Biographieforschung, Opladen: 201–217.

Krebel-Eiben, E. M. und J. G. Ulrich (1993), Berufschancen von Jugendlichen in den neuen Bundesländern. In: Aus Politik und Zeitgeschichte B 19: 13–20.

Kühnel, W. (1992), Orientierungen im politischen Raum. In: Jugendwerk der Deutschen Shell (Hg.), Jugend '92. Bd. 2, Opladen: 59–71.

Lenz, K. (1995a), Gleich oder doch anders? Ost- und westdeutsche Jugendbiographien im Vergleich. In: Wissenschaftliche Zeitschrift der TU Dresden 44: 76–84.

Lenz, K. (1995b), Lebenswege durch die Jugendphase – ein Ost-West-Vergleich. In: W. Ferchhoff, U. Sander und R. Vollbrecht (Hg.), Jugendkulturen – Faszination und Ambivalenz. Einblicke in jugendliche Lebenswelten, Opladen: 146–160.

Lüdtke, H. (1992), Zwei Jugendkulturen? Freizeitmuster in Ost und West. In: Jugendwerk der Deutschen Shell (Hg.), Jugend '92. Bd. 2, Opladen: 239–264.

Mansel, J., K. Pollmer und K. Hurrelmann (1992), Gestreßt – in Ost und West. In: G. Neubauer et al. (Hg.), Jugend im deutsch-deutschen Vergleich, Neuwied: 11–92.

Mansel, J. und K. Hurrelmann (1994), Außen- und innengerichtete Formen der Problemverarbeitung Jugendlicher. Aggressivität und psychosomatische Beschwerden. In: Soziale Welt 45: 147–179.

Melzer, W., W. Likowski und L. Schmidt (1991), Deutsch-polnischer Jugendreport. Lebenswelten im Vergleich, Weinheim.

Merkens, H. und D. Kirchhöfer (1993), Gemeinsamkeiten und Unterschiede in der Freizeit Ost- und Westberliner Schüler. In: Zeitschrift für Pädagogik 39: 931–951.

Meulemann, H. (1992), Älter werden und sich erwachsen fühlen. Über die Möglichkeit, das Ziel der Jugend zu verstehen. In: Jugendwerk der Deutschen Shell (Hg.), Jugend '92. Bd. 2, Opladen: 107–126.

Meyer, D. (1994), Eltern-Kind-Beziehungen in den neuen Bundesländern nach der Wende. In: P. Büchner et al., Kindliche Lebenswelten, Bildung und innerfamiliale Beziehungen. Materialien zum 5. Familienbericht Bd. 4, München: 143–186

Oesterreich, D. (1993), Jugend in der Krise. Ostdeutsche Jugendliche zwischen Apathie und politischer Radikalisierung. Eine Vergleichsuntersuchung Ost- und Westberliner Jugendlicher. In: Aus Politik und Zeitgeschichte B 19: 21–31.

Oesterreich, D. (1994), Verzerrte Bilder. Das Leben in der DDR und aktuelle Probleme im Osten aus der Sicht Jugendlicher, Teil 1 und 2. In: Deutsche Jugend 42: 272–281, 342–350.

Oswald, H. (1992), Beziehungen zu Gleichaltrigen. In: Jugendwerk der Deutschen Shell (Hg.), Jugend '92. Bd. 2, Opladen: 319–332.

Reuband, K.-H. (1995), Autoritarismus und Familie. Zum Wandel familialer Sozialisationsbedingungen Jugendlicher in Ost- und Westdeutschland. In: K.-H. Reuband et al. (Hg.), Die deutsche Gesellschaft in vergleichender Perspektive, Opladen.

Schober, K. (1994), Junge Frauen beim Übergang vom Bildungs- ins Beschäftigungssystem: die Lage in den neuen Bundesländern. In: P. Beckmann und G. Engelbrech (Hg.), Arbeitsmarkt für Frauen 2000 – Ein Schritt vor oder ein Schritt zurück? Beiträge zur Arbeits- und Berufsforschung Bd. 179, Nürnberg: 523–566.

Schubarth, W. (1991), Historisches Bewußtsein und historische Bildung in der DDR zwischen Anspruch und Realität. In: W. Hennig/W. Friedrich (Hg.) (1991), Jugend in der DDR, Weinheim: 27–38.

Schubarth, W. (1993), Sehnsucht nach Gewißheit. Rechtsextremismus als Verarbeitungsform des gesellschaftlichen Umbruchs. In: H.-U. Otto/R. Merten (Hg.), Rechtsradikale Gewalt im vereinigten Deutschland, Bonn: 256–266.

Schulze, G. (1992), Die Erlebnisgesellschaft, Frankfurt am Main: Campus.

Stock, M. und M. Tiedtke (1992), Schüler erfahren die Wende. Schuljugendliche in Ostdeutschland im gesellschaftlichen Transformationsprozeß, Weinheim.

Störtzbach, B. (1993/94), Deutschland nach der Vereinigung – Meinungen und Einstellungen zu Familie, Kindern und zur Familienpolitik in Ost und West. In: Zeitschrift für Bevölkerungswissenschaft 19: 151–167.

Straus, F. (1990), Netzwerkarbeit. Die Netzwerkperspektive in der Praxis. In: M. Textor (Hg.), Hilfen für Familien, Frankfurt am Main: 496–520.

Vaskovics, L. et al. (1992), Postadoleszenz und intergenerative Beziehungen in der Familie. In: Jugendwerk der Deutschen Shell (Hg.), Jugend '92. Bd. 2, Opladen: 395–408.

Veen, H.-J. und W. (1994), Jugend und Politik. In: H.-J. Veen et al. (1994), Eine Jugend in Deutschland? Orientierungen und Verhaltensweisen der Jugend in Ost und West, Opladen: 73–100.

Waldmann, S. und F. Straus (1992), Identität und soziale Netzwerke. In: Diskurs 1: 53–59.

Willems, H. (1993), Gewalt und Fremdenfeindlichkeit. Anmerkungen zum gegenwärtigen Gewaltdiskurs. In: H.-U. Otto/R. Merten (Hg.), Rechtsradikale Gewalt im vereinigten Deutschland, Bonn: 88–108.

Zilch, D. (1992), Die FDJ – Mitgliederzahlen und Strukturen. In: Jugendwerk der Deutschen Shell (Hg.), Jugend '92. Bd. 3, Opladen: 61–80.

Die Autoren/in

Fürstenberg, Friedrich, Prof. Dr. Dr. h. c., geb. 1930 in Berlin. 1953 Dr. rer. pol. Universität Tübingen, 1959–1961 Leiter der Abteilung Ausbildung in der Zentralverwaltung der Daimler-Benz AG, 1961–1963 Geschäftsführer des Forschungsinstituts für Genossenschaftswesen der Universität Erlangen, 1962 Habilitation. 1963–1966 Professor für Soziologie TU Clausthal, 1966–1981 Johannes Kepler Universität Linz/Österreich, 1981–1986 Ruhr-Universität Bochum, seit Herbst 1986 Universität Bonn. Forschungsschwerpunkte: Theorie der Sozialstruktur, Wirtschaftssoziologie, Religionssoziologie. Veröffentlichungen: u. a.: Wirtschaftssoziologie (1961, 1970, japan. 1972); Das Aufstiegsproblem in der modernen Gesellschaft (1962, 1969); Die Sozialstruktur der Bundesrepublik Deutschland (1967, 1979, chin. 1987); Japanische Unternehmensführung (1972, 1981); Industrielle Arbeitsbeziehungen (1975); Konzeption einer interdisziplinär organisierten Arbeitswissenschaft (1975); Einführung in die Arbeitssoziologie (1977); Soziale Unternehmenspolitik (1977); Structure and Strategy in Industrial Relations (1991); Soziale Handlungsfelder (1995); Zur Soziologie des Genossenschaftswesen (1995); Mitherausgeber: Soziologische Texte (1959–1977).

Geißler, Rainer, Prof. Dr., geb. 1939, Studium der Geschichte, Romanistik, Philosophie und Soziologie in Kiel, Freiburg, Pau (Südfrankreich) und Basel; 1975–1981 Professor für Soziologie an der Bundeswehruniversität Hamburg, seit 1981 Professor für Soziologie an der Universität-GHS Siegen. Forschungsschwerpunkte: Sozialstrukturanalyse, Erziehungssoziologie, Sozialisationsforschung, Soziologie der Massenkommunikation. Veröffentlichungen u. a.: Massenmedien, Basiskommunikation und Demokratie 1973; Interessenartikulation in schweizerischen Massenmedien 1975; Junge Deutsche und Hitler 1981; Wissenschaft und Nationalsozialismus 1988 (Hg. zus. mit W. Popp); Die Sozialstruktur Deutschlands, Opladen 1992; Sozialer Umbruch in Ostdeutschland, Opladen 1993 (Hg.); Soziale Schichtung und Lebenschancen in Deutschland, 1994 (2. völlig überarb. u. aktual. Auflage); Die Politisierung des Menschen – Instanzen der politischen Sozialisation, 1995 (Hg. zus. mit B. Claußen).

Hettlage, Robert, Prof. Dr. Dr., geb. 1943, Studien der Nationalökonomie, Philosophie und Soziologie in Fribourg/Schweiz, Habilitation im Fach Soziologie an der Universität Basel 1978, seit 1981 Lehrstuhl für Soziologie an der Universität Regensburg. Forschungsschwerpunkte: Wirtschafts-, Kultur- und Entwicklungssoziologie, Soziologische Theorie, Familiensoziologie, Sozialethik, Migrationsforschung. Veröffentlichungen u.a.: Die Wirtschaft zwischen Zwang und Freiheit 1972; Persistenz im Wandel (gemeinsam mit Ch. Giordano) 1979; Genossenschaftstheorie und Partizipationsdiskussion, 1987, 2. Auflage; Die posttraditionale Welt der Bauern (Hg.), 1989; Bauerngesellschaften im Industriezeitalter (Hg. gemeinsam mit Ch. Giordano), 1989; Selbsthilfe in Andalusien (gemeinsam mit D. Goetze u.a.), 1990; Die Bundesrepublik. Eine historische Bilanz (Hg.), 1990; Erving Goffman – ein soziologischer Klassiker der zweiten Generation. (Hg. gemeinsam mit K. Lenz), 1991; Familienreport. Eine Lebensform im Umbruch, 1992.

Hörner, Wolfgang, Prof. Dr., geb. 1944, Studien der Romanistik, Geschichte und Erziehungswissenschaften in Heidelberg, Toulouse und Bochum. Promotion Dr. phil. 1977 Ruhr-Universität Bochum, Habilitation 1991 für Allgemeine und Vergleichende Pädagogik an der Universität Oldenburg, seit 1993 Professor für Vergleichende Pädagogik an der Universität Leipzig. Forschungsschwerpunkte: Vergleichende Bildungsforschung (insbesondere Ost-West- Vergleich). Veröffentlichungen u.a.: Curriculumentwicklung in Frankreich 1979; Curriculum im internationalen Vergleich, Hg. (gemeinsam mit D. Waterkamp) 1981; Technische Bildung und Berufsorientierung in der Sowjetunion und in Frankreich – ein intersystemarer Vergleich (gemeinsam mit W. Schlott) 1983; École et Culture Technique Expériences Européennes 1987; Bildung und Wissenschaft in der DDR 1990; Technische Bildung und Schule – eine Problemanalyse im internationalen Vergleich 1993; Vergleichende Bildungsforschung und Systemwandel im östlichen Europa 1993; Die polnische Schule im Umbruch. Das neue polnische Bildungsgesetz im Kontext der gesellschaftlichen Veränderungen. 1994.

Keiser, Sarina, Dipl. Psych., geb. 1959, Studium der Psychologie (mit Spezialisierung auf Sozialpsychologie) an der Staatlichen Universität Leningrad (SU). 1982–1990 wissenschaftliche Mitarbeiterin am Zentralinstitut für Jugendforschung in Leipzig, 1991–1994 am Deutschen Jugendinstitut e.V. (Außenstelle Leipzig), seit Feb. 1994 wissenschaftliche Mitarbeiterin am Lehrstuhl für Mikrosoziologie der TU Dresden. Forschungsschwerpunkte: Jugendforschung, Familienforschung, Frauenforschung. Veröffentlichungen u.a.: Schülerstudie 90 (mit I. Behnken u.a.), 1991; „Bei uns zu Hause hat sich viel geändert." – Familie und Vereinigung in Schüleraufsätzen 1991. In: Jugend '92 (Hg. vom Jugendwerk der Deutschen Shell), 1992; Zusammenfassende Darstellung zentraler Ergebnisse des Familiensurveys Ost./Lebensbedingungen und Lebenssituation von Kindern und Jugendlichen. In: Bertram, H. (Hg.), Die Familie in den neuen Bundesländern, 1992; Familienalltag in den alten und neuen Bundesländern – Aspekte der Vereinbarkeit von Familie und Beruf. (mit Dannenbeck/Rosendorfer). In: Nauck, B. et. al.: Familie und Lebensverlauf im gesellschaftlichen Umbruch, 1995.

Lenz, Karl, Prof. Dr., geb. 1955, Studium der Soziologie, Sozialgeschichte und Psychologie, Promotion in Soziologie und Pädagogik an der Universität Regensburg 1985, Habilitation an der Universität Regensburg im Fach Soziologie 1992; seit 1993 Lehrstuhl für Mikrosoziologie an der TU Dresden; Forschungsschwerpunkte: Soziologie persönlicher Beziehungen, Biographieforschung, Soziologie der Lebensalter mit Schwerpunkt Jugendforschung, Soziologische Theorie mit Schwerpunkt auf interpretativer Soziologie sowie qualitative Sozialforschung. Veröffentlichungen u.a.: Alltagswelten von Jugendlichen 1986; Die vielen Gesichter der Jugend, 1988; Jugendliche heute: Lebenslagen, Lebensbewältigung und Lebenspläne 1989; Erving Goffman – ein soziologischer Klassiker der zweiten Generation (Hg. zus. mit R. Hettlage), 1991; Zweierbeziehungen. Zugänge aus einer soziologischen Perspektive (im Druck).

Patzelt, Werner J., Prof. Dr., M.A., geb. 1953, Studium der Politikwissenschaft, Soziologie und Geschichte in München, Straßburg und Ann Arbor/USA, Habilitation im Fach Politikwissenschaft an der Universität Passau 1990, seit 1991 Lehrstuhl für Politische Systeme und Systemvergleich an der Technischen Universität Dresden. Forschungsschwerpunkte: Vergleichende Parlamentarismusforschung, Parteien- und Verbändeforschung. Veröffentlichungen u.a.: Sozialwissenschaftliche Forschungslogik, 1986; Grundlagen der Ethnomethodologie. Theorie, Empirie und politikwissenschaftlicher Nutzen einer Soziologie des Alltags, 1987; Einführung in die Politikwissenschaft. Grundriß des Faches und studiumbegleitende Orientierung, 1992; Abgeordnete und Repräsentation. Amtsverständnis und Wahlkreisarbeit, 1993; Aufgaben politischer Bildung in den neuen Bundesländern, 1994; Abgeordnete und ihr Beruf. Interviews, Umfragen, Analysen, 1995.

Buchanzeigen

Deutsche Geschichte

Otto Dann
Nation und Nationalismus in Deutschland 1770–1990
2., unveränderte Auflage.
1994. 363 Seiten mit 7 Karten und 9 Tabellen. Paperback
Beck'sche Reihe Band 494

Hans-Ulrich Wehler (Hrsg.)
Scheidewege der deutschen Geschichte
Von der Reformation bis zur Wende 1517–1989
1995. 254 Seiten. Paperback
Beck'sche Reihe Band 1123

Hans-Ulrich Wehler
Deutsche Gesellschaftsgeschichte 1849–1914
Band 3: Von der deutschen Doppelrevolution bis zum Beginn
des 1. Weltkrieges
1995. 1515 Seiten. Leinen

Till Bastian
Furchtbare Ärzte
Medizinische Verbrechen im Dritten Reich
1995. 124 Seiten mit 7 Abbildungen. Paperback
Beck'sche Reihe Band 1113

Michael Brenner
Nach dem Holocaust
Juden in Deutschland 1945–1950
1995. 254 Seiten mit 16 Abbildungen und einer Karte. Paperback.
Beck'sche Reihe Band 1139

Gerhard A. Ritter / Merith Niehuss
Wahlen in Deutschland 1990–1994
1995. 56 Seiten. Broschur

Verlag C. H. Beck München

Herausforderungen

Cornelia Schmalz-Jacobsen/Georg Hansen (Hrsg.)
Ethnische Minderheiten in der Bundesrepublik Deutschland
Ein Lexikon
Redaktionelle Bearbeitung von Rita Polm
1995. 571 Seiten. Leinen

Greenpeace e. V. (Hrsg.)
Der Preis der Energie
Plädoyer für eine ökologische Steuerreform. Ein Greenpeace Buch.
1995. 231 Seiten mit 7 Abbildungen. Paperback
Beck'sche Reihe Band 1122

Mariano Delgado/Matthias Lutz-Bachmann (Hrsg.)
Herausforderung Europa
Wege zu einer europäischen Identität
1995. 234 Seiten. Paperback
Beck'sche Reihe Band 1135

Klemens Ludwig
Ethnische Minderheiten in Europa
Ein Lexikon
1995. 235 Seiten mit 1 Karte. Paperback
Beck'sche Reihe Band 1115

Jahrbuch Frieden
Konflikte, Abrüstung, Friedensarbeit
Herausgegeben von Hanne-Margret Birckenbach, Uli Jäger
und Christian Wellmann
Erscheint jährlich im November in der Beck'schen Reihe

Jahrbuch Ökologie
Herausgegeben von Günter Altner, Barbara Mettler-Meibom,
Udo E. Simonis und Ernst U. von Weizsäcker
Erscheint jährlich im November in der Beck'schen Reihe

Verlag C. H. Beck München